COMPRENDRE
le monde

ENSEIGNEMENT MORAL ET CIVIQUE

ELSA BOUTEVILLE
BENOIT FALAIZE

CM-6e

Programmes
2015

RETZ

Cet ouvrage est conforme à la nouvelle orthographe
www.orthographe-recommandee.info

Cet ouvrage suit l'orthographe recommandée par les rectifications de 1990 et les programmes scolaires.
Voir le site http://www.orthographe-recommandee.info et son miniguide d'information

Direction éditoriale : Céline Lorcher
Correction : Gérard Tassi
Maquette et mise en page : Marylène Lhenri
Toutes les photos sont © iStock sauf mention contraire à côté du document
Illustrations : Sébastien Chebret

ISBN : 978-2-7256-3425-8
N° de projet : 10219237
Dépôt légal : avril 2016
Achevé d'imprimer en France en avril 2016 sur les presses des Imprimeries de Champagne

FSC
www.fsc.org
MIXTE
Papier issu de sources responsables
FSC® C022030

Sommaire

Présentation générale

Bien que l'enseignement moral et civique soit souvent un domaine négligé dans les pratiques de classe, il est réaffirmé comme un impératif depuis la publication des programmes de juin 2015. En effet, si l'école dispense des savoirs, elle doit également développer des **savoir-être**. L'éducation citoyenne, si fondamentale, est inscrite aux différentes Instructions officielles depuis plus de cent ans. À leur manière, les initiateurs de l'école publique de la IIIe République affirmaient déjà que les effets de l'école publique et des cours d'éducation civique se mesureraient non seulement dans l'atmosphère de la classe ou de l'école, mais aussi à l'extérieur de celle-ci. Plus tôt ce travail est fait, plus tôt il est initié, plus vite les enfants construisent des notions essentielles à la vie démocratique. Dans le contexte de l'année 2015, la réaffirmation des valeurs de la République, mais aussi des valeurs humanistes au sens large, semble plus que nécessaire.

Cet ouvrage propose des activités pour l'**ensemble du cycle 3 – CM1, CM2 et 6e**. Il s'articule autour des quatre grandes notions des programmes (la sensibilité, le droit et la règle, le jugement, l'engagement) et place fondamentalement **le respect** et **l'esprit critique** au cœur des réflexions et des démarches de classe.

OBJECTIFS

Les objectifs principaux de cet ouvrage sont nombreux :

- réfléchir aux grandes valeurs citoyennes et morales – en un mot, les valeurs humanistes – de notre vie en société ;
- commencer à comprendre comment s'organise la vie en société ;
- débattre autour de situations réelles et vécues qui se posent chaque jour dans la vie en collectivité ;
- comprendre le sens profond des valeurs qui animent notre société, comme le respect, la tolérance, la liberté et l'égalité, la loi, la fraternité… ;
- développer des attitudes et des comportements qui permettent de bien vivre ensemble ;
- se forger un sens critique et un avis responsable et réfléchi sur les relations entre les personnes, entre soi et les autres, entre soi et la société ;
- permettre aux enfants d'accéder à des œuvres culturelles (poésie, littérature, peinture, etc.) sous l'angle de la citoyenneté.

UN OUVRAGE AUX ACTIVITÉS TRANSVERSALES

Toutes les séances sont fondées sur l'interdisciplinarité et la dimension transversale des activités. Les documents proposés proviennent généralement des arts et de la littérature. Ils permettent de développer des réflexions civiques, en même temps que d'enrichir la culture et la pratique artistiques, et contribuent également à la maitrise de la langue et au développement du vocabulaire.

Les fiches d'activités invitent à travailler non seulement autour de l'oral, par le débat argumenté, mais aussi autour de l'écrit, du dessin, du collage, de la création d'affiches.

LA CITOYENNETÉ AU QUOTIDIEN

Les séances d'EMC présentées dans l'ouvrage proposent des activités sur un créneau horaire inscrit dans un emploi du temps hebdomadaire. Organisées autour de 55 minutes de travail en moyenne, elles permettent de travailler les notions proposées dans la régularité des activités d'une année scolaire.

Pour autant, l'éducation civique doit pouvoir se faire à chaque moment de la classe, quand la situation se présente, quand il est opportun de dire ou de rappeler les règles essentielles et les valeurs de la citoyenneté. Les évènements extérieurs à l'école, ce qu'offre l'actualité pour la maturité des élèves de cycle 3, mais aussi ceux qui concernent l'école, la cour de récréation ou la classe même (bagarres, insultes, moqueries, rapport de force, etc.), obligent souvent l'enseignant-e à travailler et à échanger autour des notions essentielles telles que la tolérance, le respect, l'égalité, le respect de la loi, etc.

Cet ouvrage peut donc permettre de répondre à des questions qui surgissent dans l'année, mais également d'anticiper les problèmes qui se posent à toute vie collective en offrant une réflexion en amont. Dans tous les cas, **la démarche proposée permet d'éviter l'effet « catéchisme » des leçons de morale** : « il ne faut pas faire ceci », « il ne faut pas dire cela »… **Ici, c'est l'enfant qui construit lui-même, par la réflexion et l'échange de points de vue, son jugement moral, son sens de la responsabilité et de l'engagement dans la vie sociale**.

ORGANISATION DE L'OUVRAGE

• Pour chaque séance, dans une première partie informative, l'enseignant bénéficie d'un **éclairage sur la notion étudiée** afin d'être en mesure de transmettre aux élèves des repères sur les contenus abordés.

• **Les séances, thématiques, s'appuient sur une problématique précise**.

• Elles ont pour support initial **un document pouvant être affiché*** (vidéoprojeté à partir du CD-Rom ou photocopié en A3) et/ou photocopié pour une lecture individuelle. Ce document sert de point de départ à une **réflexion collective**. Relancés par des questions posées par l'enseignant-e, les élèves sont amenés à exprimer leur point de vue, à argumenter, à échanger sur chaque question soulevée.

• Dans un deuxième temps, une **fiche activité** (ou parfois une activité seule, sans support) est proposée afin de permettre aux enfants d'approfondir la notion.

• Une **synthèse** de la séance est élaborée avec la classe. Une proposition de résumé ou de trace écrite est donnée à chaque fin de séance. Des maximes sont suggérées afin de pouvoir fixer, par une phrase importante, l'essentiel de ce qui a été vu en classe. Afin également de se constituer un répertoire de citations connues.

Présentation du CD-ROM

Organisés par thème et par séance, ou par type de documents, le CD-Rom contient tous les éléments nécessaires pour mener la séance en classe.

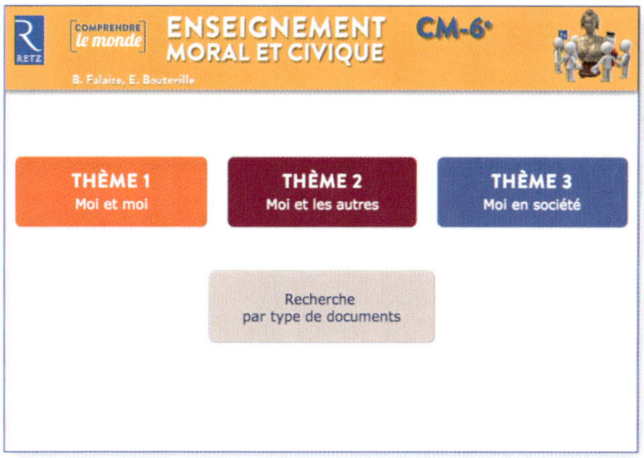

• ORGANISATION PAR THÈME :

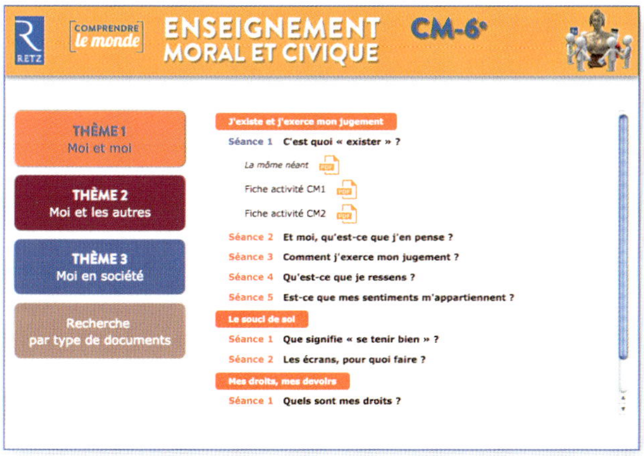

• ORGANISATION PAR TYPE DE DOCUMENTS :

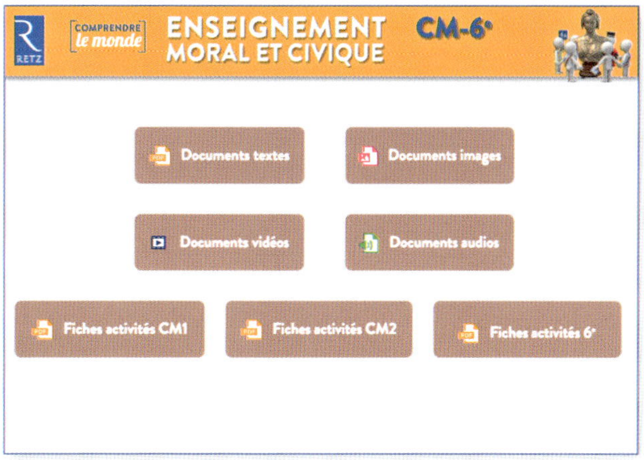

* La plupart des documents à étudier en collectif sont également vendus à part, dans une pochette de posters.

• CLIQUER SUR LE NOM DU DOCUMENT POUR L'OUVRIR, LE PROJETER OU L'IMPRIMER

Le logiciel automatiquement utilisé pour cet affichage (Adobe Reader, Aperçu, Lecteur…) permet d'agir sur le document : zoom, rotation, impression…

Ouvrir un document textuel :

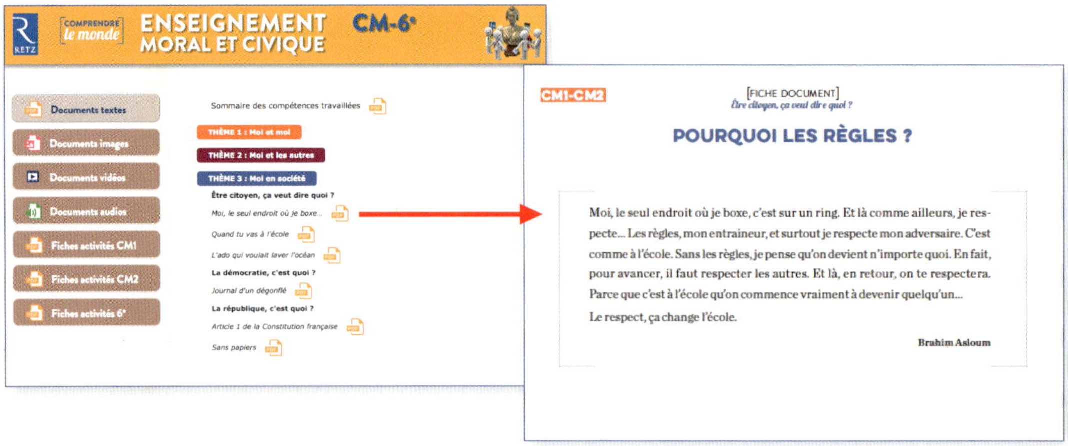

Afficher une image, lancer une piste audio, ouvrir une fiche activité :

Lancer une vidéo ou une piste audio :

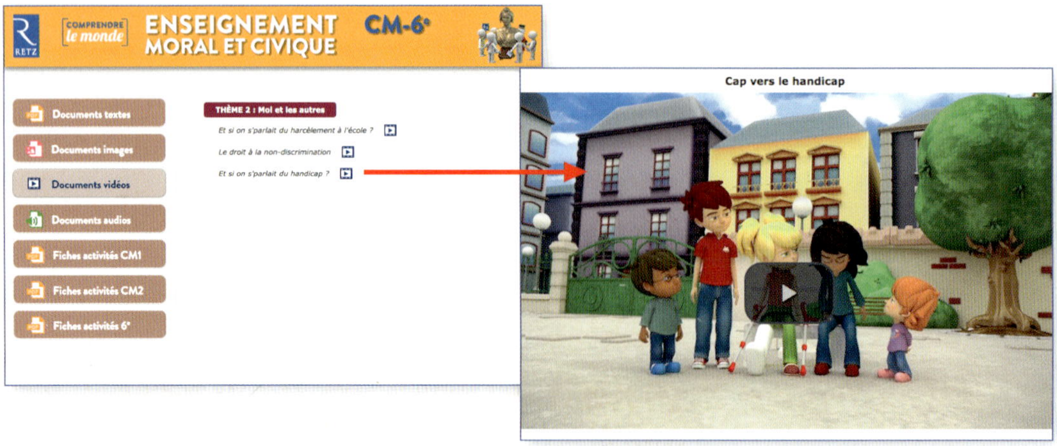

Téléchargez un mode d'emploi détaillé sur www.editions-retz.com

QU'EST-CE QUE JE RESSENS ?

1 Dans le texte, souligne en rose les mots ou les expressions qui évoquent la joie ; puis en vert les mots ou les expressions qui évoquent la tristesse.

Lundi

Ce matin, je me promenais.
J'étais vraiment très bien,
la tête dans les étoiles,
les pieds dans le bonheur
et de la joie sur le bout
du cœur.
J'étais vraiment très bien

Dimanche

Ce soir, je me promenais
j'étais mal. Des nuages me voilaient le moral.
J'étais vraiment mal.

Philippe Barbeau, *Le Type, Pages arrachées au journal intime*

2 À ton tour, écris tout ce que tu ressentirais un mardi où tu serais en colère, et un jeudi où tu ressentirais un immense sentiment de fierté.

Mardi ....
....
....
....
....
....

Jeudi ....
....
....
....
....
....

QU'EST-CE QUE JE RESSENS ?

1 Dans le texte, souligne en rose les mots ou les expressions qui évoquent la joie ; puis en vert les mots ou les expressions qui évoquent la tristesse.

Lundi

Ce matin, je me promenais.
J'étais vraiment très bien,
la tête dans les étoiles,
les pieds dans le bonheur
et de la joie sur le bout
du cœur.
J'étais vraiment très bien

Dimanche

Ce soir, je me promenais
j'étais mal. Des nuages me voilaient le moral.
J'étais vraiment mal.

Philippe Barbeau, *Le Type, Pages arrachées au journal intime*

2 À ton tour, écris tout ce que tu ressentirais un mardi où tu serais en colère, et un jeudi où tu ressentirais un immense sentiment de fierté.

Mardi ....

....

....

....

....

....

Jeudi ....

....

....

....

....

....

THÈME 1
MOI ET MOI

SÉANCE 1

C'est quoi « exister » ?

L'ESSENTIEL À SAVOIR POUR L'ENSEIGNANT

Les dictionnaires l'expliquent : parmi les nombreux sens du verbe *exister*, il y a d'abord le sens d'« être en réalité », mais aussi celui de durer et de persister ; et enfin celui d'avoir de l'importance, de compter pour soi et pour les autres. Ainsi il ne suffit pas juste d'être au monde pour exister pleinement. C'est **la différence entre le fait d'être objet de sa vie et en être pleinement le sujet**. Le sujet dit « Je », en affirmant, en disant, en s'exprimant à la première personne ; quand l'objet dit les choses à la forme passive. Ce sont bien les autres sens du verbe *exister* qui comptent ici. Un enfant peut exister en classe, mais sans être ni dans les apprentissages ni manifestement relié à ce qui se dit et se fait. Certains enfants ont du mal à faire valoir la part d'eux-mêmes qui les font ou pourrait les faire exister. Le poème de Tardieu *La Môme néant* est très clair à ce sujet. Ce que dit autrement la chanson de Michel Berger pour France Gall : « Si on t'organise une vie bien dirigée / où tu t'oublieras vite (...) / Si tu réalises que la vie n'est pas là / Que le matin tu te lèves / Sans savoir où tu vas : Résiste ! / Prouve que tu existes (...) Bats-toi, signe et persiste / Résiste ! ».

Exister, c'est non seulement avoir une identité, un nom, une filiation, une nationalité. C'est aussi exercer tous les attributs de ce qui fait une existence pleine. Le sentiment d'être au monde, d'avoir un avis sur lui, d'avoir des idées et de pouvoir les argumenter et les défendre, ou d'avoir la volonté de se changer ou de changer le monde qui entoure. C'est aussi la possibilité de se projeter dans des projets et de s'imaginer exister plus tard, dans le futur. C'est être libre, sur le mode d'une **conscience individuelle**, et se situer pleinement dans la vie que l'on mène.

L'homme « n'existe que dans la mesure où il se réalise, il n'est donc rien d'autre que l'ensemble de ses actes, rien d'autre que sa vie. »

Exister c'est, comme le disait Jean-Paul Sartre, n'être rien d'autre que son projet.

C'est en cela que ce thème concerne l'EMC, en faisant du fait d'exister une volonté de participer à la vie sociale de tous les jours, des relations familiales aux affaires plus collectives, nationales (politiques, civiques, syndicales ou associatives) ou internationales, par la solidarité et la connaissance des enjeux planétaires qui sont devant nous, sous nos yeux, et qui sont notre futur proche.

DÉROULEMENT DE LA SÉANCE

Thèmes du programme
- *Le jugement.*
- *L'engagement.*

Compétences, capacités, attendus
- *Savoir ce que recouvre l'idée d'« exister ».*
- *Prendre part à une discussion, un débat ou un dialogue.*
- *Prendre la parole devant les autres, écouter autrui.*

ÉTAPE 1 LIRE ET COMPRENDRE LE POÈME DE JEAN TARDIEU

DURÉE 15 minutes
ORGANISATION collective
MATÉRIEL • le poème de Jean Tardieu, photocopié et/ou affiché* au tableau

La môme néant

Quoi qu'a dit ?
- A dit rin.

Quoi qu'a fait ?
- A fait rin.

A quoi qu'a pense ?
- A pense à rin.

Pourquoi qu'a dit rin ?
Pourquoi qu'a fait rin ?
Pourquoi qu'a pense à rin ?

- A'xiste pas.

Jean Tardieu

Extrait de *Monsieur Monsieur*
© Éditions Gallimard, 1951

1) **DISTRIBUER ET FAIRE LIRE** le texte aux élèves.

2) **PROCÉDER À UNE EXPLICATION DE TEXTE** en demandant d'abord de quel type de texte il s'agit (poésie) et ce que les élèves en ont compris :

> De qui ou de quoi est-ce que cela parle ?

Les enfants peuvent spontanément sourire à la lecture de ce texte, ressentir comme « un n'importe quoi » dû à la langue. Demander ce qui les fait réagir ainsi (la surprise, l'incompréhension...) puis faire expliquer d'où vient justement cette confusion (le langage). Montrer enfin que ce langage renvoie à une façon de parler de quelqu'un qui ne s'exprime pas, ne pense pas, ne fait rien. C'est un langage confus révélateur de la personne.

> Que signifie « néant » ?

Le élèves peuvent avoir du mal à expliquer ce mot. Au besoin, expliquer que *néant* ici renvoie à l'idée du *rien* : pas de pensée, pas de parole, pas d'actions... rester là planté : c'est ça le néant.

* Partout dans cet ouvrage, « afficher » signifie vidéoprojeter ou fixer une sortie papier grand format au tableau (La plupart des documents à étudier en collectif sont vendus séparément dans une pochette de posters de 42x62 cm).

> Comment est cette « môme néant » ?

Les enfants peuvent avoir ici des jugements qu'il faudra écarter. S'ils pensent par exemple que cette môme est bête, ridicule, et que cela les rend moqueurs, critiques, faire évoluer ce jugement en montrant qu'à la place de ce jugement négatif et dévalorisant, il est préférable de se demander ce qui a rendu cette enfant néant : elle n'exerce pas son jugement, elle n'utilise pas sa pensée, elle ne réagit pas. Elle se comporte autrement comme un objet (par opposition à un sujet).

3) FAIRE RÉSUMER CE QUI CARACTÉRISE LE FAIT D'EXISTER.

L'idée ici est qu'il ne suffit pas d'être « posé là » pour exister mais qu'il s'agit bel et bien de se prononcer, de donner son opinion, d'agir, de réagir au monde et de s'engager... pour ne pas être, justement, comme cette môme néant qui n'existe pas.

Faire donner des exemples : *prendre part à un débat en classe au lieu de se taire et laisser penser et parler les autres, donner son opinion, réagir, proposer des idées quant aux problèmes éventuels de la vie de classe ou de l'école, les mettre en œuvre...*

Bref, les élèves devront avoir compris la différence entre une personne qui reste passive et laisse les choses se faire et une personne active, qui pense, s'engage, agit.

ÉTAPE 2 — COMPRENDRE CE QUE SIGNIFIE « EXISTER » PLEINEMENT

DURÉE 20 minutes
ORGANISATION individuelle
MATÉRIEL • la fiche activité

1) FAIRE LIRE la consigne collectivement.

En CM1, expliquer si besoin les termes comme *supériorité* et *s'affirmer.*

Supériorité : c'est le fait d'être au-dessus de quelque chose ou de quelqu'un.

S'affirmer : c'est dire ou faire quelque chose avec conviction, nettement.

Préciser que le texte attendu peut ou non s'apparenter à une poésie.

En CM1/CM2, laisser les enfants rédiger leur texte.

2) TRAVAIL INDIVIDUEL SUR LA FICHE.

ÉTAPE 3 — METTRE EN COMMUN, ÉCHANGER, DÉBATTRE

DURÉE 20 minutes
ORGANISATION collective
MATÉRIEL • la fiche activité complétée

CM1

Interroger la classe :

> Qu'est-ce qu'exister ?

À chaque proposition sélectionnée, faire réagir la classe, afin d'en discuter et surtout de voir ce que recouvre chaque attitude décrite.

> « Oser prendre la parole devant les autres » : en quoi est-ce important ?

Permettre par l'échange de comprendre que c'est un moyen de ne pas se laisser intimider, d'oser soi-même dire ce que l'on pense, ne pas craindre le regard des autres, les moqueries ou remarques éventuelles...

> « Montrer sa supériorité » : qu'en pensez-vous ?

Même si cela n'est proposé par personne, demander aux enfants ce qu'ils en pensent. Faire comprendre que ce n'est pas en se plaçant d'emblée au-dessus des autres que l'on existe mieux ou plus fort. Car les relations ne doivent pas être des rapports de force.

> « Se faire remarquer » : qu'en pensez-vous ?
L'intérêt est de voir avec la classe que tout dépend de la manière dont on se fait remarquer. On valide alors la réponse si on est d'accord avec le fait qu'il est bon de se faire remarquer pour de bonnes raisons, une bonne attitude. Pas l'inverse. Faire donner des exemples.

> « Prendre des décisions » : qu'en pensez-vous ?
À priori, les élèves choisiront cette proposition. Pour autant, il faut en discuter. Là aussi, montrer que tout dépend des décisions que l'on prend.

Dans tous les cas donc, **faire réfléchir** le groupe sur l'ensemble des attitudes proposées, leurs conséquences et leurs limites, en balayant d'emblée la fausse idée que l'on n'existe pas parce que l'on se croit « plus fort que les autres », qu'on fait plus de bruit que les autres et que l'on occupe tout l'espace.

CM2

Interroger la classe :

> Quels verbes avez-vous proposés ?
Laisser les enfants proposer puis faire réagir et discuter la classe, en vérifiant à chaque fois en quoi le verbe proposé peut correspondre au fait d'exister.
Par exemple, un enfant propose : *penser*. Interroger la classe : quel est l'intérêt de penser ? que se passe-t-il si l'on ne pense pas ? Se questionner sur chaque proposition faite.
Autre exemple, un enfant propose : *parler*. Réfléchir collectivement à la proposition. En quoi parler correspond-il au fait d'exister ? (Parce qu'on ne se tait pas, on est actif.) Pousser la réflexion plus loin : si je parle pour dire n'importe quoi, est-ce exister là aussi ? C'est une tentative pour exister, certes, mais parfois il vaut mieux se taire que de dire n'importe quoi ! Exister ne signifie pas parler, agir, penser et faire... à tout prix ! Encore faut-il que cela soit fait de manière intelligente.

Faire lire les textes écrits. Les volontaires lisent leur texte. La classe réagit, non pour évaluer ou juger mais pour vérifier que le texte correspond bien au titre de départ « J'existe ».

ÉTAPE 4 SYNTHÉTISER

DURÉE 20 minutes
ORGANISATION collective
MATÉRIEL • le cahier ou autre support d'EMC

Collectivement, faire rassembler les idées de la séance pour synthétiser ce qui a été compris.
Exemple de résumé :

> ***Tout le monde nait un jour et existe. Pourtant, il y a plein de manières d'exister : on peut rester là, à ne jamais donner son avis, à subir les événements, ne pas savoir ce que l'on veut faire... Et puis au contraire on peut s'exprimer, agir, penser par soi-même.***

C'EST QUOI, « EXISTER » ?

La môme néant

Quoi qu'a dit ?
- A dit rin.

Quoi qu'a fait ?
- A fait rin.

A quoi qu'a pense ?
- A pense à rin.

Pourquoi qu'a dit rin ?
Pourquoi qu'a fait rin ?
Pourquoi qu'a pense à rin ?

- A'xiste pas.

Jean Tardieu

Extrait de *Monsieur Monsieur*

La môme néant

Quoi qu'a dit ?
- A dit rin.

Quoi qu'a fait ?
- A fait rin.

A quoi qu'a pense ?
- A pense à rin.

Pourquoi qu'a dit rin ?
Pourquoi qu'a fait rin ?
Pourquoi qu'a pense à rin ?

- A'xiste pas.

Jean Tardieu

Extrait de Monsieur Monsieur
© Éditions Gallimard, 1951

La môme néant

Quoi qu'a dit ?
- A dit rin.

Quoi qu'a fait ?
- A fait rin.

A quoi qu'a pense ?
- A pense à rin.

Pourquoi qu'a dit rin ?
Pourquoi qu'a fait rin ?
Pourquoi qu'a pense à rin ?

- A'xiste pas.

Jean Tardieu

Extrait de Monsieur Monsieur
© Éditions Gallimard, 1951

La môme néant

Quoi qu'a dit ?
- A dit rin.

Quoi qu'a fait ?
- A fait rin.

A quoi qu'a pense ?
- A pense à rin.

Pourquoi qu'a dit rin ?
Pourquoi qu'a fait rin ?
Pourquoi qu'a pense à rin ?

- A'xiste pas.

Jean Tardieu

Extrait de Monsieur Monsieur
© Éditions Gallimard, 1951

C'EST QUOI, « EXISTER » ?

Écris ce que signifie *exister* en choisissant parmi ces expressions ou en en proposant d'autres.

se taire • parler tout le temps • se faire remarquer • parler très peu • dire quelque chose d'intéressant • oser prendre la parole devant les autres • penser • dire tout ce qui nous passe par la tête • parler fort • laisser les autres réfléchir • montrer sa supériorité • réagir • faire comme les autres • s'affirmer • être soi-même • prendre des décisions • réfléchir par soi-même • avoir confiance

Exister, c'est ....

....

....

....

....

....

....

....

....

....

....

....

....

....

....

....

....

C'EST QUOI, « EXISTER » ?

1. **Propose cinq verbes qui correspondent, selon toi, au fait d'exister.**

....

....

....

....

....

2. **Avec tes cinq verbes, écris un court texte. Le titre t'est donné.**

J'EXISTE

....

....

....

....

....

....

....

....

....

....

....

....

SÉANCE 2

Et moi, qu'est-ce que j'en pense ?

L'ESSENTIEL À SAVOIR POUR L'ENSEIGNANT

« Être libre, c'est savoir dire non », disait Jean-Paul Sartre. Pour l'écrivain philosophe, pouvoir dire non, c'est montrer aux autres que l'on n'accepte pas tout, que l'on ne se soumet pas à la volonté des autres. C'est obéir à soi-même plutôt qu'à quelqu'un d'autre. Le « non » que l'on prononce peut protéger son intégrité.

Oser dire non à un copain envahissant, à un adulte inquiétant ou à un ordre que l'on considère arbitraire, c'est aussi apprendre à s'affirmer.

La psychologie enfantine indique bien cette absolue nécessité à l'enfant de deux ans et à l'adolescent de pouvoir dire non (parfois de manière marquée !). Mais c'est ce qui leur permet de s'affirmer, de se forger une conscience morale et de pouvoir exister à part entière dans les choix qui seront les leurs. C'est pour cela que ce thème correspond aussi bien au domaine des programmes d'EMC consacré à l'engagement : « L'école doit permettre aux élèves de devenir acteurs de leurs choix. » Savoir dire non en est une des modalités.

Par ailleurs, le fait de pouvoir dire non permet de s'affirmer non seulement à soi-même, mais aussi par rapport aux autres. Être dans l'acceptation permanente, le oui de docilité, affaiblit la légitimité que l'on peut avoir aux yeux de ses camarades. Il en va de son équilibre personnel de pouvoir affirmer ce à quoi l'on croit et ce que l'on pense nettement.

Mais dire non aux autres, ce n'est pas tout à fait se dire oui à soi. C'est-à-dire que si l'on a déjà fait une partie du chemin pour être libre en osant dire non, sans culpabilité, sans remords, en assumant ses choix, il est autre chose de savoir à quoi dire oui.

L'école doit permettre aux élèves de devenir acteurs de leur choix.

DÉROULEMENT DE LA SÉANCE

Thèmes du programme
- *L'engagement.*
- *Le jugement.*

Compétences, capacités, attendus
- *Développer les aptitudes à la réflexion critique.*
- *Exposer une courte argumentation pour exprimer et justifier un point de vue et un choix personnels.*
- *Comprendre la notion d'engagement moral.*
- *Argumenter son propos.*

ÉTAPE 1

COMPRENDRE ET RÉFLÉCHIR AUTOUR D'UNE CITATION D'ALAIN

DURÉE 10-15 minutes
ORGANISATION collective
MATÉRIEL • la citation d'Alain, copiée ou affichée au tableau

> Penser, c'est dire non. Remarquez que le signe du oui est d'un homme qui s'endort ; au contraire le réveil secoue la tête et dit non. Non à quoi ?
>
> **Alain**
>
> Extrait de *L'Homme devant l'apparence*

1) **FAIRE RAPPELER** à la classe ce qui a été vu à la séance précédente : comment se caractérise une personne (un enfant notamment) qui existe vraiment ? Il (elle) agit, réfléchit, pense et s'exprime.

2) **FAIRE LIRE COLLECTIVEMENT LA CITATION D'ALAIN, PHILOSOPHE.** Expliciter les deux mouvements de la tête dont le philosophe parle.

3) **DEMANDER** aux enfants comment ils la comprennent et ce qu'ils pensent précisément de « *penser, c'est dire non* ».

ÉTAPE 2

PENSER POUR S'OPPOSER, DÉFENDRE DES CAUSES

DURÉE 15 minutes
ORGANISATION individuelle
MATÉRIEL • la fiche activité

1) **FAIRE LIRE** collectivement les consignes.

CM1

Faire décrire chaque image afin d'en vérifier la compréhension. Le maitre traduit si besoin « White only » (*uniquement pour les Blancs*) et recontextualise le panneau en disant qu'aux États-Unis dans les années 1950, ou en Afrique du Sud jusqu'à récemment, de telles inscriptions existaient, à cause de la ségrégation raciale.

CM2

Au besoin, faire rappeler le sens de certains termes :

L'injustice : quelque chose qui n'est pas juste. C'est aussi un sentiment qui fait de la peine.

Le racisme : ne pas aimer quelqu'un ou un groupe de personnes en raison de leur différence (religion, couleur de peau, pays...).

L'égalité : c'est le fait d'être tous à armes égales, considérés de la même façon.

L'honnêteté : c'est le fait d'être sincère, de ne pas tromper.

La solidarité : c'est le fait d'aider et de penser aux autres.

Le respect : c'est considérer l'autre avec politesse et attention.

La fraternité : c'est se sentir frères, même si on n'appartient pas à la même famille.

6e

La consigne est lue collectivement (l'amorce du discours est lue par l'enseignant qui y donne le ton). Préciser qu'il s'agit de s'appuyer sur des éléments d'actualité. Faire donner des exemples par les enfants afin de leur permettre de nourrir leur texte :

> Quels sont les événements de l'actualité dont vous pourriez vous inspirer ?

2) TRAVAIL INDIVIDUEL SUR LA FICHE.

ÉTAPE 3 ÉCHANGER, DÉBATTRE

DURÉE 20 minutes
ORGANISATION collective
MATÉRIEL • la fiche activité complétée

CM1

Reprendre les images une par une et demander aux enfants s'ils s'y opposent ou pas. Faire justifier son choix, argumenter (« Explique pourquoi tu as écrit *d'accord/pas d'accord*. »)

CM2

Faire lire les propositions retenues par les enfants. Pour chacune, demander et **faire argumenter** les élèves sur leur choix, puis développer l'argumentation avec la classe entière. « Pourquoi *non* à l'injustice ? Pourquoi *non* au racisme ? » Il ne suffit pas seulement de dire non, il faut pouvoir justifier ce choix, expliquer pourquoi on le refuse, en donnant des raisons.
Par exemple : *pas de racisme sinon on vit mal, les gens se regardent mal, on exclut, on développe des sentiments de haine...*

6e

Les lettres sont lues, avec le ton. Faire discuter la classe de l'impact ou non de la lettre lue.

ÉTAPE 4 SYNTHÉTISER

DURÉE 5 minutes
ORGANISATION collective
MATÉRIEL • le cahier ou autre support d'EMC

Collectivement, faire rassembler les idées de la séance pour synthétiser ce qui a été compris.
Exemple de résumé :

> ***Vivre, ce n'est pas tout accepter.***
> ***Parfois on est obligé de dire non et c'est même très important de le faire.***

ET MOI, QU'EST-CE QUE J'EN PENSE ?

1 Écris « d'accord » ou « pas d'accord » sous chaque image.

A ....

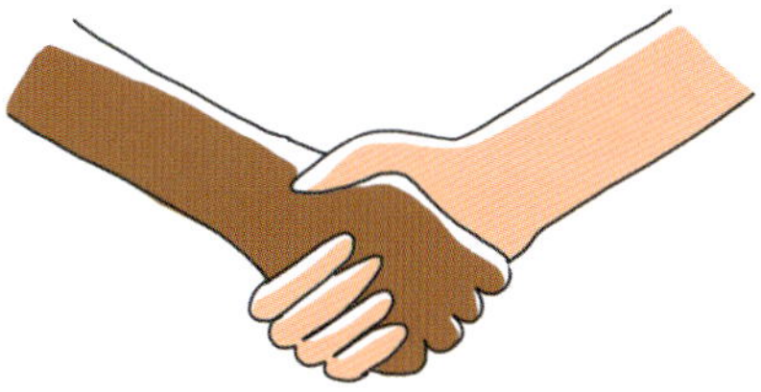

B ....

C ....

D ....

E ....

F ....

2 Pour quelles situations as-tu écrit « pas d'accord » ? Explique pourquoi.

Situation ....

....

Situation ....

....

Situation ....

....

Situation ....

....

ET MOI, QU'EST-CE QUE J'EN PENSE ?

1 Souligne les choses auxquelles tu dirais *non* puis complète les phrases.

la guerre • l'amour • l'injustice • le racisme • la paix • l'égalité • l'honnêteté • la solidarité • les devoirs • le respect • la fraternité • le mensonge • la politesse • la liberté • la pollution • l'amitié • la haine • la loi • la pauvreté

Penser, c'est dire non à ....

Dire non à ....

Non à ....

Non à ....

Non à ....

Non au ....

Non au ....

Non au ....

2 Pourquoi est-ce important, parfois, de dire *non* ?

....

....

....

....

....

....

....

....

....

....

....

ET MOI, QU'EST-CE QUE J'EN PENSE ?

Imagine que tu es présidente ou président de la République et que tu veux t'adresser à tous les Français pour leur dire ce à quoi tu veux dire *non* pour l'avenir de ton pays.
En prenant appui sur les événements de l'actualité (les informations), écris ton discours.

Mes chers compatriotes,

Le temps est venu de se lever et de dire non. ....

Non. ....

....

....

....

....

....

....

....

....

....

....

....

....

....

....

....

....

....

....

....

....

....

SÉANCE 3

Comment j'excerce mon jugement ?

L'ESSENTIEL À SAVOIR POUR L'ENSEIGNANT

Dans les programmes, la question du jugement est assez nettement répartie entre le cycle 3 et le cycle 4. Si, pour les classes de 5e, 4e et 3e c'est la justice, son fonctionnement et ses institutions qui sont concernés, au cycle 3 c'est plutôt **la faculté de comprendre et d'analyser une situation, une information ou encore un fait qui est au cœur de la réflexion à mener avec les élèves**. On pourrait même dire que les programmes ont décidé de poser les préalables à l'acte de juger : réunir l'ensemble des informations, entendre les avis contradictoires, se faire une opinion par soi-même, etc.

Dans un monde envahi par les informations en tout genre, où l'école (sous la IIIe République) ou l'école et la télévision (sous la IVe) ne sont plus les seuls vecteurs de connaissances, apprendre à se repérer, à réfléchir et à discriminer le vrai du faux, le juste de l'injuste, le mensonger du sincère relève d'une obligation déontologique de chaque enseignant. **S'il existe un but essentiel aujourd'hui pour l'école, c'est certainement celui de parvenir à éviter que les enfants qui lui sont confiés soient incapables d'exercer leur libre arbitre ; celui encore, et plus que jamais, de faire en sorte que les élèves puissent se doter d'un esprit critique suffisant pour affronter la modernité telle qu'elle s'offre à nous.**

Disons-le nettement : le jugement moral rime avec l'intelligence, la connaissance et la critique. Il ne s'agit pas d'une critique aveugle et systématiquement tournée vers la négation de toute chose et de toute valeur, mais d'une critique qui permet de se repérer, de distinguer une idée mauvaise et funeste d'une autre peut-être moins enthousiasmante mais plus réaliste (ce qui ne veut pas dire qu'il est interdit de rêver !). Les élèves doivent apprendre le discernement, comprendre ce qui motive les actions humaines, et savoir décrypter les discours des uns et des autres. L'esprit critique est fondamentalement une attitude de réserve, de prudence, voire de contestation de ce que l'on nous oblige à faire ou à penser – cette contrainte étant parfois cachée derrière de belles promesses. **L'esprit critique est donc une résistance** qui oblige chacun à se regarder soi-même afin d'adopter une juste attitude, qui permet de douter avant d'agir ou de répondre, et qui permet d'anticiper les conséquences de ses actes et de ses propos.

Le Penseur de Rodin : une traduction du « Je pense donc je suis » de Descartes.

DÉROULEMENT DE LA SÉANCE

Thèmes du programme
• *Le jugement.*

Compétences, capacités, attendus
• *Développer des aptitudes à la réflexion critique en recherchant les critères de validité des jugements moraux.*
• *Formuler et apprendre à justifier un point de vue.*

ÉTAPE 1 LIRE ET ÉCHANGER AUTOUR DU TEXTE

DURÉE 20 minutes
ORGANISATION collective
MATÉRIEL • l'extrait de *Pinocchio* (p. 25), photocopié et éventuellement affiché au tableau

1) **PRÉSENTER L'EXTRAIT DE TEXTE.** *Pinocchio* est un conte certes souvent bien connu des enfants, mais la lecture et l'analyse de ce passage, issu du conte original de Carlo Collodi, seront sans doute une nouveauté pour eux.

2) **LIRE LE TEXTE COLLECTIVEMENT.**

3) **PROCÉDER À UNE SÉRIE DE QUESTIONS AFIN DE FAIRE RESSORTIR LES POINTS ESSENTIELS DU TEXTE :** la naïveté de Pinocchio, son manque de discernement et de jugement critique face à la situation.

> **Que se passe-t-il dans cet extrait de texte ?** *Pinocchio rencontre un personnage, le Renard, qui tente de l'emmener au Pays-des-Nigauds.*
Laisser les enfants décrire la scène puis orienter l'échange sur l'attitude de Pinocchio.

> **Que fait croire le Renard ?** *Qu'en le suivant, Pinocchio deviendra riche, qu'il ira dans un pays magique.*

> **Comment s'y prend-il pour le tromper ?** *Il ment, il fait croire qu'il connait le père de Pinocchio alors que c'est faux ; il prétend qu'il agit dans l'intérêt de Pinocchio et non dans son intérêt à lui, il joue aux « gens bien »* (le Renard salue Pinocchio « gracieusement »).

> **Que pensez-vous de l'attitude de Pinocchio ?**
Laisser les enfants proposer des qualificatifs tels que *naïf, idiot, crédule...*
Puis demander à la classe ce qu'elle aurait fait face à une telle situation :

> **Comment auriez-vous fait pour juger de cette situation si vous l'aviez vécue ?**
Laisser les enfants proposer puis voir collectivement qu'il aurait été fort utile de se poser des questions afin de mieux analyser la situation.

> **Quelles questions aurait pu se poser Pinocchio pour ne pas tomber dans le piège ?**
Laisser les élèves faire des suggestions. Proposer au besoin des questions telles que : Qui sont ces gens ? (*des manipulateurs*) Les miracles existent-ils ? Une pièce peut-elle germer et fleurir ? Que penser de personnes qui m'incitent à ne pas rentrer chez moi et à les suivre ? Dois-je croire tout ce qu'on me raconte ? A-t-on déjà entendu parler du Pays-des-Nigauds ?...
L'essentiel ici est de montrer aux enfants que pour juger d'une situation, il faut exercer son esprit critique, ce qui revient à se questionner, essayer de comprendre, dégager le vrai du faux, le juste de l'injuste, le bien du mal, le crédible du non-crédible...

Exercer son jugement, c'est se poser des questions.

ÉTAPE 2 COMPRENDRE CE QU'EST L'ESPRIT CRITIQUE

DURÉE 25 minutes
ORGANISATION individuelle
MATÉRIEL • la fiche activité

1) LIRE LES CONSIGNES COLLECTIVEMENT.

CM1

❶ Expliquer qu'après avoir lu le court extrait de texte de la fiche activité, les enfants doivent imaginer une sorte de monologue (Pinocchio s'adresse au Renard). Bien préciser que non seulement Pinocchio doit exprimer son refus de suivre le Renard, mais également qu'il expose les raisons (au moins deux) qui le motivent.
❷ Les réponses sont à trouver dans le texte.

CM2

❶ Bien expliquer que les phrases attendues sont dans le texte.

6e

❶ Faire donner des exemples à l'oral : *il lui ment, il lui fait de fausses promesses, il joue la proximité…*
❷ Préciser la consigne : un nigaud, c'est un sot, un benêt. Un finaud, c'est le contraire : quelqu'un de malin, de fin.

1) TRAVAIL INDIVIDUEL SUR LA FICHE.

ÉTAPE 3 METTRE EN COMMUN, ARGUMENTER

DURÉE 20 minutes
ORGANISATION collective
MATÉRIEL • la fiche activité complétée

CM1

❶ Lire l'extrait de texte et demander aux élèves volontaires de proposer leur monologue.
À chaque fois, faire discuter des arguments avancés pour ne pas suivre le Renard : Qu'en pensez-vous ? Est-ce une bonne raison ?
Par exemple, un enfant propose : *Je ne te suivrai pas, sinon mon pauvre père va s'inquiéter.* Demander aux élèves ce qu'ils pensent de cet argument, puis questionner : « Bien sûr le père va s'inquiéter, mais n'y a-t-il pas d'autres raisons plus importantes pour justifier le refus ? »
L'important est justement d'énoncer tout ce que risque Pinocchio lui-même : *perdre son argent, rencontrer d'autres personnes malveillantes, se retrouver dans un endroit dangereux…*
❷ D'après le texte, est nigaud celui qui est prêt à faire n'importe quelle bêtise et se fait avoir.
Le simplet est celui qui croit (tout) ce qu'on lui raconte.
❸ Laisser les enfants proposer. Faire émerger que le meilleur moyen consiste sans doute à exercer son esprit critique afin d'avoir le discernement nécessaire face aux situations rencontrées.

CM2

❶ Vérifier collectivement que les phrases ont été justement relevées puis discuter de chacune afin d'identifier précisément le mécanisme utilisé par le Renard pour tromper Pinocchio.
a) Séduire : *en le saluant gracieusement* ➜ le Renard met Pinocchio en confiance en le traitant avec politesse et respect.

b) Mettre en confiance : *je connais bien ton papa* ➜ en prétendant connaitre son père, et même bien le connaitre, le Renard veut mettre Pinocchio en confiance et endormir sa méfiance.
c) Faire de fausses promesses : *pendant la nuit, le sequin germe et fleurit* ➜ le Renard trompe Pinocchio en lui promettant quelque chose de fabuleux, mais d'impossible.
d) Tromper sur le réel bénéficiaire de l'opération : *Nous n'agissons pas par intérêt, (...) nous agissons uniquement pour enrichir les autres* ➜ le Renard prétend faire croire qu'il agit par altruisme, alors que son véritable objectif est que Pinocchio le serve, lui.
L'important ici n'est pas l'analyse de texte mais bel et bien que les enfants puissent comprendre quels stratagèmes sont utilisés pour tenter « d'embrigader » quelqu'un : le mensonge, la promesse d'un ailleurs merveilleux, la fausse gentillesse, la fausse solidarité...
Par exemple, pour la phrase « Je connais bien ton papa », qui peut illustrer le fait que le Renard veut mettre Pinocchio en confiance, demander aux élèves comment cette affirmation peut influencer Pinocchio *(il se sent rassuré, il se dit que si le Renard connait son père alors il n'est pas mauvais*...).
❷ Laisser les enfants proposer le conseil qu'ils donneraient à Pinocchio et faire réagir la classe. Un élève propose par exemple : *Pinocchio, n'y va pas ! Il ment ! Ne l'écoute pas*. Demander à la classe si elle pense que ce conseil peut avoir des effets sur Pinocchio, si c'est assez persuasif, si c'est suffisant. Il en faudra en effet sans doute plus pour être convaincant et notamment évoquer toutes les situations possibles dans lesquelles Pinocchio pourra se retrouver : *Si tu vas là-bas, tu n'es pas sûr de pouvoir un jour revenir car tu ignores totalement où tout cela te mènera. Tu penses devenir riche, mais c'est en réalité sans aucun sequin que tu reviendras ! Ces gens te veulent du mal, et qui sait jusqu'où ils sont prêts à aller pour cela ! Etc.*

6e

❶ Les moyens utilisés sont la séduction et la mise en confiance, le mensonge, les fausses promesses et la duperie sur le réel bénéficiaire de l'opération.
Faire interagir à partir des propositions des élèves. L'important est de voir quelles stratégies peuvent utiliser des gens qui prétendent vouloir notre bien alors que leur objectif réel est de nous duper. Il s'agit aussi de développer la notion d'esprit critique.
Par exemple, un enfant propose : *il lui ment.* Valider puis montrer aux élèves en quoi, avec de belles paroles, de belles promesses, une stratégie d'approche, on peut réussir à tromper les plus crédules. Car c'est cela qu'il est important de comprendre : seuls les plus naïfs et « nigauds » se laissent prendre, justement parce qu'ils n'exercent pas leur esprit critique, ou, pour reprendre une expression du texte de Collodi, parce qu'ils ne font pas fonctionner leur cerveau.
❷ Faire lire les textes rédigés par la classe et les valider collectivement selon le critère suivant : les personnages décrits, et leurs caractéristiques, décrivent-ils bien un monde de Finauds ? Autrement dit, seront validés tous les textes mettant en avant la capacité des gens de ce pays à réfléchir, se questionner, avoir un esprit critique développé, des jugements éclairés... et toute autre idée allant dans ce sens.

ÉTAPE 4 SYNTHÉTISER

DURÉE 5 minutes
ORGANISATION collective
MATÉRIEL • le cahier ou autre support d'EMC

Collectivement, faire rassembler les idées de la séance pour synthétiser ce qui a été compris.
Exemple de résumé :

> ***Face aux diverses situations de la vie, il est important de toujours se poser des questions, de distinguer le juste et l'injuste, le vrai et le faux. C'est-à-dire d'exercer son esprit critique.***

COMMENT J'EXERCE MON JUGEMENT ?

Les aventures de Pinocchio

– Bonjour Pinocchio, dit le Renard en le saluant gracieusement.

– Comment sais-tu mon nom ? s'étonna la marionnette.

– Je connais bien ton papa. (...) Au lieu de rentrer chez toi, tu n'as qu'à venir avec nous.

– Pour aller où ?

– Au Pays-des-Nigauds.

Pinocchio réfléchit un moment puis déclara résolument :

– Non, je ne peux pas venir. Je suis près de ma maison et je veux retrouver mon papa qui m'attend. (...)

– Sache donc qu'au Pays-des-Nigauds, il y a un champ sacré que tout le monde appelle le Champ des miracles. Dans ce champ, tu creuses un petit trou et tu y mets, par exemple, un sequin d'or. Tu combles le trou avec de la terre, tu l'arroses avec deux seaux d'eau, tu jettes une pincée de sel et tu rentres tranquillement te mettre au lit. Pendant la nuit, le sequin germe et fleurit. Le lendemain matin, tu retournes dans le champ et qu'y trouves-tu ? Tu trouves un magnifique arbre chargé d'autant de sequins qu'un bel épi a de grains de blé en plein mois de juin.

– Alors, moi, si j'enterrais mes cinq pièces dans ce champ, combien de sequins trouverais-je le lendemain matin ? demanda Pinocchio, de plus en plus étonné.

– C'est très simple, répondit le Renard, toi-même pourrais en faire le compte avec les doigts de la main. Attendu que chaque pièce donne une grappe de cinq cents sequins et que tu as cinq pièces, tu te retrouveras, le lendemain matin, avec en poche deux mille cinq cents sequins sonnants et trébuchants.

– Mais c'est formidable ! hurla Pinocchio, dansant de joie. Formidable ! Dès que j'aurai récolté tous ces sequins, j'en prendrai deux mille pour moi et les cinq cents autres seront pour vous deux. (...)

– Nous n'agissons pas par intérêt, expliqua le Renard, nous agissons uniquement pour enrichir les autres. (...)

Dès que Pinocchio fut au lit, il s'endormit et rêva immédiatement. Il rêva qu'il était dans un champ recouvert de jeunes arbres chargés de grappes de sequins d'or qui tintinnabulaient au gré d'une légère brise. Et cette musique semblait dire : « Viens donc nous cueillir ». (...)

Alors qu'il marchait, il vit soudain, sur le tronc d'un arbre, une petite bestiole qui émettait un pâle halo de lumière, comme la petite flamme d'une veilleuse de nuit.

– Qui es-tu ? s'enquit Pinocchio.

– Je suis l'ombre du Grillon-qui-parle, répondit la bestiole d'une voix infiniment faible et qui semblait venir de l'au-delà.

– Qu'est-ce que tu me veux ?

– Je veux te donner un conseil. (...)

Extrait des chapitres 12 et 13 des *Aventures de Pinocchio, histoire d'une marionnette*, de Carlo Collodi. Traduction de Claude Sartirano, avec son aimable autorisation.

COMMENT J'EXERCE MON JUGEMENT ?

1 Sur son chemin, Pinocchio va croiser un perroquet qui lui dit les choses suivantes :

– Je ris de tous ces nigauds prêts à faire n'importe quelle bêtise et qui se font avoir par plus malins qu'eux.

– De qui tu parles ? de moi ?

– Mais oui, je parle de toi, mon pauvre Pinocchio, qui est assez simplet pour croire que l'on sème et que l'on récolte l'argent dans les champs, comme on fait pousser des haricots ou des citrouilles.

Extrait des chapitres 12 et 13 des *Aventures de Pinocchio, histoire d'une marionnette*, de Carlo Collodi. Traduction de Claude Sartirano, avec son aimable autorisation.

Imagine que Pinocchio a compris la leçon donnée par le perroquet. Écris ce qu'il dirait alors au Renard pour ne pas le suivre finalement (explique les raisons de son refus).

« ....

....

....

....

....

....

.... »

2 En t'aidant du dialogue entre Pinocchio et le perroquet, explique ce qu'est...

un nigaud : c'est quelqu'un qui..

un simplet : c'est quelqu'un qui..

3 Selon toi, quel est le meilleur moyen de n'être ni un nigaud ni un simplet ?

....

....

COMMENT J'EXERCE MON JUGEMENT ?

1 Dans le texte, cherche puis relève...

a) une phrase qui indique que le Renard veut séduire Pinocchio.

....

....

b) une phrase qui indique que le Renard veut mettre Pinocchio en confiance.

....

....

c) une phrase qui indique que le Renard fait de fausses promesses à Pinocchio.

....

....

d) une phrase qui indique que le Renard fait semblant de ne vouloir que l'intérêt de Pinocchio.

....

....

2 Selon toi, quel conseil le Grillon (la conscience) donne-t-il à Pinocchio ? Imagine puis écris.

« ....

....

....

....

....

....

.... »

COMMENT J'EXERCE MON JUGEMENT ?

1 Trouve quatre moyens qu'utilise le Renard pour tromper Pinocchio.

....

....

....

....

2 Imagine ce que serait l'inverse du Pays-des-Nigauds : le Pays-des-Finauds.
Écris un texte pour décrire ce pays en t'aidant de ces idées : réfléchir par soi-même, exercer son jugement, avoir un esprit critique, ne pas croire tout ce qu'on nous promet, vérifier les informations qu'on nous donne, être prudent, faire preuve d'intelligence, se poser des questions...

Au Pays-des-Finauds

C'est un pays où les gens...

....

....

....

....

....

....

....

....

....

....

....

....

....

....

....

....

....

SÉANCE 4
Qu'est-ce que je ressens ?

L'ESSENTIEL À SAVOIR POUR L'ENSEIGNANT

Les programmes d'EMC le disent : « La sensibilité est une composante essentielle de la vie morale et civique : il n'y a pas de conscience morale qui ne s'émeuve, ne s'enthousiasme ou ne s'indigne. » Les programmes d'enseignement moral et civique ne font pas comme si les futurs citoyens vivaient dans un monde rationnel et froid et agissaient sans états d'âme. L'humanité est faite de sentiments, d'émotions, de réactions à des situations enthousiasmantes ou choquantes, belles ou tristes. Dès lors, il est très important que les élèves, à travers une série de mises en activité, puissent connaitre et développer une authentique **éducation à la sensibilité**, afin de mieux connaitre et identifier leurs propres sentiments et émotions, mais aussi ceux des autres, des personnes de leur entourage.

Cette éducation à s'écouter soi-même et à pouvoir écouter les autres, à pouvoir comprendre et ressentir ce que ressentent les autres, les Grecs l'appelaient la sympathie, ou encore l'empathie.

Souffrir avec, s'enthousiasmer avec l'autre ou du moins comprendre en profondeur ce que ressent l'autre : voici une des clés de compréhension morale et de tolérance à l'égard de ce que l'autre éprouve intimement.

Tout le travail ici est de **mettre en mots les émotions**, les siennes et celles des autres, d'avoir les mots pour dire les émotions et les ressentis et pouvoir les discuter, afin de préparer les élèves à mieux comprendre les autres enfants et les adultes avec qui ils partagent leur vie.

Éduquer à la sensibilité, c'est envisager toute une gamme d'émotions.

DÉROULEMENT DE LA SÉANCE

Thèmes du programme

- *La sensibilité.*

Compétences, capacités, attendus

- *Identifier / partager des émotions.*
- *Mobiliser le vocabulaire adapté à leur expression.*
- *Comprendre / respecter l'expression des émotions des autres.*

ÉTAPE 1 LECTURE COMPRÉHENSION DU TEXTE

DURÉE 15 minutes
ORGANISATION collective
MATÉRIEL • le texte « Lundi » affiché au tableau

1) **PRÉSENTER LE DOCUMENT** aux élèves : il s'agit d'un extrait de l'album *Le Type*, écrit comme un journal intime, dans lequel un personnage écrit ses humeurs et ses sentiments jour par jour, sur une semaine.

2) **FAIRE LIRE L'EXTRAIT.**

Lundi
Ce matin, je me promenais.
J'étais vraiment très bien,
le tête dans les étoiles,
les pieds dans le bonheur
et de la joie sur le bout
du cœur.
J'étais vraiment très bien

Dimanche
Ce soir, je me promenais
j'étais mal. Des nuages me voilaient le moral.
J'étais vraiment mal.

Philippe Barbeau, *Le Type, Pages arrachées au journal intime*

3) **INTERROGER LA CLASSE :**

> Que ressent le personnage le lundi ? le dimanche ?
Les enfants ne devraient pas avoir de mal à comprendre que le lundi le personnage est heureux, se sent bien, tandis qu'il est malheureux le dimanche.

> Quels autres sentiments et émotions connaissez-vous ?
Les enfants mélangent parfois les sentiments et les émotions avec les valeurs comme la gentillesse, le respect... Précisez donc bien que les sentiments sont ce que l'on ressent à l'intérieur de soi.

ÉTAPE 2 IDENTIFIER, ÉCRIRE SES SENTIMENTS

DURÉE 20-25 minutes
ORGANISATION individuelle
MATÉRIEL • la fiche activité

1) **FAIRE LIRE** les consignes collectivement. S'assurer de leur bonne compréhension.

CM1

❶ Précisez que la première ligne sert à écrire le sentiment ressenti par l'enfant dans la situation, et la 2e ligne sert à écrire ce qu'on lui dirait. Au besoin, faire la première situation oralement afin d'identifier le sentiment et faire proposer une phrase adressée à l'enfant.

CM2

❷ Reprécisez que la production écrite doit se faire, comme dans l'extrait, à la première personne. Dans la mesure où certains enfants peuvent avoir du mal à exprimer leurs émotions, l'enseignant peut **aider à l'écriture**, individuellement, en demandant ce que l'on ressent dans telle ou telle situation (lorsqu'on est en colère, lorsqu'on a peur…). Et demander surtout comment l'enfant, lui, peut l'exprimer. Le but étant de l'aider à trouver les mots, quitte à passer par une dictée à l'adulte.

6e

Précisez qu'il s'agit ici d'exprimer tous les sentiments que l'on peut éprouver la première fois que l'on se rend au collège, à la rentrée. Faire nommer à l'oral les sentiments possibles comme la peur, l'excitation, la tristesse (d'avoir quitté l'école élémentaire), la fierté… cela peut être un mélange de tout ces sentiments. Le préciser.
Le texte est écrit au passé.

2) TRAVAIL INDIVIDUEL SUR LA FICHE.

ÉTAPE 3 EXPRIMER, PARTAGER ET RESPECTER LES ÉMOTIONS

DURÉE 15 minutes
ORGANISATION collective
MATÉRIEL • la fiche activité complétée

CM1

Reprendre les propositions une à une. Vérifier que le sentiment proposé correspond à la situation puis demander les phrases écrites. Si le sentiment proposé n'est pas juste, demander à la classe de proposer autre chose. Pour la première situation, par exemple, un enfant propose : la tristesse. Demander quel autre sentiment, plus précis, conviendrait dans ce genre de situation (sentiment d'abandon, de malaise, trahison…).
Autre exemple, pour la situation 3, un enfant propose : *la joie*. Demander de préciser (la joie étant trop vaste) : c'est plutôt de fierté dont il s'agit ici.
Procéder de la même manière pour les phrases proposées. Par exemple, un enfant propose pour la situation 2 : « *De toute façon, Marianne est méchante.* » Demander en quoi cette parole peut aider Kévin. En rien. L'intérêt de ces paroles étant de comprendre et aider, soutenir l'autre.

CM2

❶ Vérifier le bon choix des mots appartenant au champ lexical de la joie et de la tristesse.

Lundi

Ce matin, je me promenais.
J'étais vraiment très bien,
la tête dans les étoiles,
les pieds dans le bonheur
et de la joie sur le bout
du cœur.
J'étais vraiment très bien

Dimanche

Ce soir, je me promenais
j'étais mal. Des nuages me voilaient le moral.
J'étais vraiment mal.

❷ **Faire lire** les productions écrites par des volontaires uniquement. **Ne pas demander** à la classe ce qu'elle en pense (on ne juge pas les émotions des autres, on les respecte), vérifier uniquement ensemble que la consigne est respectée, c'est-à-dire que les élèves ont bien écrit un jour décrivant un état de colère et un jour de fierté. **Discuter** éventuellement si cela n'est pas le cas. Pour des productions qui décriraient par exemple plutôt un autre sentiment que celui demandé, questionner le groupe : « Est-ce bien de colère dont il s'agit ici ? À quoi cela ressemble-t-il plutôt ? »
La production écrite sera, elle, corrigée individuellement.

6e

Les productions sont lues. Les sentiments décrits ne sont pas jugés. Chacun a le droit d'avoir ressenti l'entrée au collège à sa manière. Même pour ceux qui diraient que « ça ne leur a rien fait ». Demander dans ce cas ce que peut signifier « ça ne m'a rien fait ». Peut-on ne rien ressentir ? Sommes-nous tous pareils face aux sentiments ? Y a-t-il des gens qui ressentent plus que d'autres ou expriment plus facilement que d'autres ? Dans tous les cas, insister sur le respect total du ressenti des autres.

PROLONGEMENT — ÉTUDE DE LA LANGUE

Les productions des élèves seront non seulement corrigées dans le cadre d'une séance de grammaire/conjugaison/orthographe, mais elles pourront également servir en vocabulaire afin d'y travailler les différents niveaux de langue. L'enseignant pourra **demander de réécrire** les textes en modifiant le registre de langue afin de permettre aux enfants de travailler et d'élargir leur palette en matière d'expression des sentiments. Ainsi la classe pourra lister toutes les expressions permettant de dire telle ou telle émotion, de la plus familière à la plus soutenue.
Enfin, les textes de départ, traduits par exemple en langage soutenu, pourront être lus à la classe.

ÉTAPE 4 — SYNTHÉTISER

DURÉE 5 minutes
ORGANISATION collective
MATÉRIEL • le cahier ou autre support d'EMC

Collectivement, faire rassembler les idées de la séance pour synthétiser ce qui a été compris.
Exemple de résumé :

> ***Les émotions font partie de la vie. On en éprouve de toutes sortes et il est très important de pouvoir les exprimer si on en ressent le besoin ou l'envie. Il est important aussi d'être respecté quand on le fait.***

QU'EST-CE QUE JE RESSENS ?

Lundi

Ce matin, je me promenais.
J'étais vraiment très bien,
la tête dans les étoiles,
les pieds dans le bonheur
et de la joie sur le bout
du cœur.
J'étais vraiment très bien

Dimanche

Ce soir, je me promenais
j'étais mal. Des nuages me voilaient le moral.
J'étais vraiment mal.

Philippe Barbeau, *Le Type, Pages arrachées au journal intime*

Lundi

Ce matin, je me promenais.
J'étais vraiment très bien,
la tête dans les étoiles,
les pieds dans le bonheur
et de la joie sur le bout
du cœur.
J'étais vraiment très bien

Dimanche

Ce soir, je me promenais
j'étais mal. Des nuages me voilaient le moral.
J'étais vraiment mal.

Philippe Barbeau, *Le Type, Pages arrachées au journal intime*
© Atelier du poisson soluble, 1999

QU'EST-CE QUE JE RESSENS ?

Indique quel sentiment ressent chaque personne.

Puis, en une phrase, écris ce que tu lui dirais à ce moment-là.

Anna arrive à l'école et ses copines font comme si elles ne la connaissaient pas.

Anna ressent ....

Je lui dirais :

« ....

.... »

Kevin a confié un secret à Marianne et Marianne l'a répété à toute la classe.

Kevin ressent ....

Je lui dirais :

« ....

.... »

Mathieu ne comprend jamais les exercices de maths, mais cette fois-ci il a eu la meilleure note de la classe.

Mathieu ressent ....

Je lui dirais :

« ....

.... »

Pour jouer dans la cour, les copains de Fred lui ont baissé son pantalon.

Fred ressent ....

Je lui dirais :

« ....

.... »

La maitresse vient d'annoncer que toute la classe partirait en classe de mer.

La maitresse ressent ....

Je lui dirais :

« ....

.... »

QU'EST-CE QUE JE RESSENS ?

1 Dans le texte, souligne en rose les mots ou les expressions qui évoquent la joie ; puis en vert les mots ou les expressions qui évoquent la tristesse.

Lundi
Ce matin, je me promenais.
J'étais vraiment très bien,
la tête dans les étoiles,
les pieds dans le bonheur
et de la joie sur le bout
du cœur.
J'étais vraiment très bien

Dimanche
Ce soir, je me promenais
j'étais mal. Des nuages me voilaient le moral.
J'étais vraiment mal.

Philippe Barbeau, *Le Type*, *Pages arrachées au journal intime*

2 À ton tour, écris tout ce que tu ressentirais un mardi où tu serais en colère, et un jeudi où tu ressentirais un immense sentiment de fierté.

Mardi ....
....
....
....
....
....

Jeudi ....
....
....
....
....
....

QU'EST-CE QUE JE RESSENS ?

Sur cette page de cahier arrachée, écris ce que tu as ressenti la première fois que tu es venu-e au collège.

SÉANCE 5

Est-ce que mes sentiments m'appartiennent ?

L'ESSENTIEL À SAVOIR POUR L'ENSEIGNANT

Protéger son intimité, cela se travaille. C'est à la fois une nécessité, pour ne pas être soumis au regard systématique des autres, et un besoin : celui de n'appartenir qu'à soi. Demander aux autres de respecter son intimité, c'est exiger d'eux qu'ils n'empiètent pas dans ce lieu (symbolique ou non ; cela peut être une chambre dont on ferme la porte à certains moments), où l'on n'est pas sous le regard d'autres enfants, d'adultes, de ses parents. En faisant respecter son intimité, on montre aux autres qu'une part de soi n'appartient qu'à soi.

Chacun a droit au respect de son intimité.

Allons même encore plus loin : le retrait vers une sphère privée est le gage d'une vie démocratique. Que serait un monde sans ce retrait, sans espace intime qui échappe à tous et au pouvoir en particulier ? Pouvoir protéger cela, c'est se donner les moyens d'être libre. Car que serait un monde où tout ce que je fais, tout ce à quoi je pense pourrait être connu, vu de tout le monde ? C'est la raison pour laquelle ce droit à l'intimité est reconnu par le droit français, et le Code civil en particulier. En effet, au civil, toute personne se sentant atteinte dans son intimité peut saisir le juge des référés, sur le fondement des dispositions de l'article 9 du Code civil selon lequel « chacun a droit au respect de sa vie privée ». C'est donc à la fois un besoin que nous avons tous, les enfants compris, et un droit inaliénable.
Pourtant, comme le soulignent la plupart des philosophes, ce mot « intimité » a un double sens, qui nous intéresse ici : il désigne à la fois l'ouverture à l'autre (être intime avec un ami, une amie, faire entrer quelqu'un dans son intimité et donc la partager avec lui) et la fermeture vis-à-vis des autres, que je désigne et revendique volontiers en disant « c'est mon intimité ! », ou ce que les enfants peuvent appeler « mon jardin secret ». Ce double mouvement du terme indique bien la nature volontaire du rapport à l'intimité : l'expression d'un besoin qu'ont toutes les sociétés humaines, et l'idée que l'intimité se définit d'abord dans un rapport social au monde. Nous sommes des êtres sociaux, et dans nos relations sociales nous avons des espaces propres à faire respecter, dans lesquels s'enracinent et s'expriment nos émotions et nos pensées les plus personnelles.

La rédaction d'un journal intime n'appartient qu'à soi.

DÉROULEMENT DE LA SÉANCE

Thèmes du programme
- *La sensibilité.*
- *La règle : des principes pour vivre avec les autres.*
- *Le jugement.*

Compétences, capacités, attendus
- *Connaitre le sens de* confiance, loyauté, honnêteté.
- *Exercer sa capacité de jugement et de discernement.*
- *Argumenter son propos.*
- *Manifester le respect des autres.*

ÉTAPE 1 LIRE LE TEXTE ET SE PRONONCER SUR UN PETIT DILEMME MORAL

DURÉE 20 minutes
ORGANISATION individuelle
MATÉRIEL • la fiche activité

1) **FAIRE RAPPELER** à la classe ce qui a été vu à la séance précédente : les émotions et sentiments évoqués et les manières de les exprimer.

2) **PRÉSENTER LA LECTURE** à venir : extrait d'un texte concernant le journal intime d'une jeune fille appelée Clara.

3) **DEMANDER** aux enfants s'ils connaissent (ou pratiquent) l'écriture d'un journal intime.

> Que trouve-t-on dans un journal intime ?
À la réponse qui pourrait être « des trucs de filles », faire réagir la classe en demandant en quoi et pourquoi l'intime et l'expression de l'intime ne concerneraient que les filles. Montrer que garçons et filles peuvent très bien être concernés par l'écriture d'un journal. Citez notamment le célèbre « Journal d'un dégonflé » dans lequel un jeune collégien se confie sur la vie de tous les jours.
Se saisir de cette occasion pour briser les stéréotypes. Expliquer que certes, dans la pratique, les filles écrivent sans doute plus volontiers que les garçons, mais que pour autant, l'expression des sentiments concerne tout le monde. À chacun de trouver son mode d'expression.

> À quoi ça sert d'écrire dans un journal intime ?
Certains pourront juger que cela ne sert pas à grand-chose, ou en tout cas que cela ne les concerne pas. Expliquer alors que cela sert à qui a besoin de se confier, d'exprimer des sentiments qu'il ne peut pas dire autrement. C'est donc utile dans ce cas. Et personne n'a à en juger car on ne juge pas des sentiments des autres, ni de leur expression tant qu'elle ne dérange personne.

4) **LIRE LE TEXTE.**

La cachette du journal intime

Lucie ne sait pas quoi faire. L'amoureux de Clara veut savoir où est le journal intime de Clara. Lucie connait la cachette, mais elle hésite. « Allez, sois gentille, qu'est-ce que tu risques ? Clara revient dans deux jours, elle ne le saura pas puisqu'on ne lui dira rien. » Il a raison, Clara ne le saura jamais. « On fait un pacte tous les deux, ce sera notre secret à nous. »

Alors là, un secret avec l'amoureux de sa sœur, ce serait vraiment classe. « Je veux juste lire ce qu'elle écrit sur moi, je ne lirai rien d'autre, promis. »

S'il ne lit rien sur les autres, pourquoi pas ?

« J'ai quand même le droit de lire les passages qui parlent de moi, c'est logique, non ? » Oui, c'est vrai. D'ailleurs, Lucie se dit qu'elle pourra lire les passages sur elle, au moins elle saura si sa sœur l'aime.

« Et pour te remercier, je t'achèterai un cadeau. Tu veux quoi ? Une glace, un petit bracelet, un jouet ? »

Brigitte Labbé, P.-F. Dupont-Beurier,
In *Moral et pas moral*, collection « Les gouters philo » © Éditions Milan, 2013

5) LIRE LES CONSIGNES collectivement.

CM2

❶ Rappeler l'usage des guillemets lorsque quelqu'un parle.
❷ **Faire rappeler** ce que sont les adjectifs (des mots qui permettent de qualifier, de dire comment est quelqu'un ou quelque chose).
❸ Bien expliquer comment se rédige une liste : par des mots uniquement. Puis, au vu de la consigne, faire proposer des exemples aux enfants :

> Qu'est-ce qui est intime pour vous ?
Si les propositions ne viennent pas, aider à la réflexion : « Ce sont toutes les choses qui ne regardent que nous, que l'on n'a pas forcément envie de montrer, que l'on n'a pas envie que les autres touchent ou sachent… »
Les élèves lisent le texte individuellement puis répondent au dilemme posé.

6) TRAVAIL INDIVIDUEL SUR LA FICHE.

ÉTAPE 2 ÉCOUTER ET ÉCHANGER SUR LA FIN DE L'HISTOIRE

DURÉE 15 minutes
ORGANISATION collective
MATÉRIEL • la fiche activité complétée

1) PRÉCISER QU'IL Y A UN DILEMME DANS CE TEXTE. Demander ce que cela signifie et expliquer si besoin :

Un dilemme, c'est quand on se retrouve face à une situation où il faut faire un choix mais qu'il est très difficile de choisir.

2) EXPLICITER LE TEXTE :

> Qui doit faire un choix ici ? *Lucie, la sœur de Clara.*

> Pourquoi Lucie a-t-elle du mal à choisir ?
Laisser les enfants proposer des réponses puis montrer le tiraillement entre, d'un côté, ce qui apparait comme étant « le bien » (ne pas dévoiler le journal intime) et, de l'autre côté, ce qui est tentant,

qui attire mais représente « le mal » : trahir l'intimité de sa sœur, accepter des cadeaux. Pour trancher, il faut pouvoir peser le pour et le contre tout en envisageant chaque conséquence. C'est cela le dilemme.

3) PASSER AU GÉNÉRAL :

> Comment faire alors lorsque l'on est face à un dilemme ? Comment choisir ? Comment réfléchir ?

Laisser les enfants réagir et, au besoin, rappeler qu'il y a une chose sure, dans tous les cas c'est la conscience qui est en jeu, le fait d'avoir bonne conscience, dans tous ces choix. Certes, on peut choisir de révéler les secrets de sa sœur sans qu'elle s'en aperçoive, mais notre conscience sera mauvaise (mauvaise idée de soi, honte, remords). Et il est plus douloureux de vivre avec cela. Le renoncement aux envies (les cadeaux proposés) vaut donc le coup.

4) CORRECTION COLLECTIVE DES QUESTIONS :

CM1

Reprendre chaque proposition et faire discuter chacune. Faire argumenter les élèves :

> Tu dis que tu (n')es (pas) d'accord ? pourquoi ?

L'essentiel est de montrer que l'on n'a pas à céder au chantage de quelqu'un, que l'intimité se respecte, que l'on n'est pas gentil sous prétexte que l'on accepte tout.

CM2

> Comment qualifier l'attitude du garçon ?

> Quels sont les mots que l'on peut précisément utiliser ici ?

Il ne s'agit pas de répondre : *Ce n'est pas bien ce qu'il a fait* ou *C'est mal*. Il faut pouvoir qualifier précisément ce genre d'attitude : il est intrusif (expliquer le terme), il est irrespectueux, il est plutôt malhonnête (faire expliquer pourquoi) et non fiable. Surtout, demander ce que cela engendre pour la sœur de Lucie : il ne respecte pas la limite à ne pas franchir, son intimité, ce à quoi on n'a pas le droit de toucher. Demander aux enfants d'expliquer où commence l'intimité et pourquoi il est indispensable de la respecter, pour soi et les autres. (On n'a pas à montrer autant que les autres n'ont pas à regarder.)

> Qu'avez-vous inscrit sur votre liste ? (question 3)

Faire discuter chaque proposition des enfants en mettant bien en évidence le caractère intime s'il l'est. Un enfant propose par exemple : le corps. Demander à la classe ce qu'elle en pense. Faire préciser : le corps dans son entier ? Le but étant de comprendre que certaines parties du corps effectivement sont d'une grande intimité et que les autres doivent respecter cela.

5) LECTURE PAR LE PROFESSEUR DE LA FIN DE CETTE PETITE HISTOIRE.

> Lucie a enfin pris sa décision : elle va aller chercher le journal intime. Mais à condition d'avoir 2 cadeaux : un stylo 4 couleurs et un paquet de réglisses, et tout de suite, sinon, pas de journal. Pendant que l'amoureux de Clara sort acheter le stylo et les réglisses, Lucie file dans la chambre de sa sœur. Et là, elle s'arrête net. Elle vient d'apercevoir la photo de Clara épinglée au-dessus du bureau. Elle ne peut plus monter sur le tabouret pour récupérer le journal caché derrière le miroir.
>
> La porte d'entrée claque. Lucie sort de la chambre et hurle : « Je ne trahirai jamais ma sœur ! C'est dégoutant, ce que tu me demandes, tu es un mauvais amoureux, je m'en fiche de tes cadeaux. »
>
> **Brigitte Labbé, P.-F. Dupont-Beurier,**
>
> in *Moral et pas moral*, collection « Les gouters philo » © Éditions Milan, 2013

6) **DEMANDER** aux enfants ce qu'ils pensent de la décision de Lucie. Au-delà de « c'est bien », la question qui intéresse est : « Pourquoi c'est bien ? » Inciter la classe à argumenter, expliquer en quoi c'est une bonne décision.

ÉTAPE 3 SYNTHÉTISER

DURÉE 20 minutes
ORGANISATION collective
MATÉRIEL • le cahier ou autre support d'EMC

Au terme des ces quatre séances, l'enseignant fait rappeler par la classe l'essentiel des idées à retenir. Il peut énumérer dans l'ordre ce qui a été vu, discuté puis aider la classe à rassembler les différents thèmes :

> **Nous avons d'abord parlé de « qu'est-ce qu'exister ? », puis nous avons réfléchi à la citation d'Alain : « Penser, c'est oser dire non. » Nous avons vu comment exercer un jugement critique. Vous avez ensuite écrit et écouté lire des textes exprimant des sentiments, des émotions. Et nous avons parlé de l'intimité.**

Écrire au fur et à mesure la trace écrite au tableau et la faire copier sur le cahier/classeur d'EMC.

Exemple :

Exister vraiment, c'est pouvoir dire ce que l'on pense, et c'est participer à la vie collective sans être soumis aux autres.
Parfois il est important de savoir dire non. C'est un moyen de grandir et de s'affirmer face aux autres. On peut aussi dire oui quand on pense que c'est bien ou utile. L'essentiel est d'avoir un esprit critique et de se poser les bonnes questions pour pouvoir bien juger des situations que l'on rencontre.
Il est normal d'avoir des sentiments et il est important de les exprimer. Il est important aussi de pouvoir comprendre les sentiments des autres et de se mettre à leur place. Il y a des choses, des sentiments, des secrets qui n'appartiennent qu'à soi. Ce sont des choses que personne n'a le droit de venir prendre.

EST-CE QUE MES SENTIMENTS M'APPARTIENNENT ?

1 Lis ce début de texte.

La cachette du journal intime

Lucie ne sait pas quoi faire. L'amoureux de Clara veut savoir où est le journal intime de Clara. Lucie connait la cachette, mais elle hésite. « Allez, sois gentille, qu'est-ce que tu risques ? Clara revient dans deux jours, elle ne le saura pas puisqu'on ne lui dira rien. » Il a raison, Clara ne le saura jamais. « On fait un pacte tous les deux, ce sera notre secret à nous. »

Alors là, un secret avec l'amoureux de sa sœur, ce serait vraiment classe. « Je veux juste lire ce qu'elle écrit sur moi, je ne lirai rien d'autre, promis. »

S'il ne lit rien sur les autres, pourquoi pas ?

« J'ai quand même le droit de lire les passages qui parlent de moi, c'est logique, non ? » Oui, c'est vrai. D'ailleurs, Lucie se dit qu'elle pourra lire les passages sur elle, au moins elle saura si sa sœur l'aime.

« Et pour te remercier, je t'achèterai un cadeau. Tu veux quoi ? Une glace, un petit bracelet, un jouet ? »

Brigitte Labbé, P.-F. Dupont-Beurier,
Extrait de *Moral et pas moral*, collection « Les gouters philo » © Éditions Milan, 2013

2 Que penses-tu des affirmations suivantes ? Es-tu d'accord ou pas d'accord ? Écris.

On n'a pas le droit de se mêler de l'intimité des autres. ....

On peut faire du chantage pour obtenir quelque chose. ....

On peut trahir les secrets du moment que personne ne le sait. ....

On n'a pas le droit de fouiller dans les affaires de son amoureuse. ....

Être gentil, c'est accepter de faire tout ce qu'on nous demande. ....

3 Écris ce que tu aurais dit à l'amoureux de Clara, à la place d'Alice.

....

....

....

....

EST-CE QUE MES SENTIMENTS M'APPARTIENNENT ?

Lis ce début de texte puis réponds aux questions.

La cachette du journal intime

Lucie ne sait pas quoi faire. L'amoureux de Clara veut savoir où est le journal intime de Clara. Lucie connait la cachette, mais elle hésite. « Allez, sois gentille, qu'est-ce que tu risques ? Clara revient dans deux jours, elle ne le saura pas puisqu'on ne lui dira rien. » Il a raison, Clara ne le saura jamais. « On fait un pacte tous les deux, ce sera notre secret à nous. »

Alors là, un secret avec l'amoureux de sa sœur, ce serait vraiment classe. « Je veux juste lire ce qu'elle écrit sur moi, je ne lirai rien d'autre, promis. »

S'il ne lit rien sur les autres, pourquoi pas ?

« J'ai quand même le droit de lire les passages qui parlent de moi, c'est logique, non ? » Oui, c'est vrai. D'ailleurs, Lucie se dit qu'elle pourra lire les passages sur elle, au moins elle saura si sa sœur l'aime.

« Et pour te remercier, je t'achèterai un cadeau. Tu veux quoi ? Une glace, un petit bracelet, un jouet ? »

Brigitte Labbé, P.-F. Dupont-Beurier,
Extrait de *Moral et pas moral*, collection « Les gouters philo » © Éditions Milan, 2013

1 **Écris ce que tu ferais à la place de Lucie.**

....

....

....

....

2 **Propose quelques qualificatifs pour dire comment est ce garçon.**

....

....

3 **Fais une liste de tout ce qui, pour toi, est intime et doit être respecté.**

....

....

....

SÉANCE 1

Que signifie « se tenir bien » ?

L'ESSENTIEL À SAVOIR POUR L'ENSEIGNANT

Les programmes définissent plusieurs entrées possibles à ce que le langage quotidien appelle « bien se tenir ».

Il y a d'abord **le soin porté au langage**, le fait d'avoir le souci des autres dans l'utilisation du langage, notamment la politesse. Ce qui est recherché ici, c'est le travail pour développer des capacités à mettre en mots de façon adaptée ce qui émerge parfois brutalement, sans retenue, dans la sensibilité et l'intensité des émotions. Savoir dire les choses, savoir choisir les bons mots relève de cette capacité à ne pas faire des interventions « qui dépassent sa pensée », comme on dirait de mots qui sont allés au-delà de ce que l'on voulait dire vraiment. Ainsi, on peut dire ce que l'on ressent. Mais l'exprimer d'une façon non appropriée est parfois contreproductif. Alors qu'en trouvant les mots justes, notre interlocuteur est amené à mieux comprendre et dans tous les cas à mieux accepter ce qui est dit. Chercher à dire les choses en termes choisis est aussi une manière de respecter son interlocuteur.

Le soin du corps fait également partie du respect des autres et de soi-même. Ce que les expressions du langage quotidien disent très bien : « avoir une attitude négligée », « une personne qui se néglige »... Prendre soin de son corps, c'est ne pas accepter d'apparaitre dans une situation où l'on se donne à voir sans avoir fait l'effort de se présenter à soi-même et aux autres de manière respectueuse.

Manifester le respect des autres, précisent les programmes, c'est aussi **veiller à l'environnement** immédiat et plus lointain. Cela implique une dimension de **responsabilité**. On est responsable de la manière dont on se comporte, de l'attitude que l'on adopte et des actes que l'on commet, y compris vis-à-vis de soi-même. Dès lors, le soin des biens personnels et collectifs fait partie de cette dynamique de respect.

En respectant les biens des autres – une trousse, un vêtement, un jouet –, j'apprends à considérer que je ne fais pas aux autres ce que je ne voudrais pas que l'on me fasse. Cela vaut aussi pour les biens collectifs : ceux de l'école comme les sièges du bus que je prends chaque matin. Ces biens collectifs qui, par définition, appartiennent à tous, ne peuvent être aliénés sans que ma responsabilité aux yeux de tous, et à mes propres yeux, n'en soit affectée.

Le cas limite du respect des autres, c'est bien sûr **l'intégrité de la personne**. L'intégrité physique est la plus clairement compréhensible par les enfants : « on ne tape pas son copain », « on ne griffe pas », etc. Une autre atteinte à l'intégrité des autres se situe dans la sphère morale et intime ; bien que « invisible », celle-ci peut être beaucoup plus blessante que les coups. Apprendre ce que cela fait d'avoir à supporter ces blessures intimes (le mépris, l'humiliation, le dévoilement de la pudeur, etc.) peut permettre de mieux faire comprendre ce que signifie « bien se tenir » à l'égard des autres. Il est ici question d'égards : égards envers les autres, envers soi-même. Car c'est aussi son image que l'on flétrit en ne respectant pas l'autre dans toute ses dimensions.

Bien se tenir, tout un art de vivre.

DÉROULEMENT DE LA SÉANCE

Thèmes du programme
- *Le soin du langage.*
- *Le souci d'autrui.*
- *Le soin du corps.*
- *Le soin des biens personnels et collectifs.*

Compétences, capacités, attendus
- *Manifester le respect des autres dans son langage et son attitude.*

ÉTAPE 1 COMPRENDRE, ÉCHANGER AUTOUR DE LA NOTION DE « SAVOIR SE TENIR »

DURÉE 20 minutes
ORGANISATION collective
MATÉRIEL • le texte « Je me lave les dents » photocopié et/ou affiché au tableau

Je me lave les dents le matin avant d'aller à l'école.
La maitresse ne peut pas faire cours avec un masque à gaz.

Je ne dis pas de gros mots. Ça salit la bouche.
Alors que zut, crotte, punaise, ça sent bon la fraise.

Je ne dis pas « maitresse, j'ai plus d'colle ».
Je demande « maitresse, est-ce que tu peux me prêter de la colle ? », et je rajoute « s'il te plait » même si ça fait une phrase un peu longue.

Je ne gribouille pas sur les tables. Même si je m'ennuie.
Les dames de service ramassent déjà mon manteau qui traine, mes papiers, mes mouchoirs, nettoient les sols, les toilettes, vident les poubelles, tirent les chasses d'eau, essuient les vomis...

L. Salaün, E.Cueff et G. Rapaport
Extrait de *Il y a des règles à l'école*, © Éditions du Seuil, 2015

1) **FAIRE LIRE** individuellement le texte. Puis, collectivement, lire chaque paragraphe un à un.

2) **PROCÉDER À UNE LECTURE COMPRÉHENSION.** Pour chaque paragraphe, l'intérêt est de voir en quoi le fait de mal se tenir, mal parler, ne pas se soigner... pose problème et quelles en sont les conséquences.
Dans tous les cas, amener les élèves à comprendre que « mal se tenir » non seulement dérange les autres et entrave la relation avec eux, mais donne également une mauvaise image de soi.

Paragraphe 1 : l'hygiène

Faire réfléchir et échanger les enfants afin qu'ils comprennent ce qu'engendre une mauvaise hygiène : une gêne pour les autres, mais aussi un malaise pour soi dans ses relations aux autres avec des réactions possibles comme le rejet, la stigmatisation, la honte... Prendre soin de soi est donc une manière de se respecter autant que de respecter les autres.

Demander aux enfants de donner d'autres exemples (odeur de pieds, vêtements jamais changés, transpiration... donc manque d'hygiène qui devient problématique).

Paragraphe 2 : le langage

Faire réfléchir à la question : « Quel est le problème lorsqu'on parle mal ? que l'on profère des insultes, des gros mots, qu'on ne surveille pas son langage ? »

À travers un échange collectif, faire comprendre que la façon dont on s'exprime détermine en partie nos relations aux autres. Ne pas surveiller son langage, c'est d'abord un manque de respect, mais c'est aussi le signe que l'on n'est pas capable de s'adapter aux situations. En effet, il y a différentes manières de parler, en fonction de son interlocuteur ; mais aussi tout simplement pour soi, pour ne pas parler n'importe comment, pour ne pas être n'importe qui, vulgaire, choquant, irrespectueux... Autrement dit, pour être quelqu'un de correct, quelqu'un qui maîtrise sa parole, ce qui en soi est une force. Rappeler là encore aux élèves, en donnant des exemples si besoin, comment est perçue une personne qui parle mal et ce que cela engendre dans ses relations (tensions, escalade vers la bagarre, la violence...).

Paragraphe 3 : la politesse dans le langage

> **Quelle est la différence entre « maitresse, j'ai plus d'colle » et « maitresse, est-ce que tu peux me prêter de la colle » ?** *C'est une façon plus correcte de s'exprimer ; respect de la maitresse ; adaptation du langage...*

> **Pourquoi ajouter « s'il te plaît ? »**

Le professeur fera d'ailleurs remarquer ici que le vouvoiement aurait pu être judicieux.

Montrer aux élèves comment, en fonction de son interlocuteur, on adapte son langage. Rappeler également que la politesse est une base de respect, quel que soit son interlocuteur. Cela permet d'établir des relations d'emblée sereines, tandis que le manque de politesse attise les discordes, l'énervement... Bref, c'est un manque de considération adressé à l'autre.

Paragraphe 4 : savoir se tenir, par respect pour les autres

> **Quel est le problème évoqué dans cette situation ?** *Le manque de respect pour les autres.*

> **Quelles sont toutes les attitudes incorrectes évoquées ici ?** *Jeter ses papiers par terre, ne pas tirer la chasse d'eau, laisser trainer ses affaires...*

Faire comprendre aux élèves que « savoir se tenir » est une attitude générale qui concerne sa façon de parler, de s'habiller, de se comporter, de considérer ou non les autres... Bref, tout un ensemble de choses qui déterminent qui l'on est. Et seul chacun peut décider qui il choisit d'être : quelqu'un de bien ou pas.

ÉTAPE 2 DÉFINIR LES ATTITUDES « BIEN SE TENIR » ET « ÊTRE QUELQU'UN DE BIEN »

DURÉE 20 minutes
ORGANISATION individuelle
MATÉRIEL • la fiche activité (CM1)
• le cahier d'EMC (CM2)

1) LIRE COLLECTIVEMENT LES CONSIGNES ET LES EXPLIQUER.

CM1

❷ Les élèves doivent indiquer le numéro du comportement posant problème puis expliquer en quoi celui-ci pose problème, quelles en sont les conséquences, ce que cela engendre...

CM2

Donner la consigne : « **Quelqu'un de bien, ce serait quelqu'un qui…** »
Indiquer qu'une série de phrases est attendue. Faire donner des exemples à l'oral avant de commencer.

> Que pourrait-on écrire ?
Laisser les élèves faire des propositions, telles que respecter les autres, parler correctement, ne pas penser qu'à soi, se laver… Puis laisser les élèves travailler individuellement sur leur cahier EMC.

2) **TRAVAIL INDIVIDUEL** sur la fiche ou le cahier.

ÉTAPE 3 MISE EN COMMUN, DÉBAT

DURÉE 15 minutes
ORGANISATION collective
MATÉRIEL • la fiche activité complétée (CM1)
• Le cahier d'EMC (CM2)

CM1

1 **Chaque comportement proposé est relu et la classe justifie** en quoi elle le considère ou non comme correspondant au fait de bien se tenir. Discuter plus particulièrement les attitudes ambivalentes suivantes :

COMPORTEMENT 1 : « AIMER TOUT LE MONDE »

Il est à prévoir qu'un certain nombre d'enfants cochent cette case. Pour autant, elle est discutable. Interroger la classe :

> En quoi est-ce bien d'aimer tout le monde ? Est-il possible d'aimer tout le monde ?
La réponse est *non*. Et aimer tout le monde n'est pas spécifiquement une façon de bien se tenir. Préciser aux enfants qu'on n'est pas obligé d'aimer tout le monde. Par contre, respecter tout le monde, même les personnes que l'on n'aime pas, est une attitude morale obligatoire. C'est le respect qui indique une bonne attitude.

COMPORTEMENT 4 : « NE PAS FAIRE N'IMPORTE QUOI DEVANT SES PARENTS »

Cette proposition est discutable. Certes, il est bon de ne pas faire n'importe quoi, mais pas uniquement lorsque l'on est devant ses parents ou un adulte ! L'idée à comprendre ici est que si l'on se tient bien, ce n'est pas parce qu'on est regardé. Autrement dit, on ne le fait pas pour faire plaisir aux autres ni juste pour l'apparence. Se tenir bien, c'est pour soi, parce que l'on a compris l'avantage de le faire. Se tenir bien n'est pas « faire bien » devant les autres pour se relâcher totalement dès qu'ils ont le dos tourné.

COMPORTEMENTS 5 ET 6 : ATTENDRE UNE CIRCONSTANCE PARTICULIÈRE POUR SE LAVER

Il s'agit de faire comprendre aux enfants que le soin du corps n'est pas destiné « aux grandes occasions » mais qu'il s'agit d'attitudes quotidiennes pour son bien-être personnel et, également, pour le confort collectif.

2 **Les propositions argumentées sont faites, discutées et débattues par l'ensemble de la classe.** Exemple : un enfant a sélectionné « Attendre le jour de la photo pour se laver les cheveux ». Il a justifié par le fait que « c'est sale » de faire ça. Pousser l'argumentation plus loin :

> En quoi est-ce sale ? Est-ce le seul problème ?
L'important est de constater que certes, « c'est sale » ; mais il faut aussi considérer les conséquences de ce comportement : se sentir mal dans son corps, ne pas prendre soin de soi et ainsi se manquer de respect, s'exposer aux moqueries des autres, donner une mauvaise image de soi… Plus qu'une simple énumération des comportements « positifs » et des comportements « négatifs », ce sont les conséquences qui sont à comprendre. À chaque fois donc, demander aux élèves de justifier leurs réponses en exposant ce que tel ou tel comportement engendre.

CM2

Les textes écrits par les élèves sont lus et discutés. Le critère de validation est : les attitudes décrites correspondent-elles vraiment à quelqu'un de bien ? Décortiquer les propositions faites afin de voir avec la classe en quoi elles décrivent une belle personne.
Un enfant propose par exemple : *Quelqu'un de bien, ce serait quelqu'un qui est sérieux, quelqu'un qui travaille bien. Une personne qui a plein d'amis...* Faire réfléchir la classe :

> Est-ce que si l'on travaille bien à l'école, que l'on est sérieux et que l'on a plein d'amis, on est forcément quelqu'un de bien ?

Il faudra tenter de définir avec les enfants les principaux critères permettant de dire ce qu'est quelqu'un de bien :

> Finalement, pour être quelqu'un de bien, que faut-il avant tout ?

Laisser proposer puis amener les enfants à réfléchir aux grandes valeurs de base que sont le respect, l'humilité, l'altruisme...
Ultérieurement, le maitre corrigera les productions écrites de façon individuelle.

ÉTAPE 4 SYNTHÉTISER

DURÉE 15 minutes
ORGANISATION collective
MATÉRIEL • cahier ou autre support d'EMC

Collectivement, faire rassembler les idées de la séance pour synthétiser ce qui a été compris.

Exemple de résumé :

Avoir une bonne attitude, c'est faire attention à la façon dont on parle, dont on se présente et dont on se comporte.
Avoir une bonne attitude, c'est une manière de respecter les autres.
C'est aussi une manière de se respecter soi-même.

QUE SIGNIFIE « SE TENIR BIEN » ?

Je me lave les dents le matin avant d'aller à l'école.
La maitresse ne peut pas faire cours avec un masque à gaz.

Je ne dis pas de gros mots. Ça salit la bouche.
Alors que zut, crotte, punaise, ça sent bon la fraise.

Je ne dis pas « maitresse, j'ai plus d'colle ».
Je demande « maitresse, est-ce que tu peux me prêter de la colle ? », et je rajoute « s'il te plait »
même si ça fait une phrase un peu longue.

Je ne gribouille pas sur les tables. Même si je m'ennuie.
Les dames de service ramassent déjà mon manteau qui traine, mes papiers, mes mouchoirs,
nettoient les sols, les toilettes, vident les poubelles, tirent les chasses d'eau, essuient les vomis...

L. Salaün, E.Cueff et G. Rapaport

Extrait de *Il y a des règles à l'école*, © Éditions du Seuil, 2015

Je me lave les dents le matin avant d'aller à l'école.
La maitresse ne peut pas faire cours avec un masque à gaz.

Je ne dis pas de gros mots. Ça salit la bouche.
Alors que zut, crotte, punaise, ça sent bon la fraise.

Je ne dis pas « maitresse, j'ai plus d'colle ».
Je demande « maitresse, est-ce que tu peux me prêter de la colle ? », et je rajoute « s'il te plait »
même si ça fait une phrase un peu longue.

Je ne gribouille pas sur les tables. Même si je m'ennuie.
Les dames de service ramassent déjà mon manteau qui traine, mes papiers, mes mouchoirs,
nettoient les sols, les toilettes, vident les poubelles, tirent les chasses d'eau, essuient les vomis...

L. Salaün, E.Cueff et G. Rapaport

Extrait de *Il y a des règles à l'école*, © Éditions du Seuil, 2015

QUE SIGNIFIE « SE TENIR BIEN » ?

1 Coche les comportements qui, selon toi, correspondent au fait de bien se tenir.

1. ❏ Aimer tout le monde.
2. ❏ Être poli.
3. ❏ Écouter les autres.
4. ❏ Ne pas faire n'importe quoi devant ses parents.
5. ❏ Attendre le jour de la piscine pour prendre une douche.
6. ❏ Attendre le jour de la photo pour se laver les cheveux.
7. ❏ Ne pas avoir de paroles blessantes envers les autres.
8. ❏ Faire attention à son langage.

2 Explique en quoi les comportements que tu n'as pas choisis posent un problème.

Comportement n° .... : ....

....

....

Comportement n° .... : ....

....

....

Comportement n° .... : ....

....

....

Comportement n° .... : ....

....

....

Comportement n° .... : ....

....

....

SÉANCE 2

Les écrans, pour quoi faire ?

L'ESSENTIEL À SAVOIR POUR L'ENSEIGNANT

Aujourd'hui, la question de l'éducation à l'esprit critique se focalise sur l'usage des écrans et d'Internet. Le programme le précise en incitant les enseignants à engager la réflexion des élèves autour d'une **prise de conscience des enjeux civiques de l'usage de l'informatique et de l'Internet** afin d'adopter une attitude critique face aux résultats obtenus.

La question est largement débattue depuis quelques années, devant la crainte des adultes face aux images pouvant heurter un public trop jeune. Mais plus largement – au-delà de la question des contenus traumatisants ou perturbants, ou des contenus qui peuvent heurter la sensibilité de jeunes enfants et porter atteinte à leur intégrité physique et morale –, c'est bien la question du **traitement de l'information** qui est en jeu, quand, sur un écran, tous les écrits ont le même statut ou la même présentation, qu'ils soient justes ou dégradants, vrais ou faux, licites ou illicites, acceptables ou scandaleux.

Dans un monde et une économie irrémédiablement numériques, ce que disent tous les spécialistes, ce n'est pas de supprimer les écrans, mais d'apprendre à vivre avec, à penser avec eux, et éventuellement contre eux quand des contenus sont illicites et contraires aux valeurs de l'école, contraires aux valeurs de l'humanisme. Plus que jamais, en classe et dès le plus jeune âge, nous devons concevoir une réflexion avec les élèves sur leurs pratiques des écrans, et développer leurs capacités à penser par eux-mêmes, à hiérarchiser les informations qu'ils reçoivent désormais en flux continu via les réseaux sociaux, et à toujours confronter leurs informations avec d'autres sources, mais aussi d'autres personnes.

En dehors des dangers liés à la non-activité (prise de poids, absence d'activité, asthénie, etc.), un rapport de l'Académie des sciences a pointé un certain nombre de risques : « Un usage trop exclusif d'Internet peut créer une pensée zapping […] appauvrissant la mémoire, la capacité de synthèse personnelle et d'intériorité. »

Les enjeux sont là, dans la nécessité de préparer les élèves au monde numérique déjà là, alors que bon nombre d'enseignants n'ont découvert Internet que tardivement, et en tous les cas pas à l'âge où les élèves le découvrent…

Les jeunes âgés de 11 à 14 ans passent en moyenne deux heures par jour devant la télévision et cinquante minutes devant un ordinateur. (Source : INSEE 2010)

DÉROULEMENT DE LA SÉANCE

Thème du programme
• *Le jugement : penser par soi-même et avec les autres.*

Compétences, capacités, attendus
• *Prendre conscience des enjeux civiques de l'usage de l'informatique et de l'Internet et adopter une attitude critique face aux résultats obtenus.*

ÉTAPE 1 ÉCHANGER, DÉBATTRE AUTOUR DE L'ÉCRAN DE DÉBORAH CHOCK

DURÉE 20 minutes
ORGANISATION collective
MATÉRIEL • le tableau « Écran, t'es laid » photocopié et/ou affiché au tableau

1) AFFICHER LE TABLEAU DE D. CHOCK (ou en distribuer une photocopie à chaque élève). Laisser un instant d'observation. Faire décrire l'image puis lire le slogan.

2) INTERROGER :

> À votre avis, qu'a voulu dire l'artiste en réalisant ce tableau ?
Laisser les enfants réagir puis orienter la réflexion à l'aide d'une série de questions :

> Pourquoi écrit-elle « écran t'es laid » ? Faire observer le jeu de mot : *écran télé* étant devenu *écran t'es laid*, comme une sorte d'homonymie.

> Comment un écran peut-il être laid ? pourquoi ?
Laisser les enfants réagir ; l'essentiel étant qu'ils comprennent qu'un objet de fascination comme la télé peut être perçu comme laid dans la mesure où il peut vite devenir source de bêtise (par bon nombre de programmes qu'il diffuse), d'addiction (lorsqu'on s'installe devant sans plus pouvoir s'en détacher), de violence et de vulgarité (selon les programmes), d'isolement (lorsque l'on remplace le développement des relations aux autres par la fréquentation abusive de l'écran)… Ce sont toutes ces limites de la télévision qu'il faut énumérer avec la classe.
Faire donner des exemples de programmes néfastes (toutes les émissions de téléréalité par exemple). Demander en quoi ces programmes sont laids. Faire également trouver des exemples d'attitudes néfastes (se mettre devant la télé et zapper pendant des heures de façon passive au lieu de sélectionner son programme…).

Insister sur le fait que c'est donc avant tout l'usage que l'on fait de la télé qui est nuisible ou pas. Que cela tient de notre responsabilité.

3) ÉLARGIR LE DÉBAT AUX AUTRES ÉCRANS :

> Déborah Chock parle de la télévision, mais quels autres écrans connaissez-vous ?
Laisser les enfants proposer puis collectivement énumérer : l'ordinateur, les smartphones, tablettes, iPod et autres… Souligner le fait que les écrans sont partout, jusque dans les restaurants où l'on va pour manger mais dans lesquels on peut se retrouver, sans l'avoir demandé, devant un écran géant diffusant tout et n'importe quoi.

> Que pensez-vous des écrans d'ordinateur ? Est-ce que l'on peut dire qu'ils sont laids eux aussi ? pourquoi ?

Laisser les enfants s'exprimer là-dessus. Instaurer un échange collectif qui permette de passer en revue toutes les laideurs possibles (les limites et les dangers) de l'ordinateur et notamment l'usage d'Internet.

> Que pensez-vous d'Internet ?

L'intérêt ici est de voir avec la classe qu'Internet dépend uniquement de l'usage que l'on en fait. Il est une source inépuisable de découverte, connaissances, informations ; mais il peut très souvent être aussi source de dangers, d'images violentes ou indécentes, de mauvaises rencontres, de visionnages abêtissants...

Laisser les enfants énumérer. Leur demander quelles sont leurs pratiques.

Permettre aux enfants de comprendre les risques, les limites de ces usages :

– Exposer sa vie au vue de tout le monde en s'inscrivant sur les réseaux sociaux.

– Se retrouver dans une situation où l'on ne sait pas exactement qui est notre interlocuteur derrière l'écran. Informer que certains adultes malveillants n'hésitent pas à s'inventer des identités pour duper les plus jeunes.

– Être victime de faux messages frauduleux ou de sites non fréquentables.

– Se retrouver face à des images choquantes alors que l'on cherchait autre chose, ou les rechercher soi-même et y avoir accès très facilement.

L'essentiel est d'amener les enfants à comprendre que pour tirer le meilleur d'Internet, il faut avoir du discernement, développer un esprit critique... et non se laisser aller à une consommation facile et non raisonnée.

ÉTAPE 2

CRÉER UNE IMAGE, UN SLOGAN POUR PRÉVENIR DES MÉFAITS D'INTERNET (CM1/CM2)

IMAGINER UN ÉCRAN INTELLIGENT (6e)

DURÉE 25 minutes
ORGANISATION individuelle (CM1/CM2) ; en binômes (6e)
MATÉRIEL • la fiche activité

1) LIRE ET EXPLIQUER LES CONSIGNES.

En CM2, au besoin, expliquer le sens de *méfait* (quelque chose qui nuit, qui a de mauvais effets).

CM

Indiquer pour la réalisation du tableau que les élèves peuvent s'inspirer de l'œuvre de Déborah Chock (pour les couleurs, la police de caractères du slogan...). Pour le slogan, préciser qu'il est nécessairement court, qu'il peut y avoir un jeu de mots mais que cette contrainte n'est pas obligatoire. Dans tous les cas, le slogan doit permettre d'informer, mettre en garde, comporter l'idée des limites de l'écran d'ordinateur et notamment l'usage d'Internet.

6e

Présenter le travail aux élèves en expliquant qu'il s'agit de développer une annonce pour un nouvel écran intelligent. Pour cela, ils doivent remplir les rubriques proposées sur la fiche activité.

Les lire avec eux. Insister sur le fait que ce nouvel écran est intelligent, en opposition à l'écran laid montré par Déborah Chock. Pour aider la classe, demander : « Que serait un écran intelligent ? »

L'idée est d'amener la classe à réinvestir ce qui a été vu dans l'étape 1 et d'imaginer un écran qui permette d'éviter tous les méfaits évoqués.

2) TRAVAIL INDIVIDUEL SUR LA FICHE.

ÉTAPE 3 ÉCHANGER AUTOUR DES TABLEAUX ET DES ÉCRANS RÉALISÉS

DURÉE 20 minutes
ORGANISATION collective
MATÉRIEL • la fiche activité complétée

CM1

Un à un, observer et lire les tableaux et en discuter. Vérifier la pertinence et l'efficacité du slogan.

> Que pensez-vous de ce slogan ? Quel est le message que l'on peut comprendre ?
Dans le cas où le slogan ne comporte aucune critique à propos des écrans ou d'Internet, l'enseignant indique qu'il sera à reprendre. Dans le cas où le slogan est efficace et bien ciblé, l'enseignant peut le conserver affiché en classe et montrer en quoi il est intéressant.

> Pourquoi ce slogan apporte-t-il quelque chose ? En quoi est-il utile ?
Le slogan doit comporter l'idée d'une méfiance et/ou d'une vigilance nécessaire vis-à-vis de l'usage de l'ordinateur ou d'Internet.

CM2

1. Faire énumérer les propositions puis en discuter collectivement (ne pas se cantonner à une énumération). Faire justifier / argumenter à chaque fois les propositions en demandant : « En quoi est-ce un méfait ? Quel est le problème »
2. Faire valider la pertinence et l'efficacité de chaque slogan.
Le slogan doit comporter l'idée d'une méfiance et/ou d'une vigilance nécessaires vis-à-vis de l'usage de l'ordinateur ou d'Internet. Tous les slogans jugés hors sujet ou non efficaces seront à reprendre ultérieurement.

6e

Chaque binôme lit les caractéristiques de son écran, qui sont validées ou non par la classe. La validation se fait uniquement sur le critère d'intelligence de l'écran.
Toutes les rubriques sont importantes et à vérifier.
Exemple : un binôme a écrit *Ce que vous ne trouverez pas* : Facebook – Instagram... Demander : « En quoi cela vous parait être une bonne chose que cet écran ne permette pas de se connecter à Facebook ou à Instagram ? »
Encore une fois, l'essentiel est de créer un échange et une réflexion afin que les élèves soient sensibilisés aux limites des réseaux sociaux. Le but est bien donc de **développer un esprit critique** quant aux usages d'Internet.

ÉTAPE 4 SYNTHÉTISER

DURÉE 15 minutes
ORGANISATION collective
MATÉRIEL • le cahier ou autre support d'EMC

Collectivement, faire rassembler les idées pour synthétiser ce qui a été compris.

Exemple de résumé :

> ***Les écrans peuvent être une source d'informations et de découvertes utiles.***
> ***Mais attention ! il faut en faire bon usage et ne pas en abuser.***
> ***Bien utiliser l'écran, c'est savoir faire la différence entre ce qui est intéressant et ce qui ne l'est pas. C'est aussi ne pas se mettre dans des situations qui peuvent choquer.***

LES ÉCRANS, POUR QUOI FAIRE ?

À la façon de Déborah Chock, écris un slogan et colorie le tableau.

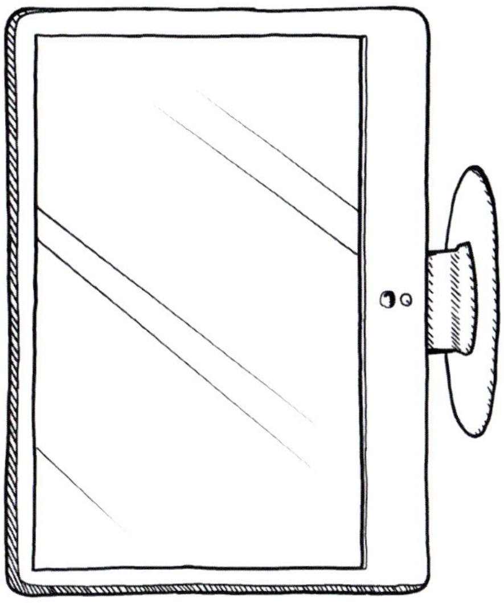

LES ÉCRANS, POUR QUOI FAIRE ?

1 Fais la liste de tous les méfaits d'Internet.

....

....

....

....

....

....

....

....

....

....

....

2 Pour cet ordinateur, trouve un slogan qui dénonce un ou plusieurs dangers que tu as choisis.

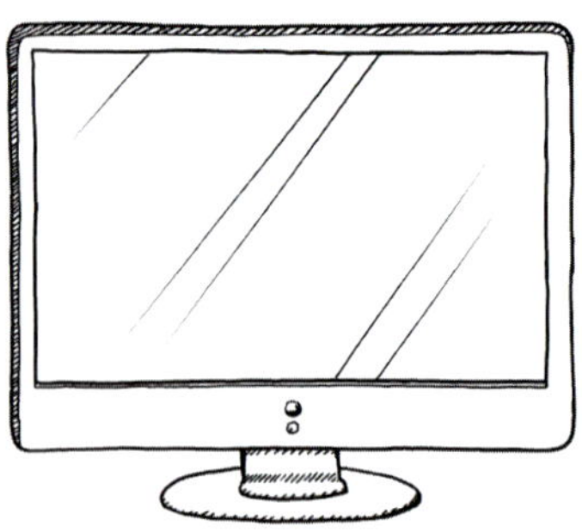

LES ÉCRANS, POUR QUOI FAIRE ?

Tu crées un écran intelligent.
Donne-lui un nom, remplis sa fiche technique puis dessine quelque chose dans l'écran.

LE NOUVEL ÉCRAN INTELLIGENT

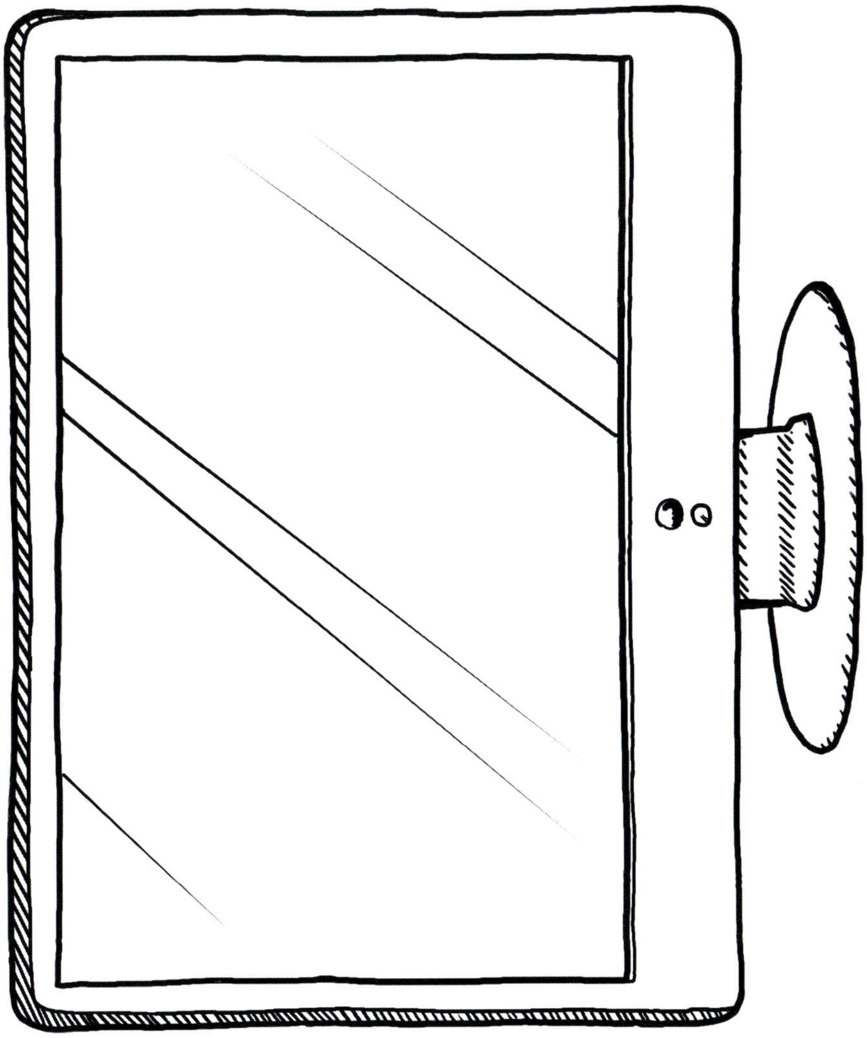

Ce que vous trouverez :

Nombre de minutes d'utilisation/jour :

Permet de :

Ce que vous ne trouverez pas :

SÉANCE 1

Quels sont mes droits ?

L'ESSENTIEL À SAVOIR POUR L'ENSEIGNANT

La question des droits relève de la philosophie politique, qu'il faut traduire en langage simple pour les élèves.

DES DROITS DE L'HOMME INTERNATIONALEMENT RECONNUS

L'idée même de droit vient de l'obligation que ressentent les sociétés à règlementer l'organisation de la vie sociale et les relations entre les hommes. **Sans règle, sans droit, et sans devoir non plus, la vie commune, qu'elle concerne les adultes ou les enfants, serait un chaos,** la guerre permanente ou la tyrannie la plus sévère. Avoir des droits émancipe les individus, les libère de l'arbitraire et de la force brutale du pouvoir, limite les abus et régule les relations sociales. Mais un droit qui n'engage personne ne vaut rien. C'est pour cette raison que les droits sont soit reconnus par la loi, pays par pays, soit par des conventions internationales qui engagent les États signataires. C'est sur cette base que la justice internationale peut agir, dès lors qu'un État ne se conforme pas au texte commun adopté par l'ONU.

> *L'idée d'élaborer des droits pour l'enfant est assez récente dans l'histoire.*

Il faut attendre le XIXe siècle et une conception des enfants pour ne plus tolérer l'arbitraire que les adultes pouvaient leur faire subir. Tout au long du XIXe siècle, des pédagogues vont progressivement dire ce qu'est une bonne éducation. C'est toute l'histoire des premiers mouvements pédagogiques, mais aussi l'idée d'école pour tous qui émerge. Parmi ces pédagogues, certains vont avoir une influence plus grande que d'autres. Ainsi, le Polonais Janusz Korczak (1878-1942) a profondément influencé le regard que l'on pouvait avoir sur les enfants, à un moment où les sociétés industrielles commencent à envisager des droits pour ceux-ci. En 1924 par exemple, une première déclaration concernant les enfants est signée, à Genève, par la Société des Nations (SDN). Mais rapidement, et surtout après la Seconde Guerre mondiale, ce texte apparait trop vague et trop peu complet. C'est pourquoi, à l'unanimité, l'Organisation des Nations unies, qui remplace la SDN en 1945, fixe les droits qui sont aujourd'hui massivement

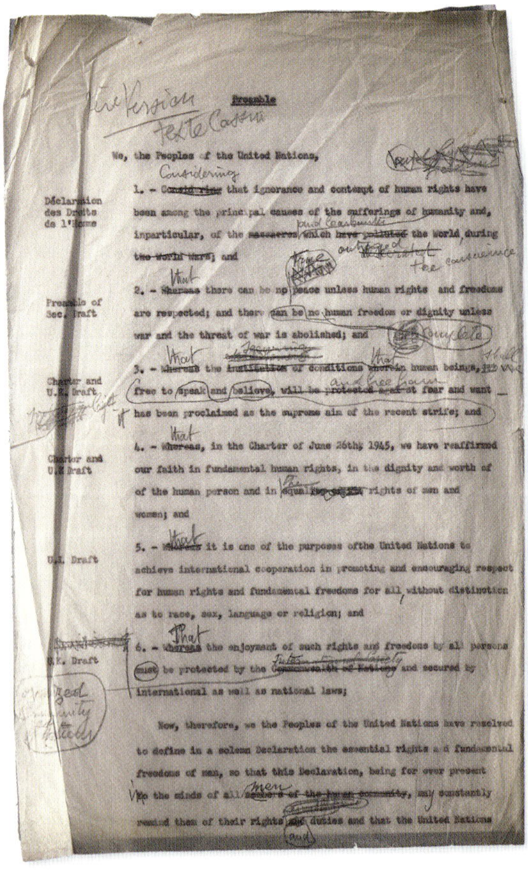

Preamble

We, the Peoples of the United Nations,

1. - Considering that ignorance and contempt of human rights have been among the principal causes of the sufferings of humanity and, inparticular, of the massacres which have polluted the world during two world wars; and

2. - Whereas there can be no peace unless human rights and freedoms are respected; and there can be no human freedom or dignity unless war and the threat of war is abolished; and

3. - Whereas the institution of conditions wherein human beings, free to speak and believe, will be protected against fear and want — has been proclaimed as the supreme aim of the recent strife; and

4. - Whereas, in the Charter of June 26th, 1945, we have reaffirmed our faith in fundamental human rights, in the dignity and worth of of the human person and in equal rights of men and women; and

5. - Whereas it is one of the purposes ofthe United Nations to achieve international cooperation in promoting and encouraging respect for human rights and fundamental freedoms for all without distinction as to race, sex, language or religion; and

6. - Whereas the enjoyment of such rights and freedoms by all persons must be protected by the Commonwealth of Nations and secured by international as well as national laws;

Now, therefore, we the Peoples of the United Nations have resolved to define in a solemn Declaration the essential rights and fundamental freedoms of man, so that this Declaration, being for ever present to the minds of all members of the human community, may constantly remind them of their rights and duties and that the United Nations

Déclaration des Droits de l'Homme

Preamble of Sec. Draft

Charter and U.K. Draft

Charter and U.K. Draft

U.K. Draft

U.K. Draft

Déclaration universelle des droits de l'homme : document de travail annoté par René Cassin (1948). Lieu de conservation : Archives nationales, Paris.

reconnus. **La déclaration de 1959 est votée à l'unanimité par les 78 pays composant l'ONU** à l'époque. C'est elle qui est la référence de tous les autres textes rédigés depuis, notamment continent par continent, ou pays par pays.

DE LA DÉCLARATION DE 1789 À CELLE DE 1948

Pour les adultes, le souci est plus ancien et s'enracine dans la Révolution française. En votant le 26 aout 1789 la Déclaration des droits de l'homme et du citoyen, les Français reprennent de nombreuses idées énoncées dans la Déclaration d'indépendance des États-Unis d'Amérique de 1776. La liberté et le droit à l'égalité sont reconnus comme essentiels. Après le désastre humain qu'a représenté la Seconde Guerre mondiale, la nouvelle Organisation des Nations unies fait appel à des juristes américains et français – et notamment au juriste René Cassin, résistant français ayant rejoint Londres dès 1940. La Déclaration de 1948 reprend bon nombre de thèmes de celle de 1789 en les actualisant.

DÉROULEMENT DE LA SÉANCE

Thèmes du programme
• *Le droit et la règle : des principes pour vivre avec les autres.*

Compétences, capacités, attendus
• *Comprendre les notions de droits et devoirs, les accepter et les appliquer.*
• *Reconnaitre les traits constitutifs de la République française.*

ÉTAPE 1 LIRE LES TEXTES DES DROITS DE L'HOMME ET DE L'ENFANT

DURÉE 5-10 minutes (CM1) ; 10 minutes (CM2) ; 10-15 minutes (6e)
ORGANISATION individuelle
MATÉRIEL • les textes (pp. 64-68) photocopiés et/ou affichés au tableau

1) PRÉSENTER LES TEXTES :

CM1 ET CM2

Les droits des enfants selon Janusz Korczak
Présenter le personnage de Korczak (1878-1942) : ce médecin s'était beaucoup investi auprès des enfants, notamment dans un orphelinat en Pologne. Il a prôné le respect des enfants, les a défendus et a affirmé qu'ils avaient des droits au même titre que les adultes. Le texte à lire est un extrait des droits qu'il voulait voir accordés aux enfants.

CM2

Déclaration des droits de l'enfant de 1959
Cette déclaration des droits de l'enfant a été ratifiée en 1959 par les États signataires de l'ONU à l'unanimité des membres de l'époque, c'est-à-dire 78 pays.

CM2 ET 6e

Déclaration des droits de l'homme de l'ONU de 1948
La Déclaration des droits de l'homme de l'ONU a été ratifiée en 1948, après la Seconde Guerre mondiale, avec l'idée de définir un idéal pour l'humanité tout entière.

Déclaration des droits de l'homme de 1789
La Déclaration des droits de l'homme de 1789 est rédigée au début du mouvement révolutionnaire en France et votée le 26 aout 1789. Aujourd'hui encore, elle est un modèle pour la plupart des textes sur les droits de l'homme.

2) INTERROGER :

> Qu'est-ce qu'un droit ? À quoi servent les droits ?
Laisser les enfants répondre et expliquer si besoin :

Un droit est une règle qui sert à protéger chacun en lui garantissant l'égalité, la liberté, la sécurité et (pour les enfants) l'amour nécessaire à son épanouissement. Un droit sert donc à protéger, mais aussi à permettre.

3) FAIRE LIRE LES TEXTES INDIVIDUELLEMENT.

4) EXPLIQUER ET INTERROGER COLLECTIVEMENT LES TEXTES.

CM1

Expliquer / comprendre un à un les droits mais aussi les « interroger », c'est-à-dire se demander ce qu'ils garantissent et ce qu'ils permettent : « Qu'est-ce que ce droit signifie ? »
Certains droits poseront plus question que d'autres.

- **Le droit d'être pris au sérieux**

> Pourquoi Korczak a-t-il rédigé ce droit ? Que voulait-il dire ?
Laisser proposer puis préciser que Korczak a voulu pointer le fait que les enfants ne sont pas « moins importants » que les adultes, qu'eux aussi ont droit à être considérés sérieusement, comme des personnes à part entière, et qu'il faut donc les prendre aux sérieux, même si leurs soucis, leurs sentiments paraissent souvent dérisoires aux adultes.

- **Le droit de l'enfant à être ce qu'il est**

Il faudra s'appuyer ici sur le commentaire : « Nous renonçons au désir illusoire d'avoir des enfants parfaits. »

> Qu'a voulu dire Korczak ici ?
Laisser interpréter puis préciser que Korczak parle au nom des adultes pour dire qu'il faut arrêter de vouloir voir des enfants qui se comportent tous de façon idéale. Autrement dit, il faut accepter que certains enfants ont des difficultés, des impossibilités, des troubles, des façons de faire qui sont parfois incorrectes mais que l'on peut essayer d'améliorer à force de compréhension, de respect, d'encadrement, d'amour et d'intelligence. Cela ne veut en aucun cas dire que Korczak cautionne les « mauvaises attitudes » ; cela signifie qu'il comprend toute la palette d'émotions que peut ressentir un enfant et toutes les formes qu'elles peuvent prendre, y compris l'agressivité et la violence. Sans doute parce qu'il a compris que les attitudes extrêmes sont souvent l'expression d'une émotion non contrôlée.

- **Le droit à être encadré**

> Qu'est-ce que cela signifie ? Que veut dire « encadré » ici ?
Laisser les élèves interpréter puis expliquer que tout enfant a droit à avoir autour de lui des personnes qui veillent sur lui. Aucun enfant ne doit être livré à lui-même.

- **Le droit des enfants délinquants à être aimés**

> Qu'est-ce que cela signifie ? Qu'est-ce qu'un délinquant ?
Laisser expliquer. Au besoin, préciser qu'un délinquant est une personne ayant commis un délit (mot de la même famille). Puis demander :

> Qu'a voulu dire Korczak en proposant ce droit ?
Expliquer que pour Korczak, un enfant reste un enfant et que, même s'il commet des délits, il a le droit d'être aimé. Autrement dit, se comporter de façon répréhensible mérite sanction (ou passage devant le tribunal des enfants) mais ne justifie pas que l'on soit privé d'amour.

CM2 ET 6e

Demander aux enfants comment ils ont perçu ce(s) texte(s) (*textes difficiles, utiles, importants, compliqués à comprendre...*) puis leur demander quels sont les droits qui les ont le plus intéressés, qu'ils jugent être les plus importants et pourquoi.
L'important n'est pas qu'ils retiennent le maximum de droits, mais qu'ils comprennent les droits fondamentaux et qu'ils en retiennent les grands principes : l'égalité, la liberté, la non-discrimination (qu'elle soit religieuse, « raciale », sexuelle, sociale... toute forme de discrimination). Il est important également qu'ils perçoivent à quel point la Déclaration des droits de l'homme et du citoyen de 1789 a influencé la rédaction de celle de l'ONU. Ce qui montre le rôle de la France dans le monde sur la question des valeurs et des droits de l'homme et pour toutes les aspirations à la liberté.
Parmi les articles incontournables :
CM2 : *Déclaration des droits de l'enfant : principes premier – 5 – 9 – 10.*
6e : *Déclaration des droits de l'homme (1789) : articles 1 – 4 – 10 – 11.*
Déclaration de l'ONU (1948) : articles 1 – 2 – 3 – 7 – 18 – 26.

ÉTAPE 2

RÉDIGER LES DROITS DE L'ÉLÈVE (CM1)

COMPARER DIFFÉRENTES VERSIONS DE TEXTES ET S'APPROPRIER SES DROITS (CM2/6e)

DURÉE 20 minutes
ORGANISATION individuelle ou en groupes
MATÉRIEL • la fiche activité
• des dictionnaires encyclopédiques et/ou un accès Internet

1) LIRE COLLECTIVEMENT LES CONSIGNES.

Permettre aux élèves d'accéder à des dictionnaires suffisamment développés pour qu'ils puissent y trouver les informations demandées.

2) TRAVAIL INDIVIDUEL SUR LA FICHE.

ÉTAPE 3

METTRE EN COMMUN ÉCHANGER AUTOUR DES DROITS

DURÉE 20-25 minutes
ORGANISATION collective
MATÉRIEL • la fiche activité complétée

1) PRÉSENTER LES TEXTES :

CM1

Les élèves proposent leurs droits et la classe en discute.

> Quel est l'intérêt de ce droit ? À quoi sert-il ?

Faire valider ou non en fonction de l'utilité fondamentale et justifiée des droits proposés.
Un élève propose par exemple « Le droit de ne pas apprendre ses leçons ». Faire réagir la classe puis demander :

> Est-on dans l'esprit du droit ici ? À quoi ça sert d'apprendre ses leçons ?

L'intérêt est de montrer aux enfants que leurs droits leur permettent de s'épanouir, de grandir dans de bonnes conditions... et les devoirs ne vont pas contre les intérêts de l'enfant. Cette proposition de droit serait donc à rejeter.

Autre exemple : un enfant propose « Le droit d'arriver en retard à l'école ».
Laisser réagir puis préciser que certes on peut tous comprendre un retard, une fois ou deux... Mais que pour autant, on ne peut pas l'admettre en tant que droit sinon, tous les élèves (et leurs parents) s'en serviraient pour se permettre d'arriver (souvent) en retard à l'école, ce qui n'est pas acceptable car on ne peut pas concevoir que chacun arrive quand il veut et fasse attendre tout le monde, interrompe la classe, etc.

CM2

Reprendre les questions une à une.

❶

LES DROITS DES ENFANTS SELON KORCZAK	DÉCLARATION DE 1959
Le droit à des conditions de vie correctes	→ PRINCIPE **4**
Le respect de la différence **Le respect du handicap** **Le droit des enfants délinquants à être aimés**	→ PRINCIPE **5**
Le droit à être encadré **Le droit à l'information**	→ PRINCIPE **7**
Le droit au respect	→ PRINCIPES **1** ET **10**

❷ Demander aux enfants d'argumenter leur choix. Par exemple, un enfant a choisi le principe 4 : « L'enfant a droit à une alimentation, à un logement, à des loisirs et à des soins médicaux adéquats. » Demander :

> Pourquoi trouves-tu que c'est le droit le plus précieux ? Peux-tu nous expliquer ?

❶ Mise en commun de ce que les élèves ont trouvé sur l'ONU afin de s'accorder sur une présentation. Par exemple (texte inspiré de Vikidia.org) :

> L'Organisation des Nations unies (ONU) est une organisation mondiale chargée de faire respecter la paix dans le monde et de calmer les conflits et les guerres.
> Chacun des 193 pays membres y est représenté et chacun, petit ou grand, dispose d'une voix pour voter des décisions qu'on appelle résolutions. Mais les États ne sont pas obligés de les appliquer car ces décisions sont plutôt des recommandations. L'Assemblée est surtout un lieu de débats.
> Lorsqu'une guerre éclate quelque part dans le monde, l'ONU tente d'y mettre fin, tout d'abord par la discussion. Mais si cela ne marche pas, elle peut décider d'interdire toute relation avec le pays agresseur (c'est l'embargo), ou d'autoriser une intervention militaire (en 1991, elle a donné mandat à une coalition internationale pour intervenir en Irak, État qui avait envahi le Koweït). Elle peut aussi envoyer des soldats, appelés Casques bleus, pour faire respecter un cessez-le-feu.
> On demande aussi à l'ONU d'aider les États en faillite, d'intervenir en cas de catastrophe naturelle, de lutter contre les épidémies... L'Organisation agit également pour la défense des droits de l'homme, ceux de l'enfance, de la santé, ou encore des réfugiés...
> En cas de différends entre pays, la Cour internationale de justice, installée à La Haye (Pays-Bas), peut intervenir.

6e

❷ DÉCLARATION DE 1789		DÉCLARATION DE 1948
Article 1er	→	Article 1er
Article 6	→	Article 21
Article 7	→	Article 9
Article 10	→	Article 18
Article 11	→	Article 19

❸ Expliquer au besoin que le Français René Cassin a été choisi d'abord parce qu'il était résistant, aux côtés de Charles de Gaulle, et qu'il représente le combat pour la liberté, ensuite parce qu'il s'agit d'un grand juriste international ; et enfin parce qu'il est Français et qu'en tant que Français il représente l'héritage de la Révolution française et de la Déclaration des droits de l'homme d'aout 1789.

❹ Voir l'exemple de texte de présentation ci-dessus.

ÉTAPE 4 SYNTHÉTISER

DURÉE 10 minutes
ORGANISATION collective
MATÉRIEL • le cahier ou autre support d'EMC

Collectivement, faire rassembler l'ensemble de ce qui a été vu sur la séance pour synthétiser ce qui a été compris.

Par exemple :

De grands textes définissent les droits des enfants et des adultes.
Les droits permettent de garantir les principes de liberté et d'égalité, et permettent de protéger les enfants.

QUELS SONT MES DROITS ?

Les droits de l'enfant selon Janusz Korczak

Le droit d'être pris au sérieux

« L'enfant n'est pas un sot : chez eux, les imbéciles ne sont pas plus nombreux que chez nous. »

Le droit de l'enfant à être ce qu'il est

« Nous renonçons au désir illusoire d'avoir des enfants parfaits. »

Le droit à être bien entouré

« Lui donnons-nous au moins le bon exemple ? »

Le droit à être encadré

« Alors, permettre à l'enfant de faire tout ce qu'il veut ? Jamais de la vie : nous risquerions de transformer un esclave qui s'ennuyait en un tyran qui s'ennuie. »

Le droit de donner son opinion

« Le plus indiscutable des droits de l'enfant est celui qui lui permet d'exprimer librement ses idées et de participer activement à l'évaluation de sa conduite et des punitions. »

Le droit à l'information

« L'enfant est comme un étranger dans une ville inconnue dont il ne connait ni la langue, ni les coutumes, ni la direction des rues. [...] Il a alors besoin d'un informateur poli. »

Le droit à avoir des secrets

« Tu ne veux pas que les enfants te mentent ? Laisse-leur la possibilité de garder leurs secrets, ou celle de dire franchement : "Je sais mais je ne peux pas vous le dire". »

Le droit de se tromper

« Les enfants ont le droit de faire des erreurs et des caprices, d'être ignorants, d'échouer et de s'engager sur de fausses pistes. »

Le droit des enfants délinquants à être aimés

« Créez-leur les conditions pour qu'ils puissent devenir meilleurs. »

Le droit au respect

« Du respect pour son ignorance. (...) Du respect pour sa laborieuse quête de savoir. (...) Du respect pour ses échecs et pour ses larmes. (...) Du respect pour les mystères et les à-coups de ce dur travail qu'est la croissance. (...) »

Janusz Korczak

Extrait de *Le Droit de l'enfant au respect*,

QUELS SONT MES DROITS ?

Document 1 • **Les droits de l'enfant selon Janusz Korczak**

Le droit d'être pris au sérieux

« L'enfant n'est pas un sot : chez eux, les imbéciles ne sont pas plus nombreux que chez nous. »

Le droit de l'enfant à être ce qu'il est

« Nous renonçons au désir illusoire d'avoir des enfants parfaits. »

Le droit à être bien entouré

« Lui donnons-nous au moins le bon exemple ? »

Le droit à être encadré

« Alors, permettre à l'enfant de faire tout ce qu'il veut ? Jamais de la vie : nous risquerions de transformer un esclave qui s'ennuyait en un tyran qui s'ennuie. »

Le droit de donner son opinion

« Le plus indiscutable des droits de l'enfant est celui qui lui permet d'exprimer librement ses idées et de participer activement à l'évaluation de sa conduite et des punitions. »

Le droit à l'information

« L'enfant est comme un étranger dans une ville inconnue dont il ne connait ni la langue, ni les coutumes, ni la direction des rues. [...] Il a alors besoin d'un informateur poli. »

Le droit à avoir des secrets

« Tu ne veux pas que les enfants te mentent ? Laisse-leur la possibilité de garder leurs secrets, ou celle de dire franchement : "Je sais mais je ne peux pas vous le dire". »

Le droit de se tromper

« Les enfants ont le droit de faire des erreurs et des caprices, d'être ignorants, d'échouer et de s'engager sur de fausses pistes. »

Le droit des enfants délinquants à être aimés

« Créez-leur les conditions pour qu'ils puissent devenir meilleurs. »

Le droit au respect

« Du respect pour son ignorance. (...) Du respect pour sa laborieuse quête de savoir. (...) Du respect pour ses échecs et pour ses larmes. (...) Du respect pour les mystères et les à-coups de ce dur travail qu'est la croissance. (...) »

Janusz Korczak

Extrait de *Le Droit de l'enfant au respect*, © Éditions Robert Laffont pour la traduction française, 1979.

QUELS SONT MES DROITS ?

Document 2 • **Déclaration des droits de l'enfant du 20 novembre 1959**

Préambule

Considérant que l'humanité se doit de donner à l'enfant le meilleur d'elle-même, l'Assemblée générale proclame la présente Déclaration des droits de l'enfant afin qu'il ait une enfance heureuse (...).

Principe premier :

L'enfant doit jouir de tous les droits énoncés dans la présente Déclaration. Ces droits doivent être reconnus à tous les enfants sans exception aucune, et sans distinction ou discrimination fondées sur la race, la couleur, le sexe, la langue, la religion, les opinions politiques ou autres, l'origine nationale ou sociale, la fortune, la naissance, ou sur toute autre situation (...).

Principe 2 :

L'enfant doit bénéficier d'une protection spéciale (...) afin d'être en mesure de se développer d'une façon saine et normale sur le plan physique, intellectuel, moral, spirituel et social, dans des conditions de liberté et de dignité.

Principe 3 :

L'enfant a droit, dès sa naissance, à un nom et à une nationalité.

Principe 4 :

(...) L'enfant a droit à une alimentation, à un logement, à des loisirs et à des soins médicaux adéquats.

Principe 5 :

L'enfant physiquement, mentalement ou socialement désavantagé doit recevoir le traitement, l'éducation et les soins spéciaux que nécessite son état ou sa situation.

Principe 6 :

L'enfant, pour l'épanouissement harmonieux de sa personnalité, a besoin d'amour et de compréhension.

Principe 7 :

L'enfant a droit à une éducation qui doit être gratuite et obligatoire au moins aux niveaux élémentaires. (...)

Principe 8 :

L'enfant doit, en toutes circonstances, être parmi les premiers à recevoir protection et secours.

Principe 9 :

L'enfant doit être protégé contre toute forme de négligence, de cruauté et d'exploitation. L'enfant ne doit pas être admis à l'emploi avant d'avoir atteint un âge minimum approprié. (...)

Principe 10 :

L'enfant doit être protégé contre les pratiques qui peuvent pousser à la discrimination raciale, à la discrimination religieuse ou à toute autre forme de discrimination. Il doit être élevé dans un esprit de compréhension, de tolérance, d'amitié entre les peuples, de paix et de fraternité universelle, et dans le sentiment qu'il lui appartient de consacrer son énergie et ses talents au service de ses semblables.

QUELS SONT MES DROITS ?

Document 1 • **Déclaration de l'ONU, 1948 (extraits)**

Article premier
Tous les êtres humains naissent libres et égaux en dignité et en droits. Ils sont doués de raison et de conscience et doivent agir les uns envers les autres dans un esprit de fraternité.

Article 2
1. Chacun peut se prévaloir de tous les droits et de toutes les libertés proclamés dans la présente Déclaration, sans distinction aucune, notamment de race, de couleur, de sexe, de langue, de religion, d'opinion politique ou de toute autre opinion, d'origine nationale ou sociale, de fortune, de naissance ou de toute autre situation.

Article 3
Tout individu a droit à la vie, à la liberté et à la sureté de sa personne.

Article 4
Nul ne sera tenu en esclavage ni en servitude (...).

Article 5
Nul ne sera soumis à la torture, ni à des peines ou traitements cruels, inhumains ou dégradants.

Article 7
Tous sont égaux devant la loi et ont droit sans distinction (...) à une égale proctection de la loi.

Article 9
Nul ne peut être arbitrairement arrêté, détenu ou exilé.

Article 12
Nul ne sera l'objet d'immixtions arbitraires dans sa vie privée, sa famille, son domicile ou sa correspondance, ni d'atteintes à son honneur et à sa réputation.

Article 13
1. Toute personne a le droit de circuler librement et de choisir sa résidence à l'intérieur d'un État.

2. Toute personne a le droit de quitter tout pays, y compris le sien, et de revenir dans son pays.

Article 14
1. Devant la persécution, toute personne a le droit de chercher asile et de bénéficier de l'asile en d'autres pays.

Article 18
Toute personne a droit à la liberté de pensée, de conscience et de religion.

Article 19
Tout individu a droit à la liberté d'opinion et d'expression, ce qui implique le droit de ne pas être inquiété pour ses opinions.

Article 21
3. La volonté du peuple (...) doit s'exprimer par des élections honnêtes qui doivent avoir lieu périodiquement, au suffrage universel égal et au vote secret (...).

Article 23
1. Toute personne a droit au travail, au libre choix de son travail
2. Tous ont droit, sans aucune discrimination, à un salaire égal pour un travail égal.

Article 26
1. Toute personne a droit à l'éducation.

QUELS SONT MES DROITS ?

Document 2 • **Déclaration de 1789 (extraits)**

Article 1er

Les hommes naissent et demeurent libres et égaux en droits.

Article 4

La liberté consiste à pouvoir faire tout ce qui ne nuit pas à autrui.

Article 6

La Loi est l'expression de la volonté générale. Tous les Citoyens ont droit de concourir personnellement, ou par leurs Représentants, à sa formation.

Article 7

Nul homme ne peut être accusé, arrêté ni détenu que dans les cas déterminés par la Loi, et selon les formes qu'elle a prescrites.

Article 10

Nul ne doit être inquiété pour ses opinions, même religieuses, pourvu que leur manifestation ne trouble pas l'ordre public établi par la Loi.

Article 11

La libre communication des pensées et des opinions est un des droits les plus précieux de l'Homme : tout Citoyen peut donc parler, écrire, imprimer librement, sauf à répondre de l'abus de cette liberté dans les cas déterminés par la Loi.

QUELS SONT MES DROITS ?

En t'inspirant des droits de l'enfant de Korczak, imagine et écris quels pourraient être les droits de l'élève.

Le droit de ....
....

Le droit de ....
....

Le droit de ....
....

Le droit de ....
....

Le droit de ....
....

Le droit de ....
....

Le droit de ....
....

QUELS SONT MES DROITS ?

En comparant les deux textes, réponds aux questions.

1 Quels droits de la Déclaration des droits de l'enfant te paraissent proches des droits énoncés par Korczak ?

....

....

....

....

....

2 Quel est pour toi le droit le plus précieux ? Explique pourquoi.

....

....

....

....

3 Quel(s) droit(s) ajouterais-tu à ceux des deux textes ? Explique pourquoi.

....

....

....

....

4 Dans ton dictionnaire, cherche toutes les informations sur l'ONU puis écris-les.

....

....

....

....

....

....

....

QUELS SONT MES DROITS ?

1 Dans la Déclaration de 1789, quel est, selon toi, le droit le plus important ? Explique pourquoi.

....

....

....

....

....

2 Compare les deux Déclarations et retrouve les éléments qui ont été repris en 1948.

....

....

....

....

....

3 Cherche dans le dictionnaire ou sur Internet qui était René Cassin, un des rédacteurs de la Déclaration des Nations unies. Explique pourquoi, d'après toi, un Français a été choisi pour rédiger la déclaration de l'ONU.

....

....

....

4 Cherche à quoi sert l'ONU dans le monde.

....

....

....

....

....

....

SÉANCE 2

Garçons, filles : les mêmes droits ?

L'ESSENTIEL À SAVOIR POUR L'ENSEIGNANT

L'évolution de la place des femmes dans la société française a considérablement changé depuis la Révolution française, où les femmes étaient exclues du droit de participer aux affaires politiques et, de fait, de la Déclaration des droits de l'homme et du droit de vote. Toute l'histoire de l'émancipation politique des femmes se joue entre la Révolution française et le milieu du XIXe siècle. Pendant cette période, et notamment à partir du milieu du XIXe siècle, les mouvements féministes se développent et avec eux une prise de conscience de l'infériorité juridique des femmes, qu'avait consacrée le Code civil napoléonien (1804).

Pourtant, des écarts subsistent entre hommes et femmes, au regard des salaires à poste identique comme dans la représentation politique et syndicale. Sans compter le sexisme ordinaire et le harcèlement.

LA PLACE DES FEMMES DANS LA SOCIÉTÉ FRANÇAISE ÉVOLUE APRÈS LA SECONDE GUERRE MONDIALE

Le basculement, c'est la Seconde Guerre mondiale. Longtemps avant, dans beaucoup d'autres pays démocratiques (Finlande, Canada, etc.), les femmes accèdent à la citoyenneté. Le rôle de certaines femmes, comme Lucie Aubrac dans la Résistance pendant la guerre, ouvre la voie vers une reconnaissance. Avec l'accès au droit de vote (1944), le secrétariat d'État à la condition féminine de Françoise Giroud sous Valéry Giscard d'Estaing (1974), la loi sur la parité de 2000, sans parler même de l'évolution considérable des mentalités (contraception, divorce, place dans la vie intellectuelle, etc.), la place des femmes a changé. Une véritable révolution se dessine, que les mouvements de libération des femmes appelleront l'émancipation féminine. Pour l'historien Georges Duby, à l'échelle de l'Histoire, c'est une véritable révolution.

En France, les femmes n'ont pu voter qu'à partir de 1944.

La conscience de l'inégalité hommes/femmes n'évolue pas seulement qu'en France. C'est un mouvement international, sur lequel se greffent les problématiques de violences faites aux femmes (que porte l'ONU) ou du plus faible accès des filles à l'éducation (dont s'occupe l'UNICEF).

Depuis plusieurs années maintenant, et plus fermement encore avec les programmes d'EMC, l'Éducation nationale entend sensibiliser les élèves aux discriminations qui touchent les femmes en France et dans le monde. Avec les élèves, le travail doit porter sur la déconstruction des stéréotypes et sur les discriminations fondées sur les préjugés. C'est cette sensibilisation des élèves à l'égalité entre filles et garçons qui permet d'expliquer aux enfants comment les stéréotypes se construisent, ainsi que leurs conséquences dans la vie de tous les jours, en France comme dans le monde.

DÉROULEMENT DE LA SÉANCE

Thèmes du programme
• *Le droit et la règle : des principes pour vivre avec les autres.*

Compétences, capacités, attendus
• *Comprendre les notions de droits et devoirs, les accepter et les appliquer.*
• *Respecter tous les autres et notamment appliquer les principes de l'égalité des femmes et des hommes.*

ÉTAPE 1 — ÉCHANGER AUTOUR D'UN ARTICLE DE DÉCLARATION (CM1) OU D'UN ARTICLE DE CONVENTION (CM2-6e)

DURÉE 10 minutes
ORGANISATION collective
MATÉRIEL • le texte copié ou affiché au tableau, ou photocopié

1) FAIRE RAPPELER LE CONTENU DE LA SÉANCE PRÉCÉDENTE.
Demander quels ont été les textes vus, puis faire énumérer les droits dont se souviennent les enfants.

2) ÉCRIRE LE TEXTE de l'article au tableau ou en distribuer une photocopie et le faire **LIRE** :

CM1

Déclaration des droits de l'enfant
20 novembre 1959

Principe 7 : L'enfant a droit à une éducation qui doit être gratuite et obligatoire au moins aux niveaux élémentaires. (...)

CM2 ET 6e

Convention sur l'élimination de toutes les formes de discrimination à l'égard des femmes (New York, le 1er mars 1980)

Troisième partie

10. Les États signataires prennent toutes les mesures appropriées pour éliminer la discrimination à l'égard des femmes afin de leur assurer des droits égaux à ceux des hommes.

3) INTERROGER LA CLASSE :

CM1

> **D'où vient ce principe ?** *De la Déclaration des droits de l'enfant.*

> **Quel est le but de cette déclaration ?** *Défendre les droits des enfants.*
Préciser que suite à Korczak, qui avait initié l'idée d'une série de droits accordés aux enfants, les Nations unies ont élaboré une Déclaration sur le modèle de celle des droits de l'homme en considérant qu'un enfant est un être humain au même titre qu'un adulte.

> **Que nous dit ce principe ?** *Que l'enfant a droit à une éducation.*
Faire préciser ce que recouvre ici le terme *éducation* : l'accès à l'école, à une instruction.

> **Comment doit être cet accès à l'éducation ?** *Gratuit et obligatoire.*
Préciser que l'école française publique est effectivement obligatoire jusqu'à 16 ans et gratuite. C'est toute la nation qui paie pour son fonctionnement à travers les impôts.

CM2 ET 6e

> **D'où vient cet article ?** *De la Convention contre les discriminations à l'égard des femmes.*

> **Quel est le but de cette convention ?** *Lutter contre les discriminations faites aux femmes.*

> **Que signifie « discriminations à l'égard des femmes » ?** *La discrimination est le fait de traiter différemment quelqu'un ou un groupe de personnes en raison de ses « caractéristiques ».*
Cela signifie ici que les femmes sont traitées différemment des hommes.

> **De quelles discriminations les femmes peuvent-elles être victimes ?** *L'accès à l'éducation, des salaires moindres, les violences...*
Préciser que c'est bien en raison de ces discriminations, à travers le monde, que les États rédigent des textes de Convention, afin de faire en sorte que les femmes aient les mêmes droits que les hommes.

ÉTAPE 2 PRENDRE CONSCIENCE DES INÉGALITÉS FILLES/GARÇONS (CM1)

PRENDRE CONSCIENCE DES INÉGALITÉS HOMMES/FEMMES (CM2/6e)

DURÉE 20-25 minutes
ORGANISATION individuelle
MATÉRIEL • la fiche activité

1) PRÉSENTER AUX ÉLÈVES LA NATURE DES DOCUMENTS :

CM1

Humanium est une association mondiale qui a pour objectif de s'occuper des droits de l'enfant dans le monde.

CM2

L'Observatoire des inégalités est un regroupement de chercheurs qui vise à donner des informations, les plus complètes possibles, sur les inégalités en France.

6e

ONU femmes. L'ONU est une organisation qui rassemble tous les pays du monde. Les ambassadeurs se réunissent à New York pour discuter des problèmes du monde (la guerre, la paix, les famines…). Depuis plusieurs années, la situation des femmes dans le monde est de plus en plus souvent abordée.

2) LIRE COLLECTIVEMENT LES CONSIGNES.

3) TRAVAIL INDIVIDUEL SUR LA FICHE ACTIVITÉ.

ÉTAPE 3 PRENDRE PART À LA LUTTE CONTRE LES INÉGALITÉS FILLES/GARÇONS OU HOMMES/FEMMES

DURÉE 20 minutes
ORGANISATION collective
MATÉRIEL • la fiche activité complétée

1) FAIRE LIRE LES DOCUMENTS COLLECTIVEMENT.

2) REPRENDRE LES QUESTIONS UNE À UNE :

CM1

Les enfants auront repéré grâce au texte de Humanium que les garçons et les filles n'ont pas toujours les mêmes droits. L'exemple donné peut être : « ce sont les filles qui ont le moins accès à l'éducation. »
Les deux questions suivantes permettent de montrer que dans certains pays, le garçon est privilégié, plus valorisé que la fille. Demander aux enfants pourquoi puis expliquer que cela tient au fait que dans ces pays, on considère la fille comme utile à s'occuper de la maison et non comme sujet pouvant choisir un métier. Demander alors : « Que pensez-vous de cela ? »

CM2

❶ Laisser les enfants répondre. Certains seront peut-être tentés de penser que *l'article 10 ne sert à rien puisque les hommes et les femmes ne sont pas à égalité* (selon le texte de l'Observatoire). Expliquer, même si cette pensée est légitime, que ces Déclarations de droits permettent de donner un objectif à atteindre, un idéal qui oblige à réfléchir au moyen d'y parvenir. Ce n'est pas parce que cette égalité des droits n'est pas toujours respectée dans la réalité que « ça ne sert à rien ». Cela montre les objectifs sur lesquels on s'accorde.

❷ Écouter et faire discuter les propositions de réponse. Il sera intéressant de faire prendre conscience aux élèves que bon nombre de problèmes tiennent aux représentations que l'on a des femmes. C'est-à-dire qu'elles sont victimes d'un certain nombre de stéréotypes, victimes aussi parfois de modèles socioculturels qui les desservent. Il s'agit de montrer aux élèves qu'**un stéréotype, c'est une idée toute faite sur une personne ou un groupe de personnes**.

6e

❶ Laisser les enfants proposer des réponses puis faire réfléchir au fait que les femmes sont victimes de beaucoup de stéréotypes et de modèles socioculturels qui font qu'elles sont considérées moins capables d'exercer des responsabilités et des postes importants. Il s'agit de montrer aux élèves qu'**un stéréotype, c'est une idée toute faite sur une personne ou un groupe de personnes**.

❷ Faire lire les lettres des volontaires. L'important est que les enfants aient réfléchi et qu'ils s'expriment sur le sujet. Cela peut aller dans le sens de la défense des femmes, comme cela peut rester une énumération des problèmes qu'elles rencontrent. L'important est de prendre conscience des inégalités que les femmes subissent.

ÉTAPE 4 SYNTHÉTISER

DURÉE 10 minutes
ORGANISATION collective
MATÉRIEL • le cahier ou autre support d'EMC

Collectivement, faire rassembler l'ensemble de ce qui a été vu sur la séance pour synthétiser ce qui a été compris.

Par exemple :

Les Déclarations sur les femmes et les hommes permettent de garantir l'égalité entre eux et l'absence de toute discrimination.

GARÇONS, FILLES : LES MÊMES DROITS ?

Déclaration des droits de l'enfant
20 novembre 1959

Principe 7 : L'enfant a droit à une éducation qui doit être gratuite et obligatoire au moins aux niveaux élémentaires. (...)

Déclaration des droits de l'enfant
20 novembre 1959

Principe 7 : L'enfant a droit à une éducation qui doit être gratuite et obligatoire au moins aux niveaux élémentaires. (...)

Déclaration des droits de l'enfant
20 novembre 1959

Principe 7 : L'enfant a droit à une éducation qui doit être gratuite et obligatoire au moins aux niveaux élémentaires. (...)

Déclaration des droits de l'enfant
20 novembre 1959

Principe 7 : L'enfant a droit à une éducation qui doit être gratuite et obligatoire au moins aux niveaux élémentaires. (...)

Déclaration des droits de l'enfant
20 novembre 1959

Principe 7 : L'enfant a droit à une éducation qui doit être gratuite et obligatoire au moins aux niveaux élémentaires. (...)

HOMMES, FEMMES : LES MÊMES DROITS ?

Convention sur l'élimination de toutes les formes de discrimination à l'égard des femmes (New York, le 1er mars 1980)

Troisième partie

10. Les États signataires prennent toutes les mesures appropriées pour éliminer la discrimination à l'égard des femmes afin de leur assurer des droits égaux à ceux des hommes.

Convention sur l'élimination de toutes les formes de discrimination à l'égard des femmes (New York, le 1er mars 1980)

Troisième partie

10. Les États signataires prennent toutes les mesures appropriées pour éliminer la discrimination à l'égard des femmes afin de leur assurer des droits égaux à ceux des hommes.

Convention sur l'élimination de toutes les formes de discrimination à l'égard des femmes (New York, le 1er mars 1980)

Troisième partie

10. Les États signataires prennent toutes les mesures appropriées pour éliminer la discrimination à l'égard des femmes afin de leur assurer des droits égaux à ceux des hommes.

GARÇONS, FILLES : LES MÊMES DROITS ?

Lis ce document et réponds aux questions.

Droit à l'éducation dans le monde

Aujourd'hui, ce sont les filles qui ont le moins accès à l'éducation. Ce problème se retrouve principalement dans les États arabes, en Asie centrale et en Asie du Sud et de l'Ouest et s'explique principalement par la préférence traditionnelle accordée aux garçons. Dans ces régions, les filles dont destinées à travailler au soin du foyer familial alors que les garçons auront le droit de bénéficier d'une éducation.

Au Yémen, c'est plus de 80 % des filles qui n'auront jamais la chance d'aller à l'école.

D'après Humanium
Association mondiale qui a pour objectif de s'occuper des droits de l'enfant dans le monde.

1 Compare le principe 7 de la Déclaration des droits de l'enfant à ce document. Que peux-tu en conclure ?

....

....

....

2 Les filles ont-elles toujours des droits égaux à ceux des garçons ? Donne un exemple.

....

....

....

3 Pourquoi, dans certains pays, les filles ne vont-elles pas à l'école ?

....

....

....

HOMMES, FEMMES : LES MÊMES DROITS ?

Lis ce document et réponds aux questions.

Les inégalités entre les femmes et les hommes se réduisent, mais on est encore loin d'atteindre l'égalité

Les femmes sont moins bien payées que les hommes et elles travaillent plus souvent à temps partiel.

Des inégalités de salaire existent avec les hommes : au global, les hommes gagnent 31 % de plus que les femmes. Pour des temps complets, les femmes touchent 14 % de moins. À métier équivalent, les femmes gagnent 9 % de moins. Et on retrouve beaucoup de femmes pour les métiers les moins bien payés.

Pour le travail à la maison (courses, enfants, repas, ménage...), les femmes sont « championnes » comparées aux hommes. En moyenne, en 2010, elles consacrent en effet 3 h 52 par jour aux tâches domestiques, contre 2 h 24 pour les hommes. Avec l'arrivée d'un enfant, ce partage se creuse.

Il y a aujourd'hui davantage de femmes dans la sphère politique, mais on est encore loin de l'égalité.

Seulement 26,9 % de femmes siègent à l'Assemblée nationale. 16 % des maires sont des femmes.

D'après l'Observatoire des inégalités – Mars 2015.

1 Compare l'article 10 de la Convention à ces informations. Que remarques-tu ?

....

....

....

2 Quels problèmes rencontrent les femmes ?

....

....

....

3 À ton avis, d'où viennent ces problèmes ?

....

....

HOMMES, FEMMES : LES MÊMES DROITS ?

Lis ce document et réponds aux questions.

Date : vendredi 6 mars 2015

New York – Les progrès réalisés par les femmes au cours des 20 dernières années ont été d'une lenteur inadmissible (...). C'est la conclusion à laquelle parvient un rapport fouillé sur les progrès en matière d'égalité des sexes réalisé à l'échelle mondiale à l'occasion du 20e anniversaire de la Quatrième Conférence mondiale sur les femmes, [qui s'était] tenue à Beijing en 1995.

En 1995, 189 pays ont entériné le Programme d'action, mais aujourd'hui aucun pays n'est parvenu à assurer l'égalité des sexes. (...)

En dépit de l'éducation améliorée des femmes, elles continuent à occuper des emplois parmi les moins attrayants, alors même que les écarts de rémunération entre les femmes et les hommes restent un phénomène universel. La violence à l'égard des femmes et des filles subsiste dans tous les pays, en prenant plusieurs formes horrifiantes. Les femmes sont loin d'être les égales des hommes dans les postes de direction. (...)

Communiqué de presse de l'ONU

1 Selon toi, pour quelles raisons les femmes rencontrent-elles ces problèmes ?

....

....

....

2 Rédige une lettre au secrétaire général de l'ONU au sujet de la situation des femmes dans le monde.

....

....

....

....

....

....

SÉANCE 3
Ah bon, il y a des devoirs ?!

L'ESSENTIEL À SAVOIR POUR L'ENSEIGNANT

Un devoir, c'est une volonté de bien faire, de bien se comporter, en espérant que tout le monde se comporte de la même manière.

Au premier abord, les devoirs*, ce sont des contraintes. Mais il ne s'agit en aucun cas d'une perte de liberté.

Le philosophe Kant définit clairement le devoir dans son sens moral : c'est ce qu'il appelle un impératif catégorique. C'est-à-dire une règle de conduite qui pourrait valoir pour tout le monde.

De ce fait, le devoir moral est quelque chose de désintéressé. Parfois même, faire son devoir peut passer par une forme d'effacement de soi. Obéir à son devoir peut même être dangereux : le soldat qui sauve son commandant, l'automobiliste qui sort de sa voiture pour extraire des flammes un autre automobiliste accidenté, etc. Mais c'est obéir à une loi plus grande que son propre intérêt. C'est aussi vivre avec l'idée du respect des autres, pour lesquels on s'interdit de mal se comporter.

DÉROULEMENT DE LA SÉANCE

Thèmes du programme
- *Le droit et la règle : des principes pour vivre avec les autres.*

Compétences, capacités, attendus
- *Comprendre les notions de droits et devoirs, les accepter et les appliquer.*
- *Reconnaitre les traits constitutifs de la République française.*

ÉTAPE 1 — LIRE LE TEXTE « LA RÉPUBLIQUE DES ENFANTS »

DURÉE 15-20 minutes
ORGANISATION collective
MATÉRIEL • le texte « La République des enfants » (p. 86) photocopié et/ou affiché au tableau

1) **PRÉSENTER L'EXTRAIT DE TEXTE AUX ENFANTS.** Il s'agit de l'histoire romancée mais vraie d'un enfant qui a vécu dans l'orphelinat géré par Korczak en Pologne (à partir de 1910).

2) **FAIRE LIRE LE TEXTE COLLECTIVEMENT.**

* Ne parlons pas des devoirs à faire à la maison qui peuvent être une vraie contrainte (interdits par la circulaire du 29 décembre 1956)…

3) PROCÉDER À UNE COMPRÉHENSION DE TEXTE à travers une série de questions :

> Que dit l'enfant de cet orphelinat ?
Outre la description « architecturale », c'est l'idée de la *République des enfants* qui est à discuter ici.

> Pourquoi dit-il « une véritable République des enfants » ?
Laisser les enfants répondre puis préciser : une république, c'est une forme d'organisation d'un groupe (une société) qui repose sur des règles qui fixent les droits et les devoirs. Cela signifie donc que dans cet orphelinat, les enfants fonctionnent selon un système de droits/devoirs qu'ils définissent en commun.

> Pourquoi dit-il « c'est du jamais vu », « et ça c'est révolutionnaire » ?
Expliquer que le texte se situe avant la Seconde Guerre mondiale, en Pologne. En Europe, à cette époque, on ne tenait pas compte de la parole des enfants, ni même du fait qu'ils puissent avoir des droits. Pour cet enfant, c'est donc extraordinaire d'arriver dans cet orphelinat qui permet aux enfants d'avoir non seulement des devoirs, mais aussi des droits.

> Quels sont les devoirs dans cet orphelinat ?
Laisser les enfants les citer puis demander :

> Pourquoi est-ce un devoir de se respecter les uns les autres ?
Laisser réagir puis expliquer si besoin que sans respect, les relations sont impossibles, mauvaises, conflictuelles... Le respect est la base de la vie en société.

> Pourquoi est-ce un devoir de se tenir propre ?
Laisser la classe réagir. Au besoin, faire rappeler le contenu de la séance « Comment je me tiens ? ».

> Pourquoi dit-il que c'est un devoir d'apprendre ses leçons ?
Laisser répondre puis préciser si besoin qu'on nomme le fait d'apprendre ses leçons des *devoirs* car c'est une obligation que l'on a de le faire. Ce n'est pas un choix. Et c'est cela « avoir des devoirs » : cela *oblige*. Enfin, expliquer que si l'on a des droits, on a aussi des devoirs, comme une sorte de contrepartie. Car bien souvent, les devoirs sont perçus comme « contraignants ». Or il faut pouvoir comprendre que ce sont des obligations (morales ou juridiques) au service d'un bien.

ÉTAPE 2 RÉFLÉCHIR À LA NOTION DE « DEVOIR »

DURÉE 20 minutes
ORGANISATION individuelle
MATÉRIEL • la fiche activité

1) FAIRE LIRE LES CONSIGNES COLLECTIVEMENT.

CM1
Bien préciser que le terme *devoir* n'est pas à comprendre dans le sens des devoirs à faire à la maison mais au sens premier, LE devoir, l'obligation.

CM2
1 Proposer au tableau des façons de rédiger sa réponse :

> Comment allez-vous répondre ?
Laisser faire des propositions et si besoin proposer :
– On ne peut pas...
– On ne doit pas...
– Il n'est pas permis de...

Préciser pour finir que plusieurs phrases sont nécessaires.

2 L'utilisation du dictionnaire est bien entendu recommandée.

2) TRAVAIL INDIVIDUEL SUR LA FICHE.

ÉTAPE 3 ARGUMENTER ET DÉBATTRE AUTOUR DES DEVOIRS

DURÉE 20 minutes
ORGANISATION collective
MATÉRIEL • la fiche activité complétée

CM1

❶ Les propositions sont reprises une à une et discutées. L'intérêt est de permettre une réflexion argumentée, non seulement pour faire émerger les ressentis de chacun en matière de devoir (et donc d'obligation), mais également pour donner son point de vue par rapport à des propositions qui prêtent au débat.

Un devoir, c'est ce qu'on est obligé de faire et qui nous embête.

Certains l'auront coloriée et d'autres pas. Toute la discussion se situe dans la formule « qui nous embête ». À ceux qui ont colorié, demander :

> **Pourquoi est-ce que cela vous embête, les devoirs ?**
Laisser répondre (« *parce que c'est obligé, parce qu'on n'aime pas ça...* ») puis demander :

> **Vous avez des droits, comme nous l'avons vu la dernière fois. Ne trouvez-vous pas cela juste d'avoir aussi des devoirs ?**
Faire réagir la classe puis redire que l'on ne peut pas fonctionner uniquement à partir de droits, que la République repose sur une série de droits/devoirs et qu'il est nécessaire de poser des obligations pour le bon fonctionnement d'un groupe ou d'une société.

Un devoir, c'est moins bien qu'un droit.

Pour ceux qui auraient colorié cette proposition, demander :

> **Pourquoi pensez-vous cela ?**
Laisser répondre (l'idée des enfants peut être que le droit *autorise/permet* tandis que le devoir *limite/oblige*) puis montrer que pourtant l'un et l'autre vont ensemble et que le devoir est tout autant nécessaire que le droit. Il est certes vécu comme plus contraignant, mais il est indispensable.

Un devoir, c'est une obligation utile.

Cette réponse est bonne du point de vue moral car, s'il s'agit d'une obligation, cela n'en reste pas moins une bonne chose pour la société ou pour soi-même.

Un devoir, ça nous empêche d'être libre.

Pour ceux qui auraient colorié, demander :

> **En quoi un devoir nous empêcherait d'être libre ?**
Laisser répondre (on peut s'attendre à des réponses du type « *parce qu'on nous oblige* ») puis demander :

> **Est-ce qu'au contraire le devoir ne participe pas à notre liberté ?**
Redonner l'exemple du devoir de se respecter les uns les autres. Si ce devoir n'existait pas, c'est ma liberté qui en serait entravée car cela voudrait dire que n'importe qui peut venir m'embêter, me frapper, m'insulter... Le devoir ne va pas à l'encontre de la liberté.

Les devoirs, c'était à l'école d'autrefois.

L'idée même de devoir peut renvoyer chez les enfants à des temps où les élèves n'avaient pas le droit de s'exprimer, où ils devaient écouter docilement la parole du maitre… Et où il était question de leçons de morale mettant en avant les obligations des élèves : bien se tenir, se laver, respecter son prochain… Préciser que si l'école et la société ont changé, la notion de devoir, elle, doit au contraire s'affirmer, car une école, une société sans devoirs n'est ni envisageable ni souhaitable.

Il y a un devoir quand il y a une chose très importante à respecter.

Nous devons avoir tous conscience qu'un devoir qui s'impose n'a de sens que parce qu'il est nécessaire.

2 Faire lire et justifier le devoir choisi. Demander à la classe de réagir en argumentant.

> Que pensez-vous de cette proposition ? Est-ce vraiment un devoir ? pourquoi ?

CM2

1 Faire lire les écrits puis faire réagir la classe. On peut s'attendre à des réponses telles que : *il n'est pas permis d'insulter, de blesser, de se moquer ; on n'a pas le droit de frapper, de bousculer…* L'échange pourra se terminer sur une idée :

> Vous venez d'écrire qu'il n'est pas permis de bousculer, d'insulter, de taper… et que le respect des uns et des autres constitue un devoir. Pourtant, cela arrive souvent dans la cour et même ailleurs. Qu'est-ce que cela signifie ? Que finalement ce devoir n'est pas appliqué ? Que faut-il faire alors pour qu'il le soit ?
Cela permet de réfléchir au fait qu'un devoir n'est pas une belle intention écrite sur une feuille de papier. Un devoir est à mettre en acte ; il s'agit donc ici de distinguer les paroles et les actes.

2 L'activité consiste ici à évaluer si l'élève a bien compris la distinction entre une obligation gratuite et un devoir.

ÉTAPE 4 SYNTHÉTISER

DURÉE 20 minutes
ORGANISATION collective
MATÉRIEL • le cahier et autre support d'EMC

Collectivement, faire rassembler l'ensemble de ce qui a été vu dans les séances sur le thème des droits et des devoirs afin d'élaborer une trace écrite.

Exemple :

Les femmes et les hommes ont des droits, mais ils ont également des devoirs.
Des textes (Déclaration des droits de l'enfant, des droits de l'Homme…) définissent l'égalité des droits pour tous.
Pourtant, beaucoup d'inégalités existent, comme par exemple l'inégalité entre les femmes et les hommes.
Beaucoup de droits ne sont pas respectés.
C'est un devoir pour tous de faire en sorte que les Hommes puissent se respecter les uns les autres.

AH BON, IL Y A DES DEVOIRS ?!

La République des enfants

Dans notre belle maison blanche de quatre étages, ce n'est pas un simple orphelinat qu'il a fondé avec sa complice madame Stéfa, celle qui m'a fait si peur au début mais qui a un cœur d'or. C'est du jamais vu, de l'utopie* : une véritable République des enfants. Nous avons des devoirs, comme partout ailleurs : apprendre nos leçons à l'école, nous tenir propres, nous respecter les uns les autres... Bon, classique. Mais ici, nous avons aussi des droits, et ça c'est révolutionnaire.

*Utopie : un beau projet qui semble irréalisable.

Sophie Chérer
Extrait de *La Maison des orphelins*
in *Histoires vraies* n°188, octobre 2009 : *Les droits de l'enfant, Janusz Korczak*, © Fleurus Presse

La République des enfants

Dans notre belle maison blanche de quatre étages, ce n'est pas un simple orphelinat qu'il a fondé avec sa complice madame Stéfa, celle qui m'a fait si peur au début mais qui a un cœur d'or. C'est du jamais vu, de l'utopie* : une véritable République des enfants. Nous avons des devoirs, comme partout ailleurs : apprendre nos leçons à l'école, nous tenir propres, nous respecter les uns les autres... Bon, classique. Mais ici, nous avons aussi des droits, et ça c'est révolutionnaire.

*Utopie : un beau projet qui semble irréalisable.

Sophie Chérer
Extrait de *La Maison des orphelins*
in *Histoires vraies* n°188, octobre 2009 : *Les droits de l'enfant, Janusz Korczak*, © Fleurus Presse

AH BON, IL Y A DES DEVOIRS ?!

❶ Colorie les propositions qui te paraissent justes.

Un devoir, c'est ce qu'on est obligé de faire et qui nous embête.

Un devoir, c'est moins bien qu'un droit.

Un devoir, c'est une obligation utile.

Un devoir, ça nous empêche d'être libre.

Les devoirs, c'était à l'école d'autrefois.

Il y a un devoir quand il y a une chose très importante à respecter.

❷ Si tu devais choisir un seul devoir, parce qu'il te parait vraiment important, lequel choisirais-tu ? Explique pourquoi.

Le devoir de ....

....

....

....

....

....

....

AH BON, IL Y A DES DEVOIRS ?!

1 ***« Nous avons des devoirs, comme partout ailleurs : nous respecter les uns les autres. »***
Se respecter les uns les autres est un devoir. Écris alors tout ce qui n'est pas permis de faire à quelqu'un (et tout ce que quelqu'un n'a pas le droit de nous faire).

....

....

....

....

....

....

2 **La Charte africaine des droits de l'homme et des peuples (28 juin 1981) proclame dans son article 28 : «** ***Chaque individu a le devoir de respecter et de considérer ses semblables.*** **»**

Que signifie « respecter ses semblables » ?

....

....

....

....

Que signifie « considérer ses semblables » ?

....

....

....

....

Comment faire pour y arriver ?

....

....

....

....

THÈME 2
MOI ET LES AUTRES

SÉANCE 1

Le respect, pourquoi ?

L'ESSENTIEL À SAVOIR POUR L'ENSEIGNANT

La vie sociale et ses contraintes nous amènent souvent à nous poser des questions comme : **sommes-nous obligés de toujours respecter les autres** ? doit-on respecter les autres si eux-mêmes ne nous respectent pas ? Le respect renvoie aux idées d'égard et de considération.

La notion de respect est la clé de voute de l'éducation civique et morale. D'une certaine manière, toutes les séances d'EMC peuvent être rattachées à cette dimension fondamentale de la morale laïque et républicaine. En effet, le respect est le seul sentiment vraiment moral car il est un dépassement de soi qui nous impose à la fois, comme une loi morale, de nous élever au-dessus de nos sentiments et de nos affects, mais aussi de tenir compte des autres comme de soi ou de ses proches. Nous pouvons ne pas être amis avec tel ou telle, mais nous avons le devoir, pour vivre ensemble, de tenir compte des autres, d'avoir des égards et de la considération pour leur condition d'humains. Le respect est l'inverse du mépris, de l'insulte et de l'atteinte à la dignité. C'est un idéal social qui s'inscrit dans une réflexion éthique et démocratique.

> *Le respect et les égards que nous devons aux autres relèvent de la responsabilité individuelle et collective.*

C'est une forme de sollicitude, un mouvement moral, qui incite, par exemple, à ne pas mépriser l'autre, y compris lorsque nous sommes en conflit avec lui ; à ne pas manquer de respect envers des personnes que pourtant nous n'estimons pas. Et même à tenter de trouver, par la raison, des moyens d'éviter l'affrontement. Et ce n'est pas toujours simple. La question du respect doit donc être un combat de chaque jour, y compris contre nous-mêmes. Mais **le respect se pose sans condition**. Là où une personne n'est plus respectée, c'est l'équilibre global du vivre ensemble qui est atteint. C'est pourquoi être un simple témoin d'un manque de respect nous met dans l'obligation morale de le relever, de nous y opposer, de le dénoncer.

> *Pour autant, respecter n'est pas se soumettre. Ce n'est pas tout accepter des autres. Respecter, c'est aussi pouvoir dire que l'on n'est pas d'accord. Respecter autrui, c'est admettre qu'il peut s'améliorer et s'amender.*

C'est le sens de l'initiative du ministère de l'Éducation nationale lorsqu'il lance, en 2001, suite à un rapport alarmant sur la violence à l'école, une campagne nationale (« le respect, ça change l'école ») afin de sensibiliser les acteurs éducatifs, les élèves et leurs parents à la nécessité de réaffirmer le respect comme base morale et éducative fondamentale. C'est aujourd'hui encore une priorité.

© istock

DÉROULEMENT DE LA SÉANCE

Thèmes du programme
- *La sensibilité.*
- *Le jugement.*

Compétences, capacités, attendus
- *Respecter autrui et accepter les différences.*
- *Manifester le respect des autres dans son langage et son attitude.*
- *Distinguer son intérêt personnel de l'intérêt collectif.*

ÉTAPE 1 MESURER LA NÉCESSITÉ DU RESPECT

DURÉE 20 minutes
ORGANISATION collective
MATÉRIEL • le document « Es-tu toujours obligé de respecter les autres ? » affiché et/ou photocopié

1) AFFICHER L'IMAGE et laisser les enfants l'observer un instant.

Vivre ensemble, c'est quoi ?, collection « Philozenfants », Oscar Brenifier et Frédéric Bénaglia.

2) DEMANDER CE QUE MONTRE L'ILLUSTRATION : une dame n'hésitant pas à marcher sur les autres pour avancer, représentative du manque de respect. Elle ne se soucie pas des autres et avance sans leur prêter attention.

3) FAIRE LIRE LA QUESTION ET DEMANDER AUX ENFANTS D'Y RÉPONDRE.

Laisser échanger/débattre la classe, spontanément dans un premier temps, puis orienter les questions pour faire évoluer l'échange. En fonction des propos des élèves, demander par exemple :

> Tu penses qu'on n'est pas toujours obligé de respecter les autres... Dans quel cas ne les respecterions-nous pas et pourquoi ?

Laisser proposer. Les élèves peuvent par exemple évoquer le cas des personnes qui nous manquent elles-mêmes de respect et qui ne « méritent » donc pas qu'on les respecte (quelqu'un qui nous a agressé, mal parlé, mal considéré...). Demander alors :

> Si on raisonne comme ça, que risque-t-il de se passer ?

Laisser répondre puis voir avec la classe qu'en manquant à notre tour de respect à quelqu'un, on alimente le manque de respect, ce qui ne fera qu'attiser encore plus le manque de respect en retour. C'est une escalade. Demander aux enfants :

> Quelle serait selon vous la meilleure manière de répondre à quelqu'un qui nous a manqué de respect ?

Laisser répondre jusqu'à voir que la meilleure manière de répondre au manque de respect est peut-être au contraire de montrer l'exemple, de garder sa ligne de conduite en continuant de respecter, malgré tout. Car il n'y a que comme ça que l'on pourra calmer les choses.

Préciser bien sûr que respecter ne signifie pas ne pas réagir, se laisser faire ou tout accepter. On peut marquer son désaccord, son énervement, sa réaction... mais autant que possible dans un respect de l'autre.

Dans le cas où certains enfants penseraient que l'on n'est pas obligé de toujours respecter les gens car « il y a des personnes qu'on n'aime pas, avec qui on ne s'entend pas », précisez qu'on n'est certes pas obligé d'aimer tout le monde, de même qu'on ne peut pas s'entendre avec tout le monde ; mais, par contre, on est obligé de se respecter.

4) FAIRE ÉMERGER UNE DÉFINITION DE LA NOTION DE RESPECT.

> Respecter les autres, qu'est-ce que ça veut dire ? Respecter ne veut pas dire aimer, on vient de le voir. Alors qu'est-ce que le respect ?

> ***Le respect c'est l'attention, la considération que l'on porte aux autres. C'est aussi le fait de ne pas les déranger, pas les embêter.***

Faire donner des exemples de marques de respect :

> Quels exemples d'attitudes respectueuses pourriez-vous donner ?

Se regarder, s'écouter, se dire bonjour, merci, ne pas se pousser, ne pas se lancer des paroles blessantes...
Conclure en disant que le respect ce sont toutes les attitudes et toutes les paroles qui font que tout se passe bien entre les uns et les autres.

ÉTAPE 2 — ÉCRIRE DES SLOGANS DE SENSIBILISATION AU RESPECT

DURÉE 25 minutes
ORGANISATION individuelle
MATÉRIEL • la fiche activité

1) LIRE ET COMPRENDRE LES CONSIGNES COLLECTIVEMENT.

CM1

Précisez aux enfants qu'ils vont avoir à préparer neuf « affichettes », chacune écrite dans le cadre d'une sensibilisation (et un appel) au respect dans l'école. Ces affichettes seront ensuite dispersées sur les murs de l'école (couloirs, hall, escaliers...) afin que les messages soient lisibles partout. Le travail réalisé sera présenté aux autres classes de CM1 (notamment), qui pourront être invitées à faire de même. Le but est de lancer une réflexion générale sur le respect.

Seule l'amorce est donnée : SANS RESPECT, PAS DE... Faire donner des exemples à l'oral : *Sans respect, pas de tranquillité, pas d'amitié, pas d'entente...*
LE RESPECT, POUR... Montrer que l'on peut ici compléter de différentes manières : pour s'entendre, pour être bien ; ou pour tous, pour lui et elle (en rapport à l'égalité fille/garçon), pour une école en paix, pour une vie douce...

CM2

Précisez que la manière d'écrire le texte est libre. Les enfants peuvent évoquer ce qu'il y aurait, ce qu'il n'y aurait pas, mais aussi imaginer les couleurs que leur évoque ce monde (des couleurs sombres, le gris...), l'atmosphère (triste, pesante, sinistre...), ce que l'on y ressent (la peur, l'intranquillité, la haine...). Donner un exemple à l'oral : *C'est un monde sombre, si sombre... Les hommes ne se respectent pas... Ils...*

2) TRAVAIL INDIVIDUEL SUR LA FICHE.

ÉTAPE 3 ÉCHANGER, DIFFUSER, COMMUNIQUER

DURÉE 20 minutes
ORGANISATION collective
MATÉRIEL • la fiche activité complétée

CM1

Validez collectivement les affichettes qui seront sélectionnées, le critère de sélection étant la pertinence du message. Dans tous les cas, demander en quoi le message est intéressant et juste.
Si tel n'est pas le cas, l'enfant est amené à trouver un autre message. À l'inverse, les messages retenus pourront être repassés au feutre noir et l'affichette colorée.
L'enseignant pourra plastifier la feuille contenant les affichettes avant de les découper. Elles seront ensuite réparties dans l'école, fixées à l'aide de Patafix par exemple.

CM2

Faire lire la description d'un monde sans respect. Relever collectivement les conséquences évoquées (conflits, bagarres, disputes, exclusion, discrimination, intranquillité...).
Demander si le respect est, comme sur l'illustration de départ, une obligation. Laisser répondre puis préciser que le respect est avant tout une nécessité, une base indispensable au vivre ensemble. Sans respect, c'est le chaos.
Pour le deuxième exercice, laisser les enfants proposer leur slogan et faire réagir la classe.

ÉTAPE 4 SYNTHÉTISER

DURÉE 5 minutes
ORGANISATION collective
MATÉRIEL • le cahier ou autre support d'EMC

Collectivement, faire rassembler les idées de la séance pour synthétiser ce qui a été compris.

Exemple de résumé :

Tout le monde a droit au respect. C'est la base de la vie en commun.
C'est ce qui permet de tous vivre ensemble en bonne intelligence.
Le manque de respect est la porte ouverte à tous les conflits.

LE RESPECT, POURQUOI ?

Vivre ensemble, c'est quoi ?, collection « Philozenfants », Oscar Brenifier et Frédéric Bénaglia.

LE RESPECT, POURQUOI ?

Complète ces slogans pour en faire des affichettes sur le respect.

SANS RESPECT, PAS DE	SANS RESPECT, PAS DE	SANS RESPECT, PAS D' ....
SANS RESPECT, PAS DE	SANS RESPECT, PAS D'	LE RESPECT POUR ....
LE RESPECT POUR	LE RESPECT POUR	LE RESPECT POUR ....

SANS RESPECT, PAS DE	SANS RESPECT, PAS DE	SANS RESPECT, PAS D' ....
SANS RESPECT, PAS DE	SANS RESPECT, PAS D'	LE RESPECT POUR ....
LE RESPECT POUR	LE RESPECT POUR	LE RESPECT POUR ....

LE RESPECT, POURQUOI ?

1 Décris ce que serait un monde sans respect.

....

....

....

....

....

....

....

....

....

....

....

....

2 En 2001, le ministre de l'Éducation nationale a lancé une campagne pour le respect à l'école. Le slogan était : « Le respect, ça change l'école. »

À ton tour, invente d'autres slogans en faveur du respect.

LE RESPECT, ...

LE RESPECT, ...

LE RESPECT, ...

LE RESPECT, ...

SÉANCE 2

Qu'est-ce qu'un préjugé ?

L'ESSENTIEL À SAVOIR POUR L'ENSEIGNANT

Comme le montre le philosophe Marc Guillaume, la définition du stéréotype est assez récente : on la trouve dans le Littré de 1957, et elle concerne le vocabulaire technique de l'imprimerie. Cette définition nous intéresse ici : les stéréotypes sont des ouvrages imprimés avec des planches dont les caractères ne sont pas mobiles et qui peuvent être réutilisés pour de nouveaux tirages.

> *Le stéréotype est donc quelque chose de fixe, de difficile (voire impossible) à changer, à modifier.*

Repris par les sciences sociales, le mot *stéréotype* signifie qu'indépendamment de l'identité de chacun, il suppose une absence de diversité dans la catégorie énoncée : les Blancs, les musulmans, les Noirs, les gros, etc. Parmi les stéréotypes les plus discutés ces trente dernières années se trouvent ceux concernant les races, les « origines » des personnes, ou le genre.

Les stéréotypes sont largement condamnés pour leur double fonction :

• D'une part, **discriminer et exclure**. En tenant un propos négatif qui s'appuie sur des stéréotypes visant telle ou telle population, je fais comme si je considérais qu'entre toutes les personnes de cette catégorie, je n'opérais aucune différence.

• D'autre part, **souder le groupe énonciateur du stéréotype**. Cela crée l'idée que ceux qui énoncent des idées toutes faites appartiennent eux-mêmes à un groupe homogène. « Les Blancs », « les Noirs », « les immigrés », « les réfugiés », « les femmes », « les hommes » sont autant de catégories sociales fausses dans la réalité, mais vraies dans les conséquences qu'elles ont. De plus, on se sent d'autant plus de telle ou telle catégorie que l'on a été assigné à celle-ci.

Dès lors, **avoir des préjugés sur des personnes**, ou raisonner selon les préjugés de son groupe d'appartenance, **signifie porter sur d'autres que soi des jugements préétablis**, vrais ou faux, mais surtout pensés et dits sans examen, sans vérification. L'ennui c'est que ces préjugés – qui sont souvent les conséquences de stéréotypes portés par une société ou un groupe de personnes – ont des conséquences sur le regard que chacun porte sur l'autre.

Les stéréotypes et les préjugés induisent donc des relations sociales qui ne sont fondées ni sur le respect, ni sur l'attention à l'autre, mais qui, au contraire, traduisent des sentiments qui peuvent s'avérer graves et lourds de conséquences. Dans tous les cas, ils ne permettent pas (ou sont un obstacle à) une connaissance partagée, un respect mutuel et un droit à être différent de l'image que l'on donne, malgré soi, aux autres. C'est un enfermement dont il est parfois difficile et dramatiquement impossible de sortir.

Un stéréotype difficile à défaire : ce sont les femmes qui cuisinent.

DÉROULEMENT DE LA SÉANCE

Thèmes du programme
- *L'engagement : agir individuellement et collectivement.*
- *Le jugement : penser par soi-même et avec les autres.*
- *La sensibilité : soi et les autres.*

Compétences, capacités, attendus
- *Développer les aptitudes à la réflexion critique en recherchant les critères de validité des jugements moraux.*
- *Formuler et apprendre à justifier un point de vue.*
- *Pouvoir expliquer ses choix et ses actes.*
- *Respecter autrui et accepter les différences.*

ÉTAPE 1 COMPRENDRE CE QUE SONT LES PRÉJUGÉS ET LES STÉRÉOTYPES

DURÉE 20 minutes
ORGANISATION collective
MATÉRIEL • le texte « Un étranger sur l'île » (p. 102), photocopié et/ou affiché au tableau

1) **FAIRE LIRE LE TEXTE INDIVIDUELLEMENT** aux élèves.

2) **PROCÉDER À UNE LECTURE COLLECTIVE.**

3) **DEMANDER AUX ENFANTS CE QUE RACONTE CE TEXTE ET CE QU'ILS EN COMPRENNENT.**
Orienter les questions si besoin :

> Comment est accueilli l'homme échoué sur l'ile ?

> Qu'en disent les habitants de l'ile ?

> Le connaissent-ils ?

> Comment appelle-t-on le fait de juger quelqu'un sans même le connaitre ?
Expliquer à la classe ce qu'est un préjugé :

> ***Un préjugé, c'est lorsqu'on porte un jugement sur quelqu'un ou quelque chose avant même de le connaitre ou de savoir comment il est. Littéralement, c'est juger avant.***

4) **EXPLIQUER ET ÉCHANGER AUTOUR DE LA NOTION DE STÉRÉOTYPE.**

> Est-il possible de juger quelqu'un avant de le connaitre ?

> Comment se forme le jugement ?
Laisser la classe répondre. Les élèves approuveront facilement le fait qu'on ne peut pas juger tant que l'on ne connaît pas. Demander alors :

> Pourquoi les gens de l'ile jugent-ils d'emblée l'inconnu comme étant « mauvais » ?
Laisser répondre la classe puis expliquer que souvent, les hommes sont jugés à la hâte parce qu'on a d'eux une idée, une image toute faite qui s'appelle un stéréotype. Expliquer ce qu'est un stéréotype :

Un stéréotype est une image toute faite, un à-priori sur les gens ou les choses.

Donner des exemples :

- les jeunes en casquette/baskets qui traînent en bas des immeubles sont des voyous ;
- les gens qui portent des costumes et des cravates ont un bon travail et sont des gens respectables ;
- les garçons ne s'habillent pas en rose ;
- les mères sont douces...

Expliquer que les stéréotypes sont des idées toutes faites sur les gens. Les stéréotypes sont comme des grandes cases figées qui nous donnent des images généralisées d'un groupe de personnes, sans discerner les différences. Car non, toutes les mères ne sont pas douces, non, les gens en costume et cravate n'ont pas forcément un bon travail, si, les garçons peuvent s'habiller en rose...

> Quel est le problème des stéréotypes ?

Laisser les enfants répondre puis expliquer que le premier problème, c'est que l'on peut très vite se tromper sur les gens et porter un jugement discriminatoire (dans un sens négatif comme positif). À cause des stéréotypes, on va préjuger du monsieur au costume qu'il a une bonne situation, on va préjuger du garçon qui s'habille en rose qu'il est homosexuel... C'est-à-dire qu'on va mettre les gens dans des cases.

Le stéréotype engendre l'exclusion, le jugement non fondé et le sentiment d'être enfermé dans une case dont on ne peut que difficilement sortir.

> Alors comment savoir qui sont les autres ?

Laisser répondre la classe qui proposera peut-être qu'il faut apprendre à connaitre la personne. Confirmer et ajouter que non seulement il faut apprendre à connaitre la personne avant de la juger, mais qu'il faut aussi s'abstenir de juger sans connaitre et combattre les stéréotypes.

Terminer en disant qu'un jugement éclairé est un jugement fondé sur la connaissance de l'autre et la connaissance par soi-même – et non pas sur la « connaissance » qui émanerait de la rumeur, de la pensée générale.

5) REVENIR AU TEXTE et montrer aux enfants comment le préjugé concernant l'inconnu se répand : une mère avertit son enfant de sa dangerosité, puis le maitre d'école, puis le gendarme, puis les journaux... Mais personne ne sait pourtant qui est cet homme. Personne n'est allé à sa rencontre, n'a pris le temps de savoir qui il était vraiment.

Cet homme est victime de préjugés qui reposent sur le stéréotype suivant : les gens qui ne nous ressemblent pas sont dangereux.

6) NOTER AU TABLEAU : FAIS-TOI TA PROPRE OPINION.

> Qu'est-ce que cela signifie ?

Apprendre à penser par soi-même, ne pas juger les gens sur ce que m'ont raconté les autres. Et de même : ne pas répandre une opinion ou un jugement entendu si je ne me suis pas forgé mon propre jugement d'abord.

Par exemple : j'entends dire dans la cour de l'école que « le nouveau » est méchant. Je me précipite pour le répéter aux autres qui eux-mêmes vont le répéter aux autres... Mais ai-je vérifié par moi-même que cela était fondé ? Puis-je me fier au jugement des autres sans savoir ?

C'est bien la question du jugement qui est en jeu ici et l'essentiel est que les élèves mesurent combien il est important d'être maitre de son jugement. Comprendre enfin que le stéréotype se répand de bouche à oreille, par les médias, le manque de réflexion.... Il est donc essentiel de travailler son jugement et sa capacité de discernement.

ÉTAPE 2 LEVER LES STÉRÉOTYPES, APPRENDRE À CONSTRUIRE SON JUGEMENT

DURÉE 20 minutes
ORGANISATION individuelle
MATÉRIEL • la fiche activité

1) LIRE COLLECTIVEMENT LES CONSIGNES.

CM2 ET 6e

Bien expliquer les consignes de la production écrite en rapport avec le texte de départ. Il est question de changer de point de vue en imaginant que les habitants n'ont pas de stéréotypes en tête et n'ont pas de préjugés. Préciser aux élèves qu'ils n'auront donc pas du tout la même réaction vis-à-vis de l'homme échoué sur la plage.

CM2

• Expliquer le lexique de la morale de Jean de La Fontaine :
– Le mot « la mine » peut prêter à confusion : il s'agit ici du visage, mais ce terme n'est pas toujours bien compris.
– L'expression « Garde-toi » est également à préciser. Elle signifie « abstiens-toi, ne le fais pas ».
• Lire collectivement la morale et la faire expliciter. Les élèves doivent comprendre qu'on ne juge pas les gens sur l'apparence, c'est-à-dire sur ce qui est donné à voir de l'extérieur. Demander :

> **Pourquoi La Fontaine dit-il de ne pas juger sur l'apparence, sur l'aspect extérieur d'une personne ?**

Parce que cela ne révèle pas qui est la personne intérieurement : son caractère, ses valeurs… Même si l'apparence, et les vêtements notamment, peuvent nous donner des informations sur une personne, les apparences sont, comme on dit, trompeuses.
Faire donner des exemples de morales : garde-toi de juger…

> **Que proposez-vous pour compléter cette morale ?**

Laisser proposer puis montrer que le choix et la formulation sont vastes : *garde-toi de juger sans connaitre, garde-toi de juger trop vite, garde-toi de juger à partir de ce que te racontent les autres…*

1) TRAVAIL INDIVIDUEL SUR LA FICHE.

ÉTAPE 3 METTRE EN COMMUN

DURÉE 20 minutes
ORGANISATION collective
MATÉRIEL • la fiche activité complétée

CM1

❶ Reprendre les objets un à un et voir à qui ils ont été attribués. À chaque fois, demander et faire discuter le choix proposé. Par exemple, un enfant a rattaché le casque de pompier à l'homme adulte. Demander aux autres ce qu'ils ont choisi. Puis, quel que soit le choix, toujours demander :

> **Peut-on savoir vraiment à qui appartient cet objet ?**

Montrer que le casque peut certes appartenir à l'homme, mais qu'il pourrait très bien appartenir à la femme puisqu'il y a des femmes pompiers.
Pour chaque objet, montrer aux élèves comment, sans doute, ils l'ont rattaché à un personnage en se basant sur une image plus ou moins stéréotypée des métiers, des garçons et des filles et qu'eux aussi sont « remplis » de stéréotypes. La correction sera l'occasion d'un débat autour des questions suivantes :

> Pourquoi serait-ce toujours les filles qui tiendraient un journal intime ? Quel est le stéréotype ici ? *Les filles et leur sensibilité en opposition à la rudesse des garçons.*

> Pourquoi n'y aurait-il que des garçons qui pratiquent le judo ? Donner l'exemple de femmes championnes olympiques.

> Le ménage n'est-il qu'une affaire de femmes ?

> Les femmes ne peuvent-elles pas exercer le métier de pompier ?
Conclure en disant que certes certains métiers sont largement exercés par des hommes, que certaines activités sont davantage pratiquées par les filles et d'autres par les garçons, mais que pour autant il faut éviter de penser qu'il ne peut pas en être autrement.

CM2

❶ Faire lire les paroles réécrites et discuter afin de vérifier l'absence de préjugés et la bienveillance à l'égard de l'étranger cette fois.
❷ Faire lire les morales et en discuter.

6e

❶ Faire lire les textes réécrits. Vérifier que la consigne a été respectée et que l'étranger reçoit cette fois un bon accueil.
Corriger ultérieurement, et individuellement, les productions écrites (grammaire/orthographe…)
❷ Faire lire la morale et en discuter.

ÉTAPE 4 GARDER UNE TRACE ÉCRITE ET ILLUSTRÉE DE LA SÉANCE

DURÉE 5 minutes
ORGANISATION collective
MATÉRIEL • Affiche « C'est quoi, l'égalité entre les filles et les garçons ? » photocopiée et/ou affichée

À la fin de la séance, faire coller le document contre les stéréotypes dans le cahier/classeur EMC et le donner à lire (à la maison ou en classe ultérieurement). Y revenir pour discuter des stéréotypes filles/garçons.

> ***Les préjugés sont des idées toutes faites qui reposent sur des stéréotypes.***
> ***Pour se faire une idée juste des gens, il faut apprendre à les connaitre et ne pas les enfermer dans des catégories figées et fausses.***

1 Jour 1 Actu n° 52 du 21 au 27 novembre 2014, de Milan Presse et la Ligue de l'enseignement, illustré par Jacques Azam.

QU'EST-CE QU'UN PRÉJUGÉ ?

Un étranger sur l'ile

Un matin, les habitants de l'ile trouvèrent un homme sur la plage, là où les courants et le destin avaient conduit son radeau. Il se leva lorsqu'il les vit arriver.

Il n'était pas comme eux. [...]

Ils le conduisirent sur la partie inhabitée de l'ile, dans une étable réservée aux chèvres, vide depuis longtemps. Ils lui firent comprendre qu'il devait rester là et lui montrèrent du foin dans un coin : il pourrait dormir ici.

Puis ils verrouillèrent la porte de l'étable, retournèrent à leur quotidien et continuèrent à vivre comme d'habitude. [...]

Une mère avertit son enfant : « Il viendra et te dévorera si tu ne finis pas ta soupe. »

« Les enfants ont peur de lui », racontait le maitre d'école le soir à l'auberge.

« Je suis sûr qu'il nous tuerait tous s'il en avait l'occasion », dit le gendarme.

« L'étranger sème l'inquiétude », titrait le journal. C'est écrit noir sur blanc. [...]

La peur se fit grandissante.

Certains dirent que la situation était dangereuse. On devait faire quelque chose avant qu'il ne soit trop tard, dirent les autres.

Extrait de *L'île, une histoire de tous les jours*, Armin Greder
La compagnie créative, 2005.

QU'EST-CE QU'UN PRÉJUGÉ ?

1 À qui appartiennent ces objets ? Relie chaque personnage à un objet.

2 Explique pourquoi tu as relié cet objet à cette personne.

• Le journal intime, relié à : ....

parce que ....

....

• Le casque de pompier, relié à : ....

parce que ....

....

• La tenue de judo, reliée à : ....

parce que ....

....

• L'aspirateur, relié à : ....

parce que ....

....

QU'EST-CE QU'UN PRÉJUGÉ ?

1 Efface les préjugés des personnages de l'histoire et réécris leurs paroles.

La mère : «...

....

Le maitre d'école : «...

....

Le gendarme : «..

....

Le titre du journal : «..

....

2 En t'inspirant de cette morale de Jean de La Fontaine, écris d'autres morales en faveur d'un jugement éclairé.

Garde-toi, tant que tu vivras, de juger les gens sur la mine.

Garde-toi de juger ....

....

Garde-toi de juger ....

....

Garde-toi de juger ....

....

Garde-toi de juger ....

....

QU'EST-CE QU'UN PRÉJUGÉ ?

1 Récris le texte en imaginant que les habitants de l'ile n'ont pas de préjugés.

Un matin, les habitants de l'ile trouvèrent un homme sur la plage, là où les courants et le destin avaient conduit son radeau. Il se leva lorsqu'il les vit arriver.
Il n'était pas comme eux.

Ils. . . . .

. . . .

. . . .

. . . .

. . . .

. . . .

. . . .

. . . .

. . . .

. . . .

. . . .

. . . .

. . . .

2 En t'inspirant de cette morale de Platon, écris une morale en faveur d'un jugement éclairé.

On ne peut juger des choses que l'on ne connait pas.

On ne peut juger les gens. . . . .

. . . .

. . . .

. . . .

SÉANCE 3
Le harcèlement, c'est quoi ?

L'ESSENTIEL À SAVOIR POUR L'ENSEIGNANT

Depuis une petite quinzaine d'années, la communauté éducative a pris la mesure de ce que l'école considérait souvent comme des jeux d'enfants, des « histoires entre gosses » sans importance. Le harcèlement (qui a toujours existé dans les écoles) est devenu un sujet du quotidien scolaire, et les psychologues ont heureusement alerté sur les effets graves de ces **violences quotidiennes, à la fois verbales, physiques et psychologiques**. La société et l'institution scolaire tout entière ont semblé prendre conscience de ce que ces violences répétées pouvaient avoir de destructeur.

Fondées sur le mépris de l'autre, elles peuvent prendre plusieurs formes (moqueries, violences ordinaires, racket, mépris, indifférence, insultes...) et aboutissent toutes à une discrimination à l'encontre d'un ou de plusieurs élèves. Le processus qui est à l'œuvre vient miner la confiance de l'enfant ou de l'adolescent confronté à la violence du groupe oppresseur.

> *Discrimination raciste, antisémite, homophobie, mépris pour l'obésité ou la petite taille, les motifs sont nombreux et se traduisent tous par les mêmes phénomènes : l'emprise et la domination.*

Ces dernières années, le cyberharcèlement a donné une ampleur nouvelle, via les réseaux sociaux, à ce phénomène.

Les conséquences du harcèlement peuvent être tragiques, comme le confirme parfois l'actualité. Les formes diverses de déscolarisation, d'absentéisme ou d'impossibilité à se concentrer en classe et en dehors, les somatisations diverses des élèves harcelés, des formes insidieuses de désocialisation ou encore la nécessité de devoir changer d'établissement constituent la réalité de notre école aujourd'hui. Dès la maternelle, si l'on n'est pas vigilant, des formes d'emprises peuvent s'exercer d'un élève sur un autre. Au moment de la préadolescence et de l'adolescence, les conséquences sur la santé psychologique peuvent être terribles – le suicide étant la forme extrême mais réelle des effets du harcèlement en milieu scolaire.

En 2014, la loi pour l'égalité réelle entre les femmes et les hommes a permis d'introduire un nouvel article 222-33-2-2 dans le Code pénal ; **le harcèlement moral est explicitement reconnu comme un délit**. Il peut concerner le harcèlement entre élèves en milieu scolaire, dans l'enceinte de l'école ou à l'extérieur, et également le cyberharcèlement. Des plaintes peuvent désormais être déposées par les familles sur le fondement de cet article.

© istock

Le cyberharcèlement est maintenant un délit puni par la loi.

DÉROULEMENT DE LA SÉANCE

Thèmes du programme
- *La sensibilité.*
- *Le jugement.*
- *Le droit et la règle.*

Compétences, capacités, attendus
- *Développer les aptitudes à la réflexion critique.*
- *Respecter autrui et accepter les différences.*
- *Respecter les autres et les règles de la vie collective.*

ÉTAPE 1 COMPRENDRE CE QU'EST LE HARCÈLEMENT

DURÉE 20 minutes
ORGANISATION collective
MATÉRIEL • Le témoignage d'une ex-victime de harcèlement (p. 111) photocopié et éventuellement affiché

1) FAIRE LIRE L'ARTICLE INDIVIDUELLEMENT.

2) LE LIRE COLLECTIVEMENT.

3) DEMANDER AUX ENFANTS DE QUOI PARLE L'ARTICLE.

La classe évoquera sans doute le fait qu'il s'agit d'un jeune garçon qui a été « embêté », harcelé par d'autres. Le thème de l'article doit être clairement énoncé : le harcèlement.

> Le harcèlement, qu'est-ce que c'est ?

Laisser répondre. Préciser :

> ***On parle de harcèlement quand une personne est malmenée, agressée, insultée ou menacée de façon répétée par quelqu'un. Le harcèlement n'est pas un événement isolé, une agression une fois, une insulte d'un jour ; c'est le fait d'être régulièrement, fréquemment voire systématiquement embêté, dérangé, maltraité par quelqu'un. Au quotidien parfois.***

4) DEMANDER D'EXPLIQUER CE QUI EST ARRIVÉ À JACKY PAMART.

Laisser répondre. Bien expliciter que Jacky Pamart est bègue (expliquer le terme) et que cela lui a valu, depuis longtemps, les moqueries des autres. C'est en 6e que le harcèlement physique a commencé avec des coups. Distinguer ici deux formes de harcèlement : le harcèlement physique (coups) et le harcèlement moral (pas d'attaques physiques mais des paroles dégradantes, des menaces, des rires, des moqueries...).

> Comment Jacky Pamart s'en est-il sorti ?

Laisser répondre. Montrer qu'il n'a pas réagi tout de suite (préciser également qu'il n'avait pas osé en parler à ses parents). Il a d'abord pensé que « c'était normal », il a laissé faire. Il dit lui-même s'être retrouvé « emmuré dans le silence ». Demander ce que cela signifie. Expliquer que souvent, les personnes victimes de harcèlement n'osent pas s'exprimer, souvent parce qu'elles sont victimes de chantage (« Si tu le dis... »), qu'elles ont peur des représailles...

Dire que le harcèlement, dans tous les cas, a pour effet de diminuer, d'affaiblir, de détruire la personne. Montrer comment, souvent, les personnes victimes de harcèlement le sont parce qu'elles sont stigmatisées comme étant « différentes ».

Préciser que c'est tardivement que le jeune garçon a réussi à s'exprimer, à travers l'écriture d'un livre, et que cela coïncide avec le moment où il n'a plus eu honte de son handicap.

5) DEMANDER AUX ÉLÈVES S'ILS ONT DÉJÀ ÉPROUVÉ le sentiment d'être pris dans un système de moqueries répétées, de chantages répétés ou d'autres formes de pressions répétées.
Laisser répondre dans la mesure du possible. Si un cas est évoqué, examiner collectivement de quelle manière agit le harcèlement : une fois, deux fois, trois fois… Crainte vis-à-vis des harceleurs, appréhensions, repli…
Ce sont ces sentiments qu'il faut avoir le courage d'exprimer. Même dans le doute et la crainte, l'important est de ne pas se laisser faire car nul n'a le droit de nous porter atteinte, nul n'a le droit de nous détruire à coup de menaces, moqueries ou autres.

6) POUR CONCLURE, REVENIR AU TITRE du documentaire : *Souffre-douleurs, ils se manifestent.*

> Que signifie ce titre ? Qu'est-ce qu'un souffre-douleur ?
Laisser proposer des réponses. Expliquer qu'un souffre-douleur est une personne sur qui l'on fait passer toutes les agressions, les mauvais traitements, les tracasseries.

> Que serait un souffre-douleur qui se manifeste ?
Laisser réfléchir puis voir collectivement que c'est une manière de dire qu'une personne victime de harcèlement sort de son silence, réagit, ne se laisse plus faire et parle.

ÉTAPE 2 — LUTTER CONTRE LE HARCÈLEMENT

DURÉE 20 minutes
ORGANISATION individuelle
MATÉRIEL • la fiche activité

1) LIRE/COMPRENDRE LES CONSIGNES COLLECTIVEMENT.

CM1

1. Préciser que la rédaction se fait sous forme de verbes à l'infinitif.
2. Rappeler ce que sont les adjectifs qualificatifs.

CM2

3. Faire donner des exemples oralement. Montrer qu'à la suite de « refuser », l'élève peut écrire une suite de noms : *refuser les insultes, les coups, l'humiliation…* Ou de verbes : *refuser de se laisser embêter, de se faire humilier*. Préciser également qu'en dehors de ce que l'on peut refuser que l'autre nous fasse subir, il y a aussi tout ce que l'on peut refuser concernant la façon dont les autres voudraient nous amener à nous déconsidérer : *refuser de se sentir nul, refuser de croire que l'on ne vaut rien, refuser de se déconsidérer…*
Demander ensuite de donner des exemples pour « avoir le courage de » : *avoir le courage de dire stop, avoir le courage de parler à quelqu'un, avoir le courage de s'opposer…*

2) TRAVAIL INDIVIDUEL SUR LA FICHE.

ÉTAPE 3 — ÉCHANGER, DÉBATTRE

DURÉE 20 minutes
ORGANISATION collective
MATÉRIEL • la fiche activité complétée

CM1

❶ Relire chaque situation et examiner en quoi elles peuvent être des situations de harcèlement. Distinguer le fait isolé, la bagarre d'un jour, les disputes « classiques » des faits répétés, insistants, révélateurs du harcèlement afin que les élèves n'assimilent pas tout acte de conflit comme étant du harcèlement.
Porter une attention particulière à la dernière situation. Les enfants l'auront peut-être écartée d'emblée, pensant que le harcèlement ne vient que des enfants. Or, il faut informer que le harcèlement peut aussi exister d'adulte à adulte, d'adulte à enfant. Il peut arriver que l'on perçoive une malveillance, une part de harcèlement venant d'un adulte, parent ou professeur. Cela est à dénoncer comme le reste.
❷ Faire proposer les verbes et faire réfléchir la classe en mettant en avant l'intérêt de cette action. Par exemple, un enfant propose *parler*. Demander en quoi cela peut effectivement aider et ce qu'il se passe si l'on ne parle pas.
Un enfant propose *se battre*. Demander à la classe ce qu'elle en pense. Voir que se battre a l'avantage de marquer une opposition et un refus de se soumettre, mais demander si c'est une bonne solution, et ce que risque l'enfant qui se battrait.
❸ Laisser proposer des adjectifs puis discuter avec la classe du fait qu'un harceleur n'est en aucun cas « un fort ». Il se comporte avant tout comme un idiot, un lâche (car il s'en prend souvent aux personnes sans défense et agit souvent en groupe), un intolérant (il ne respecte pas les différences), un délinquant (le harcèlement est considéré comme un délit), un minable…

CM2

❶ Laisser répondre et débattre. Voir avec la classe qu'en acceptant la demande des harceleurs, Elio risque de se mettre lui-même dans un système interminable. Accepter une fois, c'est ouvrir la voie au harcèlement.
❷ Laisser répondre en faisant réagir et débattre les élèves en leur demandant ce qu'ils pensent des propositions des uns et des autres. Voir ensemble ce qu'engendrent les réactions évoquées.
Par exemple, un enfant propose *en parler à ses parents.* Voir que cela parait effectivement indispensable, mais quelle solution cela apporte-t-il face à la demande du groupe d'enfants harceleurs ? Que faire le lendemain lorsque les harceleurs vont venir chercher le deuxième téléphone ? Trouver les solutions avec la classe. Expliciter la complexité et la difficulté de la situation dans laquelle on se retrouve.
❸ Faire lire les textes complétés et en discuter ensemble. Voir ce qu'il est important de refuser : *de se soumettre, d'être maltraité, d'être humilié, d'avoir peur…* Et quel courage il faut avoir : *courage de se confier, de s'affirmer, de vaincre sa peur…*
❹ On est en droit de porter plainte.

6e

Faire lire le petit extrait de l'article sur le harcèlement. Demander aux enfants ce qu'ils en pensent.
❶ Lire chaque proposition et voir ce qu'en disent les élèves. Faire justifier et argumenter afin d'expliquer en quoi aucune proposition n'est juste – car aucune des attitudes décrites ne correspond à « être fort ».
❷ Faire discuter des réponses. Voir comment, selon eux, on peut s'affirmer. Amener la classe à comprendre que la meilleure façon de s'affirmer n'est pas de suivre les autres ni d'essayer d'être bien vu, ni d'être « comme tout le monde » ; il ne s'agit pas non plus d'être « au-dessus » des autres en développant une attitude de domination et mépris. La meilleure affirmation de soi est sans doute le fait de réussir à rester tel que l'on est, notamment face à un appel de groupe qui voudrait nous inciter à adopter des codes communs et uniformes. Il s'agit donc de parvenir à assumer sa personnalité, sa différence, ses idées, sa façon de vouloir ou non s'habiller, ses choix musicaux, ses choix d'amis… D'une certaine manière (et on en revient à la séance du thème 1), s'affirmer, c'est savoir dire non.
❸ Laisser répondre à la question et faire réagir la classe. Dans tous les cas, redire la nécessité de ne pas accepter un tel traitement, de refuser l'humiliation. Voir, collectivement, comment y faire face, comment s'en sortir.
❹ Faire discuter les propositions. On pourra retenir, entre autres : *parler à quelqu'un, ne pas se laisser intimider, refuser ce que l'on me demande de faire, affronter, ne pas rester seul…*

ÉTAPE 4 SYNTHÉTISER

DURÉE 10 minutes
ORGANISATION collective
MATÉRIEL • le cahier ou autre support d'EMC

Au terme des trois séances sur le respect, rappeler collectivement l'essentiel de ce qui a été vu et élaborer collectivement une trace écrite.

Exemple :

> ***Le respect, c'est la considération et l'attention que l'on porte aux autres. Apprendre à connaitre les autres permet d'éviter les stéréotypes et les préjugés.***
> ***Le respect, c'est la condition pour vivre bien tous ensemble. Sans respect, la vie collective est faite de conflits et d'intolérance. Les insultes, les humiliations, la violence font partie de ces actes d'intolérance qui peuvent aller jusqu'au harcèlement.***
> ***Quand on ne se sent pas respecté, il faut pouvoir l'exprimer, même si parfois ça n'est pas facile.***
> ***De la même manière, on doit pouvoir intervenir si on est témoin d'un manque de respect envers quelqu'un.***

PROLONGEMENT ÉCHANGER AUTOUR D'UNE VIDÉO SUR LE HARCÈLEMENT

DURÉE 15 minutes
ORGANISATION collective
MATÉRIEL • vidéos des Petits citoyens « Et si on s'parlait du harcèlement à l'école ? » (1'12')

Présenter la vidéo aux enfants : elle fait partie d'une série de vidéos sur le harcèlement.
À la fin de la projection, interroger la classe : « En quoi, selon vous, cette vidéo illustre-t-elle le harcèlement ? » Laisser la classe débattre.
Préciser que si l'enfant est traité de « binoclard » chaque jour, que cela est répété, on peut considérer alors que c'est une forme de harcèlement (attaques, moqueries quotidiennes).
Demander ensuite ce que cela engendre : *un repli, un malêtre, un besoin d'être « comme tout le monde »*... Cela donc va à l'encontre du respect des autres et des différences.
Si la vidéo traite le sujet en y mettant une part d'humour, c'est pourtant un sujet sérieux ; on peut demander aux élèves ce qu'ils ressentiraient, eux, s'ils subissaient des humiliations quotidiennes.

LE HARCÈLEMENT, C'EST QUOI ?

Une ex-victime témoigne : « Il faut passer à l'offensive contre le harcèlement à l'école. »

Jacky Pamart, 19 ans, a fait de sa vie un combat contre le harcèlement scolaire. Il est l'une des voix de « Souffre-douleurs, ils se manifestent », le documentaire d'Andréa Rawlins-Gaston et Laurent Follea.

Depuis quelques années, Jacky Pamart a choisi de vouer son quotidien à la lutte contre le harcèlement à l'école, un fléau dont souffrent 10 % des élèves français. Il dirige depuis l'été 2013 l'Organisation arrêt demandé international (OADI), une association qui forme des médiateurs et assure la sensibilisation des élèves, des enseignants mais aussi des parents contre le harcèlement scolaire. Son credo : l'importance du témoignage des ex-victimes pour briser le silence et la nécessité du travail de terrain.

Comment a commencé votre harcèlement ?

Petit, je bégayais énormément, bien plus qu'actuellement, et j'ai toujours été l'objet de moqueries, d'imitations. J'avais un handicap, j'étais faible, et les autres le voyaient bien. C'était lourd, mais j'étais habitué. En sixième, j'ai commencé à recevoir des coups, ce qui n'était jamais arrivé avant.

L'entrée en sixième constitue-t-elle un tournant particulièrement sensible et, donc, à surveiller ?

Oui. En arrivant au collège, les élèves se sentent perdus. Ils ont une foule de nouveaux professeurs et de nouvelles matières. Les « grands » du primaire redeviennent « de tout petits sixième ». Ils se cherchent une personnalité, et malheureusement, certains deviennent des harceleurs pour se renforcer et se protéger.

Quand je me suis fait malmener par des élèves de troisième, je n'ai rien dit parce que j'estimais que c'était normal que les grands m'embêtent, que c'était un jeu. On entend beaucoup ça avant d'arriver au collège : « Fais attention aux troisième, ils vont te chahuter ». Et quand on se rend compte que ce n'est pas normal, c'est trop tard, on est emmuré dans le silence.

Quand avez-vous transformé votre expérience en combat ?

Au lycée, j'ai vu le film *Le Discours d'un roi,* de Tom Hooper. Je me suis identifié au personnage, on partageait la même souffrance. Enfin on parlait du bégaiement ! Jusque-là, c'était honteux. Ça m'a donné envie de raconter mon histoire. J'ai commencé à écrire un livre en 2011 pendant mon année de seconde, qui a été publié pendant ma terminale.

À la fin de l'année, on s'est dit avec plusieurs camarades que c'était bien beau de pointer ce qui n'allait pas, mais qu'il fallait agir. On a donc fondé l'OADI en juin 2013 pour sensibiliser les élèves et enseignants au harcèlement scolaire dans les collèges qu'on connaissait, d'abord dans une logique de proximité.

**Entretien avec Marie-Hélène Soenen,
publié sur telerama.fr le 10/02/2015**

LE HARCÈLEMENT, C'EST QUOI ?

1 Souligne les situations qui te font penser à du harcèlement.

Chaque lundi et vendredi soir, avant l'étude, trois enfants de CM2 « demandent » leurs gouters aux CP.

Deux filles se sont disputées dans la cour.

À la récréation, un enfant, toujours le même, ne peut jamais jouer au foot car ses copains de classe lui disent qu'il est trop nul.

Une fille de CM1 demande à ses copines de lui rapporter de l'argent de chez elles sinon elle viendra à la sortie avec ses sœurs.

Une fois encore, Karl s'est battu à la récréation.

La maitresse des CE2 dit toujours au même élève qu'il n'arrivera jamais à rien, qu'il est définitivement mauvais.

2 Contre le harcèlement, quelle est, selon toi, la meilleure défense ?
Propose cinq verbes.

....

....

....

....

....

3 On croit souvent que le harceleur est fort tandis que la personne harcelée est faible. Il n'en est rien. Trouve des mots pour qualifier le harceleur.

....

....

....

LE HARCÈLEMENT, C'EST QUOI ?

En sortant du collège, Elio se fait voler son portable par une bande de garçons. Le groupe le prévient : « Tu ramènes un autre portable demain à la même heure sinon on te démonte. »

1 Que risque-t-il de se passer si Elio accepte et apporte un deuxième téléphone le lendemain ?

....

....

....

2 Que ferais-tu à la place d'Elio ?

....

....

....

3 Complète ce texte.

Refuser…

Refuser ....

Refuser ....

Refuser ....

Avoir le courage de ....

Avoir le courage de ....

4 Sachant que le harcèlement est puni par la loi grâce à l'article 222-33-2-2 du Code pénal, qu'est-on en droit de faire si jamais cela nous arrive ?

....

....

....

LE HARCÈLEMENT, C'EST QUOI ?

Les « grands » du primaire redeviennent « de tout petits sixième ». Ils se cherchent une personnalité, et malheureusement, certains deviennent des harceleurs pour se renforcer et se protéger.

1 D'après Jacky Pamart, certains élèves de 6e cherchent à jouer les grands et montrer qu'ils sont forts... Pour toi, quelle est la vraie force ? Entoure ce qui te semble juste.

Être fort, c'est dominer les autres.

Être fort, c'est avoir plus que les autres.

Être fort, c'est faire peur aux autres.

Être fort, c'est sortir avec le plus de filles ou de garçons.

Être fort, c'est imposer sa loi.

Être fort, c'est savoir se battre.

Être fort, c'est être comme tout le monde.

2 Pour toi, quelle est la meilleure façon de s'affirmer ?

....

....

3 Imagine qu'un groupe d'élèves te regarde mal et t'adresse des paroles humiliantes à chaque fois que tu arrives au collège. Que fais-tu ?

....

....

....

4 Quelles sont les attitudes qui te paraissent les plus importantes pour lutter contre le harcèlement ?

....

....

....

....

SÉANCE 1

À quoi conduit le racisme ?

L'ESSENTIEL À SAVOIR POUR L'ENSEIGNANT

L'histoire de Rosa Parks nous fait entrer dans le thème de la discrimination de manière frontale, dans toute sa brutalité. Rosa Parks est une femme noire qui vit en Alabama, État du sud des États-Unis, dans un temps où la ségrégation raciale règne. En 1955, elle refuse de laisser sa place dans le bus à un Blanc, dans une ville, Montgomery, où la règle veut que les Noirs peuvent s'assoir dans la limite où les Blancs le peuvent prioritairement. En refusant sa place, et en se faisant arrêter et juger, elle déclenche, sans le vouloir ou sans l'avoir prévu, un mouvement sans précédent de droits civiques dans lequel se distingue le pasteur Martin Luther King.

Le racisme pose la question non seulement **de l'idée que les races humaines existent** – ce que la biologie dément depuis plusieurs décennies –, mais aussi que ces races sont inégales et qu'il existe une hiérarchie entre elles. Les théories racistes prétendent toutes à la scientificité et à des règles prétendues « naturelles ». Le racisme politique quant à lui débouche immédiatement sur la discrimination des personnes stigmatisées, la relégation et la violence.

> *Car derrière le racisme se cache une violence raciste sans égale, violence physique (il n'y a qu'à penser aux mouvements racistes de rues), mais aussi violence symbolique parfois pire encore que les coups.*

Le racisme est la forme achevée de la haine de l'autre. C'est à ce titre que le racisme n'est pas une opinion mais bien un délit, puni par la loi. C'est l'inverse absolu des valeurs de la république et des valeurs humanistes. La loi française interdit le racisme et punit la provocation publique à la discrimination, à la haine ou à la violence raciale. C'est cela qu'il faut expliquer aux enfants, que le racisme n'est pas une opinion comme les autres, mais qu'il sape les fondements même de l'égalité et du vivre ensemble démocratique.

© TopFoto / Roger-Viollet

Rosa Parks, rendue célèbre par son refus, le 1er décembre 1955, de céder sa place à une personne blanche dans un bus américain.

DÉROULEMENT DE LA SÉANCE

Thèmes du programme
- *L'engagement : agir individuellement et collectivement.*
- *Le jugement : penser par soi-même et avec les autres.*
- *La sensibilité : soi et les autres.*

Compétences, capacités, attendus
- *Respecter autrui et accepter les différences.*
- *Manifester le respect des autres dans son langage et son attitude.*
- *Pouvoir expliquer ses choix et ses actes.*
- *Formuler et apprendre à justifier un point de vue.*

ÉTAPE 1 LIRE ET ÉCHANGER AUTOUR DU TEXTE SUR ROSA PARKS

DURÉE 20 minutes
ORGANISATION collective
MATÉRIEL • le texte « Le bus de Rosa » (p. 119) photocopié et éventuellement affiché

1) **PRÉCISER AVANT LA LECTURE** que ce texte, romancé, relate une histoire vraie et que Rosa est une femme connue depuis ces événements. **LE TEXTE EST LU INDIVIDUELLEMENT.**

2) Demander ce que raconte cet extrait puis laisser les enfants **RÉSUMER.**
Préciser aux enfants qu'effectivement, à cette époque, aux États-Unis, les Noirs subissaient une violente discrimination et que Rosa Parks incarne la lutte contre le racisme par son célèbre refus de céder sa place à un Blanc dans le bus. Rappeler certains fonctionnements de l'époque (bus séparés, toilettes séparées, restaurants séparés…) et le combat mené par des hommes et des femmes afin de pouvoir vivre « égaux », par rapport aux Blancs. Une lutte donc afin d'obtenir les mêmes droits.

3) **DEMANDER AUX ENFANTS CE QU'ILS PENSENT DE CETTE SITUATION.** Noter les mots qui surgissent au fur et à mesure : *racisme*, *discrimination*, *injustice*, *inégalité*. Demander aux élèves ce qu'ils pensent de Rosa, en expliquant pourquoi. De même, leur demander ce qu'ils pensent du grand-père. Mettre en lumière le côté « lâche » du grand-père en opposition au courage de Rosa.

ÉTAPE 2 SE METTRE EN SITUATION D'ENGAGEMENT CONTRE LE RACISME

DURÉE 25 minutes
ORGANISATION individuelle
MATÉRIEL • la fiche activité

1) **LIRE LES CONSIGNES COLLECTIVEMENT**

CM2

❶ Bien expliquer que chaque personne peut avoir ressenti une multitude de sentiments. Il ne s'agit pas ici de répondre par UN sentiment par personnage. Faire donner un exemple : « Que pouvez-vous écrire pour le grand-père ? À votre avis, qu'a-t-il ressenti ? » Les enfants peuvent évoquer la honte, mais plus encore le remords, le regret, la peur…
❷ Indiquer aux élèves de lire d'abord dans le texte ce qu'a effectivement dit la personne puis de voir dans quelle mesure elle aurait mieux fait de dire autre chose.

6e

Recontextualiser l'histoire : préciser que Rosa Parks, suite à ces événements, a été mise en prison et qu'un avocat a eu à la défendre parce qu'elle avait enfreint la loi. Préciser qu'une plaidoirie est la défense argumentée d'une personne accusée. Il va donc falloir développer une série d'arguments forts pour aider Rosa à sortir de prison.

2) TRAVAIL INDIVIDUEL SUR LA FICHE.

ÉTAPE 3 METTRE EN COMMUN, ARGUMENTER

DURÉE 20 minutes
ORGANISATION collective
MATÉRIEL • la fiche activité complétée

CM1

1 Au-delà de la peur qu'il ressent, l'essentiel est d'observer la lâcheté du grand-père et ce que cela a engendré chez lui : le remords. Son manque de courage sur le moment lui vaut, des années plus tard, un sentiment de remords qui explique qu'il semble s'en vouloir.

2 Cette activité touche à l'engagement. Montrer aux élèves que, dans certaines situations, on a le choix de ne pas réagir, comme le grand-père, ou bien de s'engager, réagir, se montrer solidaire, courageux et s'opposer (ce qui rappellera la séance « Et moi, qu'est-ce que j'en pense ? »).

Demander aux enfants de proposer leur réponse et voir en quoi les attitudes d'engagement ou de solidarité peuvent changer les choses. Un enfant propose par exemple : *Moi, j'aurais défendu Rosa. Je lui aurais dit qu'elle avait bien raison de ne pas bouger.* Faire qualifier ce genre d'attitude : courageuse, solidaire, réactive... et voir ce que cela peut changer : se souder, mener un combat collectif (avoir l'esprit collectif en opposition à l'esprit individuel), s'engager, prendre position. Montrer comment, en prenant position, on agit, on se donne les chances de changer les choses ; et au contraire comment, « en laissant faire », on ne changera rien. Expliquer ici que c'est à force de lutte et de rassemblement que les Noirs ont obtenu des droits. Que s'il n'y avait pas eu au départ des gens engagés, courageux et décidés à changer les choses (Rosa Parks, Martin Luther King et les milliers de personnes qui se sont mobilisées malgré les dangers et les menaces), la situation n'aurait pas évolué toute seule. C'est cela l'engagement.

3 les enfants dessineront sans doute des Blancs et des Noirs placés librement dans le bus. Si tel n'est pas le cas, demander d'expliquer le point de vue et justifier l'agencement des personnages.

CM2

1 Les ressentis

Rosa : de l'injustice, du dégout, de l'effroi...
Le grand-père : de la peur, de la honte, du regret...
Le conducteur de bus : du mépris, de la haine, de la supériorité...
Le vieil « homme de couleur » : de la compassion, de la crainte, de la solidarité...

2 Ce qui aurait pu ou dû être dit

Le grand-père : on peut imaginer que les enfants vont lui donner des paroles d'opposition et de solidarité telles que : « Restez assise, madame, vous avez raison. », « Ils n'ont pas à nous traiter comme ça madame, je vous soutiens... »

Le conducteur de bus : on peut s'attendre à des paroles où le respect a remplacé le mépris : « Je suis navré madame, mais veuillez vous lever. », « Je n'y suis pour rien, madame, la loi est la loi. »

Le vieil homme de couleur : la situation est plus subtile car il essaie en fait de la protéger. Il veut faire en sorte qu'elle n'ait pas d'ennuis. Et il lui parle avec respect. Les paroles sont donc plus difficiles à changer. Soit l'enfant ne trouve rien à écrire, et c'est tout à fait acceptable du moment qu'il peut le justifier. Soit il fait ajouter une dimension combattante, comme « Vous avez raison, si personne ne fait rien, cela ne changera jamais. Restez assise. »

3 Qualifier Rosa

L'essentiel sera de montrer aux enfants qu'au-delà de *courageuse* et *forte*, il existe d'autres termes à connaitre : *engagée*, *combattante*, *digne*, *calme*…

4 Comprendre la réaction de Rosa

Les enfants seront peut-être tentés, de répondre qu'elle s'est résignée ou a manqué de courage sur la fin. Or non. Il faut bien comprendre qu'elle a résisté, elle s'est opposée et a fait le choix de continuer sa lutte mais dans la non-violence, d'où son attitude (se laisser mettre les menottes). C'est donc l'idée d'une lutte pacifiste. Demander alors :

> Les combats doivent-ils tous passer par la force (et la violence) ?

Faire donner des exemples de lutte sans violence, sans attaque, grâce à des actions « tranquilles ». Donner comme exemple le boycott des bus qui a suivi ces événements, lorsque les Noirs ont décidé de ne plus prendre les transports en commun et de se rendre au travail à pied. C'est une lutte. Mais elle se fait dans l'intelligence de la non-violence.

6e

Les plaidoiries sont lues par les volontaires et la classe valide selon le critère suivant : « Pensez-vous que Rosa a bien été défendue ici ? pourquoi ? » Enfin, les pancartes sont lues et discutées par la classe.

ÉTAPE 4 SYNTHÉTISER

DURÉE 5 minutes
ORGANISATION collective
MATÉRIEL • le cahier ou autre support d'EMC

Collectivement, faire rassembler les idées de la séance pour synthétiser ce qui a été compris.

Exemple de résumé :

> ***Le racisme, c'est le fait de juger et de rejeter quelqu'un en fonction de sa couleur et de son origine. C'est le fait de ne pas accepter la différence de l'autre. Cela mène aux conflits et à la violence.***

PROLONGEMENT ÉCHANGER AUTOUR D'UNE VIDÉO SUR LE DROIT À LA NON-DISCRIMINATION

DURÉE 15 minutes
ORGANISATION collective
MATÉRIEL vidéos des Petits citoyens « Le droit à la non-discrimination » (58'')

Cette vidéo permet de définir clairement ce qu'est la discrimination, non seulement à travers l'exemple de l'apartheid, mais aussi à travers des paroles simples de personnages animés : « La discrimination, c'est quand on fait des différences entre les être humains selon leur couleur de peau. »

À QUOI CONDUIT LE RACISME ?

Le bus de Rosa

C'était le premier décembre 1955, poursuit Grand-Père, et comme chaque soir, j'ai pris l'autobus, celui-là même où tu es assis, pour rentrer chez moi. Les places de devant étaient réservées aux Blancs, et nous, les Noirs, on pouvait occuper les autres du moment qu'aucun Blanc ait été obligé de rester debout. (...)

À un arrêt, une femme est montée. Cette femme, c'était Rosa. Elle avait 42 ans, portait des lunettes et son maintien était plein de dignité. (...) Elle s'est assise à côté de moi. Il y avait des Noirs debout, et tous les Blancs étaient assis.

À l'arrêt suivant sont montées quatre personnes, à la peau blanche comme neige. Aussitôt, le conducteur nous a crié de nous lever pour laisser la place aux Blancs. J'ai obéi et deux femmes noires ont fait de même. Il fallait libérer encore une place, mais Rosa ne bougeait pas. Le conducteur s'en est aperçu et, depuis son siège, il a crié de nouveau : « les Noirs doivent se lever pour laisser la place aux Blancs. Toi là-bas, lève-toi et laisse la place au Monsieur ! » (...) Rosa est restée immobile, assise à sa place. Le conducteur est monté sur le trottoir et a arrêté le bus. En pestant, il a quitté son siège et s'est dirigé vers Rosa. « Qu'est-ce qu'y a ? t'es sourde en plus d'être noire ? Tu vois pas que le monsieur est debout ? » Inquiet, je me suis penché vers cette femme que je ne connaissais pas : « Madame, levez-vous, sinon vous allez avoir des ennuis. » (...) Le chauffeur, serré dans son uniforme (...) lui faisait face, sûr de son autorité. « Debout ! Laisse ta place au Monsieur ! » a-t-il ordonné. « Non » a dit tranquillement la femme, et, calme et sereine, elle l'a fixé droit dans les yeux.(...) Un vieil homme de couleur, debout près de moi, s'est approché de Rosa. « Madame ! Il est encore temps, levez-vous ! », il a soufflé, la suppliant presque. (...)

Un peu plus tard, le chauffeur est revenu accompagné de deux policiers. Ils ont agrippé Rosa de force et l'ont soulevée de son siège. Elle n'a pas cherché à résister, elle s'est laissée transporter jusqu'à leur voiture, telle une reine sur son baldaquin. Ils lui ont passé les menottes, comme à une délinquante, et moi je n'ai rien fait pour empêcher ça... RIEN.

Extrait de *Le Bus de Rosa*, de Fabrizio Silei, illustré par Maurizio A. C. Quarello

À QUOI CONDUIT LE RACISME ?

1 « Et moi je n'ai rien fait pour empêcher ça… RIEN. »
À ton avis, que ressent le grand-père ? Explique pourquoi.

....

....

....

....

2 Et toi, qu'aurais-tu fait ?

....

....

....

....

3 Dans ce bus, dessine des hommes et des femmes, Noirs et Blancs, de façon à ce qu'il n'y ait pas de racisme.

À QUOI CONDUIT LE RACISME ?

1 Pour chaque personne, mets-toi à sa place et écris quels sentiments elle a ressenti à ce moment-là.

Rosa : ....

Le grand-père : ....

Le conducteur de bus : ....

....

Le vieil « homme de couleur » : ....

....

2 Rosa a dit « non ». Écris ce que ces personnes auraient pu ou dû dire.

Le grand-père : «..

....»

Le conducteur de bus : «..

....»

Le vieil « homme de couleur » : «..

....»

3 Propose des adjectifs pour dire quelle femme est Rosa.

....

....

4 *« Elle n'a pas cherché à résister, elle s'est laissée transporter jusqu'à leur voiture... »*
À ton avis, pourquoi Rosa a-t-elle réagi comme cela quand la police l'a arrêtée ?

....

....

À QUOI CONDUIT LE RACISME ?

1 Si tu avais été l'avocat de Rosa Parks, qu'aurais-tu dit pour sa défense ? Écris ta plaidoirie.

....

....

....

....

....

....

....

....

....

....

2 Imagine et écris dans les pancartes quels peuvent être les messages de ces femmes et de ces hommes qui manifestent.

SÉANCE 2
Handicapé ? Et alors ?!

L'ESSENTIEL À SAVOIR POUR L'ENSEIGNANT

Parmi les réflexions à mener sur le respect dans le cadre de l'enseignement moral et civique, il y a la question du handicap et de l'accueil des personnes handicapées comme des personnes à part entière. Dans le cadre de l'école, l'évolution de cet accueil et de la reconnaissance des handicaps a été considérable depuis les années 1970 ou 1980.

La loi du 11 février 2005 pour l'égalité des droits et des chances est importante car elle insiste sur la **reconnaissance de la citoyenneté pleine et entière et la participation des personnes handicapées à la vie sociale**. La loi a consacré ce droit et permis le développement d'actions en faveur de la scolarisation des élèves en situation de handicap.

En quelques années, le nombre d'enfants handicapés a doublé, mais beaucoup reste à faire encore, y compris dans les mentalités.

Car l'école inclusive est encore à construire, afin d'imaginer des dispositifs d'accueil qui fassent que tous les enfants, quels que soient leurs handicaps ou déficiences, puissent vivre ensemble leur scolarité. C'est un gage essentiel pour favoriser leur socialisation.

Mais la question du handicap ne se limite pas à la définition de dispositifs pratiques (même si cela y participe). La question du regard que l'on porte globalement et individuellement sur le handicap est au cœur de l'EMC. Ainsi que la compréhension des conséquences que le handicap constitue pour l'enfant, la personne, la famille et l'entourage tout entier.

Anne Sullivan (1866-1936) est une éducatrice connue pour avoir enseigné à lire, à écrire et à parler à une jeune fille sourde, muette et aveugle, Helen Keller.

DÉROULEMENT DE LA SÉANCE

Thèmes du programme
- *La sensibilité : soi et les autres.*

Compétences, capacités, attendus
- *Respecter autrui et accepter les différences.*
- *Manifester le respect des autres dans son langage et son attitude.*

ÉTAPE 1 LIRE, ÉCHANGER AUTOUR DU TEXTE

DURÉE 20 minutes
ORGANISATION en collectif
MATÉRIEL • le texte « Mon drôle de petit frère » (p. 127) photocopié et/ou affiché au tableau

1) FAIRE LIRE LE TEXTE individuellement puis oralement en collectif.

2) PROCÉDER À UNE VÉRIFICATION DE LA COMPRÉHENSION DU TEXTE.

> **De quoi parle cet extrait ?** *Du handicap.*

> **Que ressent la sœur de Ben ?** *De la honte, de la gêne vis-à-vis des ses copines, mais aussi de l'amour pour son frère et un besoin de le protéger.*

> **Pourquoi dit-elle que ça l'a rendue trop malheureuse ?** *Parce qu'elle vit chaque jour avec un enfant qui ne peut pas grandir sereinement. Un enfant qui a une maladie lourde (hydrocéphalie), qui demande beaucoup de soins, qui est source d'inquiétude, de fatigue…*
Bien expliquer aux élèves qu'être handicapé, c'est être empêché de vivre « normalement », c'est avoir une vie contraignante, c'est se retrouver à gérer des problèmes tous les jours, c'est se retrouver en difficulté dans les tâches quotidiennes (se déplacer, communiquer, apprendre…). Les élèves doivent percevoir que la vie d'un handicapé est lourde et douloureuse. Et cela est valable également pour l'entourage.

> **Que lui conseille madame Chapman ?** *De dire à ses copines ce qu'elle cache : le handicap de son petit frère.*

> **Pourquoi redoute-t-elle le moment d'avouer le handicap de son frère à ses copines ?** *Parce qu'elle craint la moquerie, l'incompréhension, le rejet, le regard de ceux qui ne comprennent pas et ne respectent pas la différence.*
Demander aux élèves s'ils ont déjà été confrontés, ou déjà assisté, à une telle situation. Si oui, faire raconter puis demander :

> **Que peut-on dire de ce genre d'attitude (mise à l'écart / moquerie / rigolade devant une personne handicapée) ?**

ÉTAPE 2 ÉPROUVER CE QU'EST LE HANDICAP

DURÉE 20 minutes
ORGANISATION individuelle
MATÉRIEL • la fiche activité

Lire et expliquer les consignes collectivement.

CM1

Préciser que pour comprendre la signification du logo, il faut bien regarder la partie du corps représentée. Donner ensuite un exemple de manière à rédiger les réponses. Ainsi, il ne s'agit pas de dire par exemple : « être sourd. Conséquence : la personne n'entend pas. » Il s'agit de réfléchir et d'écrire tout ce que le fait de ne pas entendre engendre. Par exemple, pour la surdité toujours : *la personne est isolée. Elle peut difficilement se faire des amis. Elle ne peut pas écouter vraiment la musique…*

CM2

Réexpliquer ce qu'est un dilemme : une situation dans laquelle il faut faire un choix, mais que ce choix apparait presque impossible puisque d'un côté comme de l'autre il y a des choses qui nous

dérangent et nous arrangent… On ne sait plus quoi faire. Résumer en disant : c'est comme un choix impossible, en tous cas très difficile.
Préciser pour la deuxième activité qu'il faut penser à tout ce que ressent la sœur de Ben, tout ce qu'elle a sur le cœur et tout ce qu'elle vit au quotidien, toute cette difficulté à voir son frère ne pas grandir, souffrir, avoir une santé fragile…

6e

Faire donner un exemple d'aménagement possible (installer des ascenseurs, des rampes d'accès, avoir un professeur spécialisé dans la classe, équiper les enseignants de micros…).

ÉTAPE 3 COMPRENDRE LE HANDICAP, CONFRONTER LES POINTS DE VUE

DURÉE 15 minutes
ORGANISATION collective
MATÉRIEL • la fiche activité complétée

CM1

Reprendre les logos un à un et collecter les réponses proposées par les élèves.

- **Être sourd**. La personne est isolée. Les relations sont compliquées, la vie sociale réduite.
- **Être aveugle**. La personne est isolée. La vie sociale est souvent dépendante d'aide extérieure.
- **Être handicapé moteur (physique)**. La personne ne peut pas se déplacer librement.
- **Être handicapé mental**. Les personnes souffrent de ne pouvoir participer à une vie professionnelle ou récréative du fait de leur handicap ou de la discrimination qui pèse sur elles.
- **Avoir des allergies**. La personne ne peut pas manger ce qu'elle veut. Elle doit faire attention à certains produits (aliments notamment).

L'essentiel ici est de voir avec les élèves à quel point la vie d'un handicapé est compliquée.

CM2

❶ Demander aux élèves comment ils ont résolu le dilemme. Faire argumenter et justifier la décision prise. Demander comment il est possible de se sortir d'un dilemme.

> Pourquoi avez-vous choisi de révéler le secret ?

> Pourquoi avez-vous choisi de ne pas révéler le secret ?

Dans les deux cas, l'intérêt est de réfléchir avec la classe afin de faire les choix qui nous semblent être les meilleurs. Dans le premier cas de figure (elle révèle son secret), montrer qu'intervient dans la prise de décision le fait d'avoir la conscience tranquille, d'être dans la vérité, assumer, même si c'est difficile, et avoir la satisfaction de se dire que l'on est honnête et courageux.
Dans le deuxième cas, on a le sentiment que l'on est tranquille, que l'on ne s'expose pas au jugement des autres… Mais alors il convient de poser la question :

> Est-ce qu'on doit avoir peur de ce que pensent les autres de nous ?

> Est-ce une honte d'avoir un petit frère handicapé ? Est-ce une honte le handicap ?

Laisser réfléchir les élèves puis échanger autour du fait que le handicap est souvent difficile à vivre en raison du regard des autres. Il y a de la moquerie, par exemple, ou de la déconsidération. Mais il y a surtout aussi une méconnaissance et un manque de respect.
❷ et ❸ Faire lire les écrits par des volontaires et faire réagir la classe.

> Qu'en pensez-vous ? Que pourrait dire la sœur de Ben pour faire taire définitivement les moqueries de ses copines ?

Laisser les enfants faire des propositions puis voir avec eux comment elle pourrait expliquer et trouver les mots pour dire ce qu'est le handicap de son petit frère, sa souffrance, ses incapacités. En expliquant qu'il est né avec cette maladie, ce qui, finalement, rend malade toute la famille, elle permettrait sans doute à ses copines de bien comprendre le problème et de ne pas être tentées d'en penser du mal.

6e

Faire proposer les différents aménagements et les discuter. Voir en quoi ils permettraient à une personne handicapée de venir au collège. Vérifier que l'idée est « réalisable » et utile.

ÉTAPE 4 SYNTHÉTISER

DURÉE 20 minutes
ORGANISATION collective
MATÉRIEL • le cahier ou autre support d'EMC

Au terme des ces deux séances, l'enseignant fait rappeler par la classe l'essentiel des idées à retenir. Il peut énumérer dans l'ordre ce qui a été vu, discuté puis aider la classe à rassembler les différents thèmes.

> Exemple :

Une personne handicapée rencontre des difficultés et des empêchements dans sa vie quotidienne. Quel que soit son handicap (physique, mental, moteur…), elle a droit au respect au même titre que toute personne non handicapée.

PROLONGEMENT ÉCHANGER AUTOUR D'UNE VIDÉO SUR LE HANDICAP

DURÉE 15 minutes
ORGANISATION collective
MATÉRIEL • vidéos des Petits citoyens « Et si on s'parlait du handicap ? » (4')

Cette vidéo permet d'aborder avec la classe les points suivants : quelles sont les conséquences du handicap, quels aménagements peut-on envisager, quelles seraient les solutions pour faciliter la vie des handicapés à l'école, qui accompagne les handicapés (rôle des AVS) ?
La vidéo permet également de mieux définir la notion de handicap (diminution ou perte des facultés, handicap visible, handicap non visible).
Enfin, l'enseignant pourra faire réagir plus spécialement les élèves sur la dernière parole : « Qu'on soit handicapé de naissance ou [non], on devrait apprendre à se connaitre sans préjugés et s'entraider. »

HANDICAPÉ ? ET ALORS ?!

Mon drôle de petit frère

La grande sœur découvre son petit frère, Ben

(...) et j'ai vu pour la première fois le visage de mon petit frère chéri. Ses yeux étaient clos, mais ses lèvres remuaient ; il suçotait. Et soudain j'ai vu ce qui n'allait pas chez lui. C'était sa tête. Sa tête était beaucoup trop grosse et les veines étaient bien trop apparentes et trop bleues. (...) Que tu sois handicapé ou pas, je m'en moque. Je t'aime et je t'aimerai toujours. Je te protègerai, et si quelqu'un essaie de te faire le moindre mal, il aura affaire à moi. (...)

La grande sœur rencontre Mme Chapman

« Dis donc... elles ne sont pas au courant, tes copines, pour Ben ? » J'ai secoué la tête. (...) « Tu ne peux pas garder une pareille chose secrète. Il est grand temps que tes copines sachent la vérité. Tu n'as pas honte de Benny, au moins ? » « Bien sûr que non », dis-je, tout en sachant bien que je mentais. (...) « Si tu leur disais tout simplement : "Vous voyez, c'est vrai, mon petit frère est gravement handicapé, et si je ne vous en ai jamais parlé, c'est que cela m'a rendue trop malheureuse." » (...) Mais il est une chose pour laquelle Mme Chapman avait vu juste ! Deux jours plus tard, il me faudrait les affronter en classe. Je ne pouvais y échapper. Tenir le coup, en étant franche et courageuse, et surtout en restant simple, demeurait mon seul espoir.

Extraits de *Mon drôle de petit frère,* d'Elizabeth Laird
traduit de l'anglais par Léo Ristel

HANDICAPÉ ? ET ALORS ?!

Pour chaque logo, écris le handicap représenté puis les conséquences que cela engendre dans la vie de tous les jours pour les personnes porteuses de ce handicap.

Handicap : ....
Conséquences : ....
....
....

Handicap : ....
Conséquences : ....
....
....

Handicap : ....
Conséquences : ....
....
....

Handicap : ....
Conséquences : ....
....
....

Handicap : ....
Conséquences : ....
....
....

HANDICAPÉ ? ET ALORS ?!

❶ **<u>Dilemme</u> : la sœur de Ben n'a jamais avoué à ses copines le handicap de son petit frère. Elle a peur qu'on se moque de lui. Elle veut le protéger. Elle ne veut pas affronter le regard des autres à ce sujet. Elle cache un lourd secret.**

Que ferais-tu à sa place ?

....

....

....

....

❷ ***« Deux jours plus tard, il me faudrait les affronter en classe. Je ne pouvais y échapper. Tenir le coup, en étant franche et courageuse, et surtout en restant simple, demeurait mon seul espoir. »***

La sœur de Ben est décidée à dire la vérité à ses copines...

Imagine et écris ce qu'elle va leur dire.

«...

....

....

....

....

....

....

....»

❸ **Que ferais-tu face à des copains et copines qui ne comprennent pas la situation malgré toutes tes explications ?**

....

....

....

....

HANDICAPÉ ? ET ALORS ?!

Tu as pu remarquer que peu d'handicapés fréquentent ton collège. Ils n'y ont pas accès parce qu'ils ont besoin de structures adaptées.

Imagine des aménagements possibles qui permettraient aux élèves handicapés de venir au collège.

Quels aménagements proposerais-tu ?

Aménagement 1 :

....

....

....

....

....

Aménagement 2 :

....

....

....

....

....

....

Aménagement 3 :

....

....

....

....

....

....

SÉANCE 3

Et si les différences religieuses n'étaient pas un problème ?

L'ESSENTIEL À SAVOIR POUR L'ENSEIGNANT

La question religieuse occupe une place de plus en plus importante dans nos sociétés. Il est très important de faire travailler et réfléchir les élèves sur la pluralité des phénomènes religieux, mais aussi sur **la tolérance et le respect que la Constitution accorde à toute croyance ou non-croyance**, à toute option spirituelle et philosophique.

En France comme dans la plupart des pays démocratiques, la pluralité des appartenances religieuses est respectée et garantie par la loi.

Le fait que, dans les programmes d'EMC, la question de la religion soit abordée au sein du thème de la sensibilité indique qu'il s'agit bien de réfléchir au respect des autres, quelle que soit leur croyance ou non-croyance, au-delà de ce que représentent les différentes religions et leur dogme.

DÉROULEMENT DE LA SÉANCE

Thèmes du programme	Compétences, capacités, attendus
• *La sensibilité.*	• *Manifester le respect des autres dans son langage et son attitude.* • *Respecter autrui et accepter les différences.*

ÉTAPE 1 OBSERVER ET ÉCHANGER AUTOUR DE LA FRESQUE MURALE

DURÉE 20 minutes
ORGANISATION collective
MATÉRIEL • la photo de la fresque de Combo affichée et/ou photocopiée

1) AFFICHER LE DOCUMENT ET EXPLIQUER CE QU'EST UNE FRESQUE.

Préciser qu'il s'agit ici d'une œuvre d'art contemporain, une fresque murale réalisée par un artiste vivant surnommé Combo, qui réfléchit, à travers ses œuvres, au respect mutuel et à la place de la religion dans nos sociétés.

Expliquer ce que signifie le mot *fresque* : vaste dessin sur un mur ; en italien, *a fresco* signifie « au frais », c'est-à-dire « à l'air libre ».

> À votre avis, pourquoi des artistes ont-ils envie de faire des fresques sur les murs des rues plutôt que des tableaux encadrés et accrochés dans des musées, des galeries, chez des particuliers ?

Relever le fait que dans la rue, tout le monde peut les voir, contrairement aux œuvres exposées dans les musées qui ne sont vues que par les personnes qui y entrent. Indiquer qu'en réalisant une œuvre dans la rue, l'artiste veut être vu du plus grand nombre, sans doute parce qu'il juge que ce qu'il peint concerne tout le monde. Combo fait de street art, un art populaire.

2) OBSERVER LA FRESQUE AVEC LES ÉLÈVES. Lire les phrases écrites au-dessus et en dessous du dessin : « Quand j'étais petit il y avait des musulmans, des juifs, des chrétiens, des Noirs et des Blancs. » « C'était juste des copains. »

> Que signifient ces deux phrases ?
Faire émerger que l'artiste a peint cette fresque en souvenir de son enfance, lorsque les enfants étaient amis sans se préoccuper de couleurs ni de religions.

> Quelles sont les religions mentionnées sur la fresque ?
Laisser répondre puis préciser : l'islam (les musulmans), le judaïsme (les juifs) et le christianisme (les chrétiens).

> Quel problème soulève Combo à propos de ces religions aujourd'hui ?
Laisser les enfants répondre puis voir ensemble que des conflits existent entre religions.
Faire émerger les représentations des conflits entre juifs et musulmans, entre juifs et chrétiens, entre musulmans et non-musulmans, entre croyants et non-croyants. Faire réfléchir les élèves sur la nostalgie que peut avoir l'artiste d'un temps sans tensions religieuses, dans une France où tous les enfants étaient d'abord des enfants et des copains. L'artiste alerte ainsi sur le fait que, si l'on n'est pas vigilant, les risques de divisions sont possibles.

3) ENGAGER LE DIALOGUE AVEC LES ÉLÈVES SUR LA NOTION DE CAMARADERIE ET D'AMITIÉ.
Faire exprimer le mot de *fraternité*.
Faire remarquer les trois couleurs utilisées : le bleu, le blanc et le rouge, celles du drapeau français. Faire réfléchir les élèves sur les raisons qui ont pu pousser l'artiste à utiliser ces couleurs comme lien de la camaraderie et de la tolérance religieuse. Relever ce qu'a pu être l'objectif de l'artiste : que la camaraderie et l'amitié transcendent la question de l'origine ou de la religion.
Insister sur ce qui est le dénominateur commun de ces enfants : une même humanité d'enfance, par-delà les différences religieuses. Faire aussi réfléchir les élèves au fait qu'en donnant les couleurs tricolores aux enfants, l'artiste gomme les différences de religion et d'origine, pour réunir les copains représentés dans une amitié française et fraternelle.

ÉTAPE 2 S'INTERROGER SUR LES DIFFÉRENCES RELIGIEUSES

DURÉE 25 minutes
ORGANISATION individuelle
MATÉRIEL • la fiche activité (CM1 et 6e), une feuille Canson de 15x15 cm par élève (CM2)

1) LIRE LES CONSIGNES COLLECTIVEMENT.

CM1

❶ Faire écrire au futur ce qui est écrit au passé sur la fresque. Préciser aux enfants qu'ils peuvent s'inspirer du texte d'origine, mais qu'ils peuvent l'augmenter avec d'autres religions, y compris ceux qui ne croient pas, mais aussi d'autres différences.
❷ Faire colorier le fond.

CM2

Annoncer aux élèves la réalisation d'une grande fresque collective faite d'une multitude de portraits illustrant l'unité dans la différence.

> Vous allez chacun réaliser le portrait d'une personne, celle que vous voulez, quelle que soit sa taille, sa couleur, sa religion ou non, son apparence physique, son poids...
Tous les portraits seront rassemblés et collés sur une grande affiche dont la phrase (comme sur la fresque de Combo) restera à définir collectivement.

6e

Lire les consignes collectivement. Expliquer le mot *pacifiquement* (sans conflit, sans haine). Permettre aux enfants d'avoir accès à un dictionnaire.

2) TRAVAIL INDIVIDUEL SUR LA FICHE.

ÉTAPE 3 METTRE EN COMMUN, ARGUMENTER

DURÉE 20 minutes
ORGANISATION collective
MATÉRIEL • la fiche activité completée

CM1

Afficher l'ensemble des fresques. Laisser un temps d'observation puis lire les phrases en regroupement. Discuter ensemble des phrases inscrites et éventuellement des personnages.
Terminer en demandant aux élèves, à la vue de toutes ces fresques, quel futur ils souhaitent. Faire émerger l'engagement qu'ils peuvent avoir pour qu'un futur pacifié et fraternel soit possible.

CM2

Faire présenter les portraits réalisés en expliquant à la classe qui est l'enfant représenté, sa particularité, sa religion éventuellement. Rassembler les différents portraits et les coller sur une grande affiche. Collectivement, inventer une phrase pour accompagner les dessins. Les élèves pourront s'inspirer du texte de Combo sans pour autant le calquer. Ils ne pourront pas écrire au passé par exemple.

6e

❶ Écrire au tableau la définition relevée de *coexister*. Demander à la classe de l'expliquer, voir comment ils l'ont comprise.
Puis demander ce que signifierait une coexistence des religions ou non-religions. Laisser les enfants répondre en faisant émerger l'idée que chacun serait libre d'avoir, ou pas, une religion sans que cela n'engendre de conflits, problèmes, stigmatisations, préjugés ou discriminations.
Voir avec les élèves que *coexister* signifie vivre au même moment, mais qu'il y a aussi l'idée de vivre ensemble. Coexister ne signifie pas vivre chacun dans son coin, sans mélange. Il y a l'idée de « se mélanger ».
❷ Demander aux élèves de proposer leurs réponses et faire réagir la classe à chaque proposition. Valider les idées pertinentes. Par exemple, un enfant propose : « *Il faudrait d'abord accepter que les gens ne croient pas pareil que nous*. » Faire réagir la classe, donner des exemples correspondant à cette proposition.
❸ Laissez les enfants débattre et échanger leurs points de vue. L'essentiel étant que leurs propositions débouchent sur la définition d'un cadre pacifique et respectueux de la croyance ou de la non-croyance de chacun.

ÉTAPE 4 SYNTHÉTISER

DURÉE 15 minutes
ORGANISATION collective
MATÉRIEL • le cahier ou autre support d'EMC

Collectivement, faire rassembler les idées de la séance pour synthétiser ce qui a été compris.

Exemple de résumé :

En France, on peut croire ou ne pas croire, et si on croit en Dieu, on a le droit de croire en la religion de son choix. On a aussi le droit d'en changer. Cela n'empêche pas d'être amis les uns avec les autres et de respecter le choix de l'autre. Chacun doit pouvoir avoir sa liberté de conscience et de culte.

ET SI LES DIFFÉRENCES RELIGIEUSES N'ÉTAIENT PAS UN PROBLÈME ?

Fresque de Combo reproduite avec son aimable autorisation.

ET SI LES DIFFÉRENCES RELIGIEUSES N'ÉTAIENT PAS UN PROBLÈME ?

1. **Récris tous les textes au futur : « Quand je serai grand... » jusqu'à la phrase finale.**
2. **Puis colorie l'image.**

....

....

....

ET SI LES DIFFÉRENCES RELIGIEUSES N'ÉTAIENT PAS UN PROBLÈME ?

1 Au bas de sa fresque, Combo a écrit « COEXIST ».
Cherche dans ton dictionnaire la définition du verbe « coexister » et écris-la ici.

Coexister...

....

2 À ton avis, que faudrait-il faire pour que toutes les personnes qui ont une religion différente et ceux qui n'en ont pas puissent coexister pacifiquement ?

....

....

....

3 Ces enfants discutent ensemble des différences religieuses. Imagine et écris ce qu'ils peuvent se dire.

SÉANCE 4

Tous frères ?

L'ESSENTIEL À SAVOIR POUR L'ENSEIGNANT

Notre devise est constituée de deux principes fondamentaux – la liberté et l'égalité – et d'un devoir – la fraternité.

Le mot « fraternité » vient du latin *frater*, qui signifie « le frère ». Il s'agit donc initialement d'une relation qui unit des frères entre eux, avant que la notion ne s'étende à une vision plus symbolique et plus large, entre des hommes ou des peuples.

La notion de fraternité apparait dès l'article 1 de la Déclaration universelle des droits de l'homme :

> *« Tous les êtres humains naissent libres et égaux en dignité et en droits. Ils sont doués de raison et de conscience et doivent agir les uns envers les autres dans un esprit de fraternité. »*

La fraternité est donc inséparable des valeurs de tolérance, de respect et d'égalité, mais aussi de solidarité. Le généticien Albert Jacquart l'écrivait : « La fraternité a pour résultat de diminuer les inégalités tout en préservant ce qui est précieux, comme la différence. »

La fraternité s'éprouve – lorsqu'un même enjeu est partagé par un groupe de personnes décidé à œuvrer pour la même cause et le même objectif – à l'école, au sport, dans une association ou au travail.

Le début du XXIe siècle – avec ses drames écologiques planétaires, les montées d'intolérance et le terrorisme – repose avec force et avec une urgence nouvelle la question de la fraternité. Le lien de fraternité s'éprouve en effet souvent dans la difficulté et la souffrance. Mais la fraternité, c'est aussi le plaisir de faire et de vivre des choses ensemble, de gagner un match, d'élaborer et de concevoir un projet commun, de partir en classe de découverte et se découvrir de grandes affinités avec d'autres. C'est comprendre qu'on partage tous une même aventure, qu'on n'est jamais aussi fort qu'ensemble, que « l'union fait la force » et que le sentiment de victoire est d'autant plus beau qu'il est partagé, dans une fraternité assumée. Les sportifs le savent bien, les musiciens aussi ; les élèves en chorale également.

Cette séance propose de **réfléchir avec les élèves à la façon de développer des sentiments et des actes de fraternité**, de camaraderie et d'entraide mutuelle. Les mouvements pédagogiques, depuis les années 1930 en France, le savaient et le savent encore : à défaut d'être « tous frères », la solidarité et la fraternité se consolident en effet chaque jour et se travaillent au quotidien dans l'objectif de faire vivre, au jour le jour, cette fraternité, devoir de la citoyenneté républicaine.

Représentation de la fraternité au pied de la statue de la République, à Paris.

À un niveau plus institutionnel, les rassemblements diplomatiques entre nations peuvent faire l'objet d'une terminologie fondée sur la paix et la fraternité. La solidarité internationale dans les cas de catastrophe ou de malnutrition repose sur ce sentiment de fraternité et d'humanité commune.

DÉROULEMENT DE LA SÉANCE

Thèmes du programme
- *La sensibilité.*
- *L'engagement.*

Compétences, capacités, attendus
- *Respecter autrui et accepter les différences.*
- *Expliquer en mots simples la fraternité.*

ÉTAPE 1 LIRE ET COMPRENDRE LE POÈME DE RENÉ PHILOMBE

DURÉE 20 minutes
ORGANISATION collective
MATÉRIEL • le poème « L'homme qui te ressemble » (p. 140) photocopié et/ou affiché au tableau

1) FAIRE LIRE LE POÈME individuellement puis collectivement.

2) DEMANDER AUX ENFANTS DE QUOI PARLE LA POÉSIE, CE QU'ILS ONT COMPRIS.

Laisser les élèves répondre. L'essentiel est de comprendre qu'il s'agit d'un homme qui a cherché l'accueil, l'hospitalité, et qui ne l'a pas trouvé parce qu'à chaque fois les gens ont cherché à savoir d'où il venait, à quoi il ressemblait (sa couleur de peau notamment, quelle était sa religion...). Et face à ce rejet, face à ce manque d'ouverture, l'homme adresse un message de fraternité. Demander :

> Pourquoi dit-il : « Ouvre-moi mon frère ! » ? pourquoi « mon frère » ?

Parce qu'il considère qu'au-delà des différences – d'origines, de peaux, de croyances, différences physiques –, c'est d'abord le fait d'être des hommes qui compte. En cela, on pourrait se considérer comme frères, c'est-à-dire nouer entre nous des relations de fraternité, plutôt que de mettre en avant nos différences. On est tous différents, certes, mais on est tous des personnes humaines et en cela, proches, semblables. Voilà pourquoi il dit « Mais je ne suis qu'un homme ».

Il ne s'agit pas ici de nier les différences : elles existent. Il s'agit de ne pas fixer sur ces différences, car sinon on exclut, on rejette, on crée des groupes identitaires fermés.

> Quel message a voulu faire passer l'auteur ?

Laisser répondre et si besoin préciser qu'il s'agit d'un *message de fraternité* (les élèves peuvent proposer *tolérance, paix, message contre le racisme*... ce qui sera validé).

> Quelle définition donneriez-vous de la fraternité ? Qu'est-ce que cela signifie concrètement ?

Laisser proposer des réponses puis conclure en disant que la fraternité, c'est l'idée d'un lien entre les hommes, comme celui qui unit des frères, avec une forme de solidarité.

ÉTAPE 2 DÉVELOPPER LA FRATERNITÉ

DURÉE 20 minutes
ORGANISATION individuelle
MATÉRIEL • fiche activité

1) LIRE ET COMPRENDRE LES CONSIGNES COLLECTIVEMENT.

CM1

❶ Expliquer le sens du mot *entrave* : c'est ce qui gêne, qui empêche.

❷ Expliquer que les élèves vont devoir montrer que toutes ces différences ne doivent pas nous arrêter, nous fermer à l'autre. Laisser les enfants proposer. Cela peut prendre différentes formes :

Peu importe la couleur, la religion, l'origine, la taille... → énumération de noms.

Peu importe que tu sois blanc, noir ou jaune... → phrase complète, en s'adressant à un *tu*, interlocuteur imaginaire.

Faire proposer (sous différentes formes également) des idées pour compléter : *Ce qui compte c'est… que tu sois un homme, ton cœur, nous…*

CM2

❶ Préciser que la fiche comporte une citation de Martin Luther King, Noir américain ayant lutté contre la discrimination que subissaient les Noirs aux États-Unis dans les années 1960.
❷ Préciser que les élèves peuvent se référer au texte de départ puisqu'il s'agit d'écrire comme « un texte inversé ». Faire remarquer que la cinquième phrase est interrogative.

2) TRAVAIL INDIVIDUEL SUR LA FICHE.

ÉTAPE 3 METTRE EN COMMUN, LIRE SON TEXTE

DURÉE 20 minutes
ORGANISATION individuelle
MATÉRIEL • fiche activité complétée

CM1

❶ Faire lire la définition de « fraternité ». Éventuellement comparer si elles diffèrent d'un dictionnaire à l'autre. Puis demander aux enfants de l'expliquer avec leurs mots.
❷ Écouter les réponses proposées et en discuter avec la classe. L'important est de lister tout ce qui empêche la fraternité et comment cela l'empêche. Autrement dit, décortiquer les phénomènes qui entravent. Par exemple, un enfant propose *être raciste*. Faire expliquer ce que cela signifie puis voir ensemble comment effectivement le racisme empêche la fraternité.
Bien distinguer avec les enfants les causes des conséquences. Par exemple, un enfant propose : *la guerre.* Demander à la classe ce qu'elle en pense, puis expliquer que la guerre n'entrave pas vraiment la fraternité. Elle est une conséquence de l'absence de fraternité, ce qui n'est pas la même chose.
❸ Faire lire les textes et en discuter.

CM2

❶ Lire la citation de Martin Luther King puis demander aux élèves de lire leurs propositions. En discuter collectivement afin de voir si les idées vont bien dans le sens de la fraternité. Par exemple, un enfant propose : *se respecter*. Demander à la classe ce qu'elle en pense et en quoi le respect peut permettre de vivre comme des frères.
❷ Faire lire les textes et échanger autour de ce que cela fait ressentir aux enfants (émotion, envie d'engagement, ou rien…).

ÉTAPE 4 SYNTHÉTISER

DURÉE 5 minutes
ORGANISATION collective
MATÉRIEL • le cahier ou autre support d'EMC

Collectivement, faire rassembler les idées de la séance pour synthétiser ce qui a été compris.

Exemple de résumé :

Il n'existe pas deux personnes identiques. Chacun est différent. Pour autant, nous sommes tous des êtres humains et nous partageons tous la même expérience humaine qui nous rend proches.
La fraternité, c'est reconnaitre que nous sommes tous semblables et que ce qui concerne l'autre me concerne aussi.

TOUS FRÈRES ?

L'homme qui te ressemble

J'ai frappé à ta porte
J'ai frappé à ton cœur
Pour avoir un bon lit
Pour avoir un bon feu
Pourquoi me repousser ?
Ouvre-moi mon frère !...

Pourquoi me demander
Si je suis d'Afrique
Si je suis d'Amérique
Si je suis d'Asie
Si je suis d'Europe ?
Ouvre-moi mon frère !...

Pourquoi me demander
La longueur de mon nez
L'épaisseur de ma bouche
La couleur de ma peau
Et le nom de mes dieux,
Ouvre-moi mon frère !...

Je ne suis pas un noir
Je ne suis pas un rouge
Je ne suis pas un jaune
Je ne suis pas un blanc
Mais je ne suis qu'un homme
Ouvre-moi mon frère !...

Ouvre-moi ta porte
Ouvre-moi ton cœur
Car je suis un homme
L'homme de tous les temps
L'homme de tous les cieux
L'homme qui te ressemble !

René Philombe
Extrait de *Petites gouttes de chant pour créer l'homme : poèmes*
Éditions Semences africaines, Yaoundé, 1977

L'homme qui te ressemble

J'ai frappé à ta porte
J'ai frappé à ton cœur
Pour avoir un bon lit
Pour avoir un bon feu
Pourquoi me repousser ?
Ouvre-moi mon frère !...

Pourquoi me demander
Si je suis d'Afrique
Si je suis d'Amérique
Si je suis d'Asie
Si je suis d'Europe ?
Ouvre-moi mon frère !...

Pourquoi me demander
La longueur de mon nez
L'épaisseur de ma bouche
La couleur de ma peau
Et le nom de mes dieux,
Ouvre-moi mon frère !...

Je ne suis pas un noir
Je ne suis pas un rouge
Je ne suis pas un jaune
Je ne suis pas un blanc
Mais je ne suis qu'un homme
Ouvre-moi mon frère !...

Ouvre-moi ta porte
Ouvre-moi ton cœur
Car je suis un homme
L'homme de tous les temps
L'homme de tous les cieux
L'homme qui te ressemble !

René Philombe
Extrait de *Petites gouttes de chant pour créer l'homme : poèmes*
Éditions Semences africaines, Yaoundé, 1977

TOUS FRÈRES ?

1 Dans ton dictionnaire, cherche et recopie la définition de *fraternité*.

....

....

2 Qu'est-ce qui, selon toi, entrave les liens de fraternité entre les hommes ?

....

....

....

....

3 Complète ce texte afin de lever toutes les entraves à la fraternité.

Peu importe....

Peu importe..

Peu importe..

Peu importe..

Peu importe..

Peu importe..

Ce qui compte c'est ....

Ce qui compte c'est ....

Ce qui compte c'est ....

Ce qui compte c'est ....

Ce qui compte c'est ....

TOUS FRÈRES ?

1 « Nous devons tous apprendre à vivre ensemble comme des frères, sinon nous allons tous mourir ensemble comme des idiots » a écrit Martin Luther King.
Que faire pour vivre ensemble comme des frères ? Propose des idées.

....

....

....

....

....

2 « Ouvre-moi mon frère ! ... »
Face à cette demande, que ferais-tu ? Écris.

Je t'ouvrirai..

Je t'ouvrirai..

Je t'ouvrirai..

Je t'ouvrirai..

Pourquoi te.. ?

Je ne te demanderai pas..

Je ne te demanderai pas..

Je sais que tu es...

Je sais que..

....

....

....

SÉANCE 1
C'est quoi le collectif ?

L'ESSENTIEL À SAVOIR POUR L'ENSEIGNANT

Le collectif, au sens de son étymologie latine, c'est le fait d'être rassemblé et relié les uns aux autres. Cette notion a déjà été abordée avec les élèves au cycle 2. La vie collective est non seulement souhaitable, mais elle est une nécessité, une évidence de la vie en société, comme l'illustre parfaitement la citation de Saint Thomas d'Aquin : « La nature de l'homme veut qu'il soit un animal moral et politique vivant en collectivité. »

En sport collectif, on vante précisément le collectif, c'est-à-dire cette capacité à ne pas « jouer perso », à être plus fort du fait de l'appartenance à **un groupe qui agit dans l'intérêt commun**, quelles que soient les individualités le composant. L'unité du collectif rend plus fort. « Soyons soudés » disent les hommes d'État en situation de crise. C'est un leitmotiv politique, mais aussi une réalité comme le soulignent ces expressions bien connues : « l'union fait la force » ou encore « un pour tous, tous pour un » en référence aux mousquetaires du début du XVIIe siècle.

Le collectif, c'est le contraire de l'individualisme.

Rendre collectifs différents domaines de notre vie permet de soulager des difficultés – c'est le principe de la Sécurité sociale, en France, par exemple –, ou de rendre plus fortes encore les avancées obtenues par un combat commun. Les ouvriers de 1936 du Front populaire ne pensaient pas autrement et n'auraient jamais envisagé la lutte individuelle, la sachant perdue d'avance.

Le collectif est inséparable de la notion de solidarité car personne ne peut satisfaire seul ses besoins : chacun a besoin des autres. Les hommes et les femmes sont des êtres sociaux, c'est-à-dire capables de vivre ensemble. Ils forment un collectif, choisi ou non, qui les rend solidaires entre eux, tel un élément solidaire des autres dans un mécanisme. C'est le premier sens de la solidarité : un sentiment de responsabilité et de dépendance réciproque au sein d'un groupe de personnes.

Le collectif est aussi source de réconfort. On peut se détester sur un chantier de construction, on peut s'invectiver dans l'urgence du travail, mais quand, trois ans après le travail effectué, le bâtiment est une splendeur, on se sent fier d'avoir fait partie de ce collectif-là.

DÉROULEMENT DE LA SÉANCE

Thèmes du programme
- *L'engagement : agir individuellement et collectivement.*
- *Le jugement : penser par soi-même et avec les autres.*
- *La sensibilité : soi et les autres.*

Compétences, capacités, attendus
- *Distinguer son intérêt personnel de l'intérêt collectif.*
- *Se sentir membre d'une collectivité.*
- *Savoir participer et prendre sa place dans un groupe.*

ÉTAPE 1 OBSERVER ET ÉCHANGER SUR LE TABLEAU

DURÉE 15 minutes
ORGANISATION collective
MATÉRIEL • peinture *Les Constructeurs* de Fernand Léger, photocopiée et/ou affichée

© Leemage.com

1) AFFICHER LE TABLEAU OU EN DISTRIBUER UNE PHOTOCOPIE.

Préciser qu'il s'agit d'une œuvre de Fernand Léger dont le titre est *Les Constructeurs*. Laisser les enfants l'observer quelques minutes puis leur demander de décrire la scène. Il s'agit d'hommes en train, semble-t-il, de monter une structure métallique qui fait penser à un futur bâtiment.

2) ANALYSER L'ŒUVRE EN POSANT DES QUESTIONS AMENANT À LA NOTION DE COLLECTIF.

> Qui travaille ? *Plusieurs hommes.*

> De quelle manière travaillent-ils ?
Faire observer que les hommes travaillent ensemble, qu'ils portent ensemble, que celui du milieu semble jeter un œil sur ceux d'en bas. C'est un travail réalisé à plusieurs. Les hommes du premier plan agissent à quatre. Seuls, ils ne pourraient pas porter. Il y a un besoin de l'autre, une nécessité de s'y mettre à plusieurs sinon on ne peut pas y arriver.

> Comment s'appelle le travail que l'on fait à plusieurs ?
Laisser proposer puis si besoin écrire au tableau : *le travail collectif.*

> Que signifie « collectif » ? Comment pouvez-vous l'expliquer ?
Laisser les enfants proposer et développer : « collectif » signifie plusieurs personnes rassemblées, ensemble. Donner des exemples de sports collectifs (le basket, le rugby...) en les faisant différencier des sports individuels comme l'escrime ou le judo.

> Quelle est, pour vous, la différence entre le collectif et l'individuel ?
Les enfants pourront répondre que d'un côté on est seul et de l'autre on est plusieurs. Valider cela mais pousser la réflexion plus loin :

> On dit parfois de certaines personnes qu'elles ont l'esprit individuel. Parfois même, dans la cour, certains disent, quand ils jouent au foot par exemple, « Tu joues trop perso ! » Qu'est-ce que cela signifie ?
Les élèves peuvent ici comprendre et exprimer que cela signifie : *ne pas penser aux autres, jouer pour soi, être personnel.* Confirmer en précisant qu'effectivement, avoir l'esprit individuel c'est être centré sur soi ; tandis qu'avoir l'esprit collectif c'est être tourné vers les autres, les prendre en compte. C'est comprendre que l'on fait partie d'un groupe et qu'il n'est plus question de penser de façon isolée, chacun pour soi. Il s'agit de penser en terme de groupe, de collectif.

Autrement dit, le collectif, ce n'est pas une somme d'individus qui se rassemblent et qui ne pensent qu'à eux, individuellement. Avoir un esprit collectif, c'est se rassembler pour faire « équipe », au sens plein.

Terminer en disant que dès qu'on est un groupe, on ne peut pas faire comme si on était seul et ne considérer que ses propres envies, ses propres intérêts.

ÉTAPE 2 — CRÉER DES SLOGANS, DES PROVERBES, POUR LUTTER CONTRE L'ESPRIT INDIVIDUEL

DURÉE 20 minutes
ORGANISATION individuelle
MATÉRIEL • la fiche activité

1) LIRE LES CONSIGNES COLLECTIVEMENT.

CM1

Lire chaque étiquette proposée. Expliquer au besoin « se serrer les coudes » : cela signifie qu'on s'aide les uns les autres, qu'on se rassemble, notamment face à une difficulté, un problème. Faire rappeler également le sens de « égoïsme » : le fait de ne pas penser aux autres, ne pas les considérer, ne penser qu'à soi.

CM2

Demander à la classe de proposer à l'oral des exemples de slogans qui pourraient figurer sur les pancartes. Si les enfants peinent à trouver des idées, proposer de développer ensemble le champ lexical du collectif :

> **Quels mots vous font penser au collectif, au fait de ne pas penser chacun pour soi ?**
Laisser énumérer puis si nécessaire demander :

> **Quelles sont toutes les choses que l'on peut faire quand on est un groupe et que l'on a l'esprit collectif ?** *Se rassembler, s'unir, s'aider, se considérer les uns les autres, partager...*
À partir de là, les verbes pourront être transformés en noms (rassemblement, union, aide, considération...). Aux enfants d'inventer ensuite des slogans. En dernier recours, écrire « L'union fait la force » au tableau pour donner un exemple dont les enfants pourront s'inspirer.

6e

Rappeler au besoin ce qu'est un proverbe (formule qui dit une sorte de vérité sur la vie, qui donne une morale, comme une ligne de conduite à suivre). Demander aux élèves s'ils connaissent d'autres proverbes. Éventuellement, les noter au tableau pour constituer des formes modèles et des sources d'inspiration.

2) TRAVAIL INDIVIDUEL SUR LA FICHE.

ÉTAPE 3 — LECTURE DE SLOGANS (CM2/CM1) RÉFLEXION AUTOUR D'UN PROVERBE (6e)

DURÉE 20 minutes
ORGANISATION collective
MATÉRIEL • la fiche activité complétée

Les panneaux sont lus et validés (ou non) par la classe.

CM1

Il est peu probable que les enfants se soient trompés dans leur choix car les étiquettes sont sans ambigüité.

CM2

Faire discuter la classe si un slogan prête à confusion.

6e

Reprendre les questions une à une.

❶ Faire expliquer le sens de « L'union fait la force » et en donner des exemples qui seront discutés. Un enfant propose par exemple : *Quand on se met avec les copains, on est plus forts*. Mais l'enfant ne sait pas dire en quoi on est plus forts avec ses copains. Il a juste une vague idée mais ne peut pas expliquer. Cela ne suffit pas. Il faut pouvoir donner un exemple précis du proverbe. Par exemple, un enfant propose : *Si on se met tous ensemble, on est plus forts, par exemple pour se défendre contre une attaque.* On peut accepter ici.

❷ Les proverbes inventés sont discutés de la même manière. En expliquer collectivement le sens et voir en quoi ils vantent l'esprit collectif. Un enfant propose par exemple : *Ensemble, c'est mieux.* Demander :

> Qu'en pensez-vous ? Qu'est-ce qui est mieux ?

Laisser la classe échanger, le but étant que la classe prenne conscience des bienfaits, concrets, de l'esprit collectif.

❸ Ne pas juger des idées de chacun. Vérifier seulement qu'elles sont pertinentes.

ÉTAPE 4 SYNTHÉTISER

DURÉE 10 minutes
ORGANISATION collective
MATÉRIEL • le cahier ou autre support d'EMC

Collectivement, faire rassembler les idées de la séance pour synthétiser ce qui a été compris.

Exemple de résumé :

Le collectif, c'est ce qui relie les gens les uns aux autres, ce qui fait que nous sommes ensemble. C'est l'inverse de l'individuel.
Le collectif est aussi une force. Ensemble, on peut des choses que seul on ne parviendrait pas à réaliser.

C'EST QUOI LE COLLECTIF ?

« Les constructeurs », peinture de Fernand Léger

C'EST QUOI LE COLLECTIF ?

Si des enfants voulaient manifester contre *le chacun pour soi*, qu'écriraient-ils dans leurs banderoles ? Découpe et colle dans les pancartes ce que tu choisirais comme message parmi les propositions et inventes-en d'autres.

- TOUS ENSEMBLE !
- VIVE L'ÉGOÏSME !
- L'UNION FAIT LA FORCE
- RASSEMBLONS-NOUS !
- SERRONS-NOUS LES COUDES !
- VIVE L'ESPRIT COLLECTIF !
- LES UNS AVEC LES AUTRES
- MOI POUR MOI !
- UN POUR TOUS, TOUS POUR UN !
- MOI D'ABORD !

C'EST QUOI LE COLLECTIF ?

Si des enfants voulaient manifester contre *le chacun pour soi*, qu'écriraient-ils sur leurs banderoles ? Invente des slogans et écris-les dans les pancartes.

C'EST QUOI LE COLLECTIF ?

1 Voici un proverbe : « L'union fait la force. »
Comment comprends-tu ce proverbe ? Que signifie-t-il ? Donne un exemple.

....

....

....

....

....

....

....

....

2 À ton tour, invente des proverbes qui traduisent la même idée.

....

....

....

....

3 Quelle est, pour toi, la plus belle chose que l'on puisse réaliser ensemble ?

....

....

....

....

SÉANCE 2

Pourquoi être solidaires ?

L'ESSENTIEL À SAVOIR POUR L'ENSEIGNANT

Comme on l'a vu en introduction à la séance précédente, le fait que les hommes et les femmes soient des êtres sociaux, capables de vivre ensemble, le fait qu'ils forment un collectif, choisi ou non, les rend obligatoirement solidaires entre eux. Car personne ne peut satisfaire seul ses besoins. Chacun a besoin des autres. C'est le premier sens de la solidarité, comme on parle d'un élément solidaire des autres dans un mécanisme. C'est d'abord, on l'oublie trop souvent, une nécessité de vie collective, d'une interdépendance entre les personnes. Voilà ce qu'exprime la phrase de l'écrivain André Malraux précédemment citée : « Que m'importe ce qui n'importe qu'à moi ! »

Ce peut être aussi la camaraderie et le fait de s'aider au quotidien dans la vie de la classe ou au dehors. C'est un fondement des associations caritatives ou de développement.

Le fait de se sentir lié aux autres par un sentiment de solidarité peut également recouvrir plusieurs termes : la générosité, l'entraide, le réconfort. La solidarité, même avec des inconnus, procure un sentiment collectif très fort. Quand, pour un match de football Angleterre/France, le public du stade de Wembley chante (à Wembley !) *la Marseillaise* après les attentats commis à Paris le 13 novembre 2015, les supporters anglais font preuve d'une solidarité qui crée un sentiment collectif d'appartenance à des valeurs communes.

Le document utilisé dans cette séance est un texte qui a été écrit par un pasteur protestant allemand, Matin Niemöller, opposé au nazisme dans les années 1930. À la fin de la Seconde Guerre mondiale, il fait connaitre sa poésie au sein des mouvements pacifistes de l'après-guerre et notamment à l'occasion des premières commémorations de la destruction des juifs d'Europe. Ce texte traite de la persécution, de la culpabilité et de la responsabilité, individuelle et collective. Il a une valeur universelle qui échappe désormais largement aux seuls événements de la Seconde Guerre mondiale.

> *Dans un sens plus positif encore, la solidarité est l'action de personnes qui désirent s'entraider ou qui cherchent à développer ou à encourager une société meilleure, plus solidaire, moins égoïste.*

Ensemble, on est plus forts !

DÉROULEMENT DE LA SÉANCE

Thèmes du programme
- *L'engagement : agir individuellement et collectivement.*
- *Le jugement : penser par soi-même et avec les autres.*
- *La sensibilité : soi et les autres.*

Compétences, capacités, attendus
- *Distinguer son intérêt personnel de l'intérêt collectif.*
- *Se sentir membre d'une collectivité.*
- *Savoir participer et prendre sa place dans un groupe.*
- *Pouvoir expliquer ses choix et ses actes.*

ÉTAPE 1 LIRE ET ÉCHANGER AUTOUR DU TEXTE

DURÉE 20 minutes
ORGANISATION collective
MATÉRIEL • le poème « Quand ils sont venus » (p. 155) photocopié et/ou affiché

1) **FAIRE RAPPELER LE CONTENU DE LA SÉANCE PRÉCÉDENTE :** avoir un esprit collectif, c'est se rassembler pour « faire équipe », au sens plein.

2) **PRÉSENTER LE TEXTE,** écrit par un Allemand ayant vécu la Seconde Guerre mondiale.

3) **FAIRE LIRE LE TEXTE INDIVIDUELLEMENT.**

4) **DEMANDER AUX ENFANTS CE QU'ILS ONT COMPRIS DU TEXTE.**

> **Le narrateur répète « Quand ils sont venus chercher les communistes / les syndicalistes / les catholiques / les juifs ». De quoi parle-t-il ?**
Laisser les enfants proposer.

CM1
Il est fort possible que les enfants n'aient pas assez de connaissances pour pouvoir faire référence aux faits historiques dont il est question ici. Pour autant, ils peuvent très bien percevoir le sens global du texte et notamment le fait qu'une personne explique qu'elle n'a pas réagi.

CM2
Notamment si les élèves ont déjà abordé la Shoah en histoire, ils peuvent davantage comprendre les références aux faits historiques dont il est question ici. Dans tous les cas, expliquer aux enfants que ce texte évoque différents événements au cours desquels des personnes ont été persécutées et que, face à cela, un homme (ou une femme) dit n'avoir rien fait pour empêcher cela.

CM2 ET 6e
Détailler et expliquer dans le contexte du texte :
Les communistes : des personnes qui croyaient au communisme (qui est une pensée politique et sociale) et qui ont été emprisonnées pour ces idées (l'égalité pour tous, le partage de toutes les richesses...).

Les syndicalistes : des travailleurs, des ouvriers, qui voulaient défendre d'autres travailleurs à cause des conditions de travail difficiles et des salaires trop bas.
Les juifs : des personnes qui suivent la religion juive ou qui sont de famille juive. Elles ont été très durement persécutées par les nazis qui voulaient les exterminer pendant la Seconde Guerre mondiale.
Les catholiques : des personnes qui suivent la religion catholique et qui, au nom de leurs valeurs, se sont opposées à la dictature.
Demander alors :

> **Pourquoi le narrateur dit-il qu'il n'a rien fait contre l'arrestation de ces personnes ?**
Laisser répondre puis préciser qu'il n'a rien fait car il ne se sentait pas concerné. Il était différent : ni communiste, ni syndicaliste, ni catholique, ni juif, donc il a laissé faire.

> **Que pensez-vous de cela, d'une personne qui n'aide pas, qui ne fait rien, ne dit rien alors qu'elle voit devant elle des personnes subir les menaces, la violence et la mort ?**
Laisser les élèves s'exprimer puis dire qu'il s'agit d'une personne qui, au-delà de la peur, a considéré son propre intérêt avant tout, qu'elle n'a pas considéré l'intérêt collectif.

> **Comment cela s'appelle-t-il lorsque au contraire on pense aux autres et qu'on leur vient en aide ?**
Les enfants proposeront peut-être *l'esprit collectif*, et peut-être aussi *la solidarité*. Noter ce mot au tableau.

> **À quoi sert la solidarité ?**
Laisser les enfants répondre. Ils paraphraseront sans doute en répondant que cela sert à aider les autres.

> **Quel est l'intérêt d'aider les autres ?**
Laisser répondre et conclure.

Aider les autres est d'abord un devoir moral. On ne peut pas assister à de la souffrance, à de la misère, à de l'exclusion, à de l'injustice… sans réagir.

Aider les autres, c'est aussi une manière de faire aux autres ce qu'on aimerait qu'ils fassent pour nous en retour. C'est un échange. Tout le monde doit s'y mettre.

5) REVENIR AU TEXTE et montrer justement comment le narrateur s'est fait piéger lui-même.

> **Comment finit le narrateur dans le texte ? Lui qui n'avait fait preuve d'aucune solidarité, que lui arrive-t-il finalement ?**
Faire réfléchir et voir avec la classe que le narrateur se retrouve seul au moment où à son tour il aurait besoin d'aide et que plus personne n'est là pour l'aider.

ÉTAPE 2 EXPRIMER SON ENGAGEMENT POUR L'INTÉRÊT COLLECTIF

DURÉE 20 minutes
ORGANISATION individuelle
MATÉRIEL • la fiche activité

1) LIRE LES CONSIGNES COLLECTIVEMENT.

CM1

Faire remarquer en le lisant que le texte a été modifié par l'ajout de « même si ». Autrement dit, les élèves doivent bien comprendre qu'il s'agit d'écrire un texte « inversé », détourné.

CM2

Faire observer qu'une partie du texte original a été supprimée (« je n'ai rien dit ») ; demander par quoi on peut remplacer l'action de dire ou de protester : *réagir, s'opposer, refuser, protéger...*

6e

Faire remarquer qu'on ne sait plus qui « ils sont venus chercher » : aux enfants de l'imaginer. Rappeler qu'à chaque fois il s'agissait, dans le texte d'origine, de personnes menacées, attaquées, qui auraient eu besoin d'aide. Faire donner des exemples de personnes que l'on pourrait mettre ici (les sans-papiers, les SDF, les manifestants...). Aider en précisant qu'il s'agit de toute personne pouvant être potentiellement « inquiétée » et à laquelle on pourrait tendre la main.
Demander par quoi on peut remplacer l'action de dire ou de protester : *réagir, s'opposer, refuser, protéger...*

2) TRAVAIL INDIVIDUEL SUR LA FICHE.

ÉTAPE 3 LECTURE DES TEXTES

DURÉE 20 minutes
ORGANISATION collective
MATÉRIEL • fiche activité complétée

CM1 ET CM2

Faire lire les textes complétés par les volontaires. À chaque fois, demander à la classe ce qu'elle pense du choix des actes imaginés. Exemple : un enfant a écrit *Quand ils sont venus chercher les catholiques, j'ai dit : Arrêtez ! Laissez-les !*

> Que pensez-vous de cette réaction ?
Insister sur le fait que celle-ci marque une prise de position, une solidarité, une considération de l'autre, un intérêt collectif...

6e

Faire lire les textes et vérifier collectivement la pertinence du choix des personnes ainsi que la pertinence de la réaction.

ÉTAPE 4 SYNTHÉTISER

DURÉE 15 minutes
ORGANISATION collective
MATÉRIEL • le cahier ou autre support d'EMC

Collectivement, faire rassembler les idées de la séance pour synthétiser ce qui a été compris.

Exemple de résumé :

En vivant en société, on ne vit pas seul, mais en collectivité. Et cela nous oblige à considérer les autres, leur présence, leurs différences, leur avis, leurs points de vue.
La solidarité, c'est se sentir concerné par ce qui arrive aux autres. C'est se sentir atteint quand les autres sont victimes.
C'est aussi avoir une pensée collective, au lieu de ne penser qu'à ses intérêts personnels.

POURQUOI ÊTRE SOLIDAIRES ?

Quand ils sont venus chercher les communistes,
Je n'ai rien dit,
Je n'étais pas communiste.
Quand ils sont venus chercher les syndicalistes,
Je n'ai rien dit,
Je n'étais pas syndicaliste.
Quand ils sont venus chercher les juifs,
Je n'ai pas protesté,
Je n'étais pas juif.
Quand ils sont venus chercher les catholiques,
Je n'ai pas protesté,
Je n'étais pas catholique.
Puis ils sont venus me chercher,
Et il ne restait personne pour protester.

Martin Niemöller (1946)
DR

Quand ils sont venus chercher les communistes,
Je n'ai rien dit,
Je n'étais pas communiste.
Quand ils sont venus chercher les syndicalistes,
Je n'ai rien dit,
Je n'étais pas syndicaliste.
Quand ils sont venus chercher les juifs,
Je n'ai pas protesté,
Je n'étais pas juif.
Quand ils sont venus chercher les catholiques,
Je n'ai pas protesté,
Je n'étais pas catholique.
Puis ils sont venus me chercher,
Et il ne restait personne pour protester.

Martin Niemöller (1946)
DR

POURQUOI ÊTRE SOLIDAIRES ?

Complète ce texte pour qu'il exprime la solidarité et l'intérêt collectif.

Quand ils sont venus chercher les communistes,

J'ai ....

Même si je n'étais pas communiste.

Quand ils sont venus chercher les syndicalistes,

J'ai ....

Même si je n'étais pas syndicaliste.

Quand ils sont venus chercher les juifs,

J'ai ....

Même si je n'étais pas juif.

Quand ils sont venus chercher les catholiques,

J'ai ....

Même si je n'étais pas catholique.

Puis ils sont venus me chercher,

Et ....

....

POURQUOI ÊTRE SOLIDAIRES ?

Qu'aurais-tu fais, toi ? Et que se serait-il passé finalement ? Écris.

Quand ils sont venus chercher les communistes,

....

....

Quand ils sont venus chercher les syndicalistes,

....

....

Quand ils sont venus chercher les juifs,

....

....

Quand ils sont venus chercher les catholiques,

....

....

Puis ils sont venus me chercher,

....

....

POURQUOI ÊTRE SOLIDAIRES ?

Donne un titre à ce texte et complète-le à ta façon, en exprimant la solidarité.

....

Quand ils sont venus chercher ....,

J'ai ....

Quand ils sont venus chercher ....,

J'ai ....

Quand ils sont venus chercher ....,

J'ai ....

Quand ils sont venus chercher ....,

J'ai ....

Puis...

....

SÉANCE 1

Comment être responsable dans la rue ?

L'ESSENTIEL À SAVOIR POUR L'ENSEIGNANT

Les objectifs du programme sont clairs : il s'agit de faire découvrir dès l'école élémentaire que la route représente un danger et qu'il faut apprendre à la partager. L'enjeu est de devenir responsable, citoyen dans son comportement quotidien dans la rue.

> *Il faut donc acquérir des comportements qui permettent de se protéger des dangers de la circulation et de tenir compte des autres usagers de la route, de la rue.*

Les objectifs d'une éducation à la sécurité routière à l'école primaire sont nombreux. Les activités autour de ces sujets relèvent d'objectifs de savoirs, notamment tout ce qui touche aux connaissances des règles de circulation et de sécurité. Mais également de savoir-faire comme anticiper, traiter l'information, mener en parallèle plusieurs actions.

À chaque âge se développe un rapport à la rue, à l'espace public, avec une conscience variable du danger.

Il est des sujets difficiles à évoquer en classe mais nécessaires. Celui du nombre d'enfants tués sur la route en fait partie. Celui-ci est élevé à l'âge de 3 ans, de 7 ans et de 11 ans. En 2014, 112 enfants de moins de 15 ans sont morts sur la voirie, quand 5 530 étaient blessés, dont plus de mille grièvement.

Tous ces objectifs sont à l'œuvre dans l'APER, un certificat délivré à la fin du CM2, et défini par la circulaire n° 2002-229 du 25 octobre 2002 relative à la « mise en œuvre d'une attestation de première éducation à la route (APER) dans les écoles maternelles et élémentaires ». Ce certificat valide l'acquisition de règles et de comportements liés à l'usage de la rue et de la route et à la connaissance de leur justification. Les fondamentaux sont abordés et notamment tout ce qui relève des règles de sécurité.

L'éducation à la sécurité routière, pour prendre tout son sens, ne saurait concerner le seul espace scolaire. Le conseil d'école constitue un lieu privilégié de sensibilisation et de réflexion de la communauté éducative toute entière aux finalités qu'elle poursuit. Il convient d'associer l'ensemble des parents à l'utilisation de l'outil Attestation de première éducation à la route pour que, au-delà de la seule validation scolaire, l'enfant soit à même d'avoir des comportements adaptés à la diversité des contextes rencontrés, dans le respect des règles du Code de la route.

Pour un enfant, faire attention à la route est essentiel et c'est également un signe de responsabilité. Faire attention aux autres – à la sortie de l'école ou lors de déplacements scolaires ou extrascolaires – l'est encore autant. C'est ce sentiment de solidarité partagée qui doit être pensé en classe.

DÉROULEMENT DE LA SÉANCE

Thèmes du programme
- *L'engagement : agir individuellement et collectivement.*

Compétences, capacités, attendus
- *Prendre des initiatives.*
- *S'engager et assumer des responsabilités.*
- *Prendre en charge des aspects de la vie collective.*

ÉTAPE 1 — ÉCHANGER AUTOUR DE LA SÉCURITÉ ROUTIÈRE

DURÉE 20 minutes
ORGANISATION collective
MATÉRIEL • la une du journal *Mon Quotidien* affichée et/ou photocopiée

1) LAISSER LES ÉLÈVES DÉCOUVRIR LA UNE DE MON *QUOTIDIEN.*

2) DEMANDER QUEL EST LE MESSAGE adressé aux écoliers : *être prudents sur le chemin de l'école.*

> Que signifie « être prudent » ? Qu'est-ce que la prudence ?
Laisser les enfants répondre. Faire énumérer les attitudes qui vont dans le sens de la prudence : *ne pas traverser n'importe comment, faire attention aux véhicules...*
Élargir la question aux conducteurs de vélos, pour ne pas évoquer que le cas des piétons.

> Qui a un vélo ? Comment être prudent à vélo quand on circule sur la route ?
Laisser répondre puis, outre *le port du casque*, laisser évoquer *la régulation de la vitesse, la vigilance aux panneaux de signalisation, la priorité à droite, le respect des feux et des panneaux stop...*
Enfin, terminer en demandant :

> Sans prudence, que peut-il se passer ?
Laisser réagir puis préciser que plus on est prudent, moins on risque de choses graves pour soi mais aussi pour les autres. Être prudent c'est se protéger, éviter de se mettre en danger et ne pas faire courir de danger aux autres.
Nommer les dangers – accidents, se faire renverser, renverser quelqu'un (si on est à vélo)... – et les conséquences : être blessé, devenir handicapé, voire mourir. Car c'est bien cela qu'il faut réaliser en terme de sécurité routière : ce à quoi on s'expose si l'on n'est pas responsable. L'éducation à la sécurité routière n'est pas une récitation d'interdits/obligations, c'est une prise de conscience de ce qui peut arriver, réellement.

ÉTAPE 2 — CRÉATION D'AFFICHES POUR APPELER À LA PRUDENCE ET À LA RESPONSABILITÉ (CM1)

RÉÉCRITURE DE L'HISTOIRE (CM2)

DURÉE 20 minutes
ORGANISATION en binômes
MATÉRIEL • la fiche activité

1) EXPLIQUER LES CONSIGNES COLLECTIVEMENT.

CM1

Expliquer qu'il s'agit de réaliser une affiche rassemblant les attitudes à éviter ou au contraire à développer pour assurer sa sécurité et ne pas porter atteinte à autrui.
Ces attitudes seront écrites de façon impérative. Par exemple, pour l'image de l'enfant à vélo sans

casque, les élèves peuvent écrire : *Ne roule pas sans casque !* Pour l'image du feu tricolore : *Regarde toujours le feu !* Etc.

> Quel genre de slogan pourriez-vous proposer pour inciter à la prudence, pour sensibiliser au sujet de la sécurité routière ?

Laisser proposer puis donner des pistes si besoin : on peut partir de la sécurité (*La sécurité, tout le monde est concerné*), réfléchir aux conséquences de l'imprudence sur la route (*Mieux vaut arriver en retard que ne jamais arriver*), réfléchir autour de la responsabilité (*Soyons responsable dans la rue !*), partir du Code de la route (*Respecte le code où tu risquerais d'avoir des ennuis !*)...

CM2

Expliquer qu'il s'agit de réécrire l'histoire de chacun de ces imprudents afin que tout se passe bien. Autrement dit : repartir du début et modifier leur comportement afin de les mettre en sécurité. Ce sont les vignettes qui auront été barrées qui seront à réinventer. Au besoin, procéder à une lecture d'images avant de faire démarrer l'exercice individuellement, afin que les élèves comprennent bien et oralisent clairement les situations et leurs conséquences (hôpital, paralysie, blessures...).

Donner un exemple d'histoire réécrite : *Un homme sort de chez lui en courant. Il sait qu'il va être en retard.* Préciser que c'est justement à ce moment-là qu'il faut changer son attitude : *Pourtant, il fait attention lorsqu'il franchit la rue et il traverse sur un passage piéton. Il arrive en retard à son rendez-vous. Mais il arrive sain et sauf.*

2) TRAVAIL EN BINÔME SUR LA FICHE.

ÉTAPE 3 — ÉCHANGER AUTOUR DES PRODUCTIONS AFFICHÉES

DURÉE 20 minutes
ORGANISATION collective
MATÉRIEL • la fiche activité complétée

CM1

Laisser la classe observer et lire les affiches réalisées par les élèves. Reprendre les cases une à une afin de vérifier le choix de la bonne obligation ou interdiction ou du bon conseil. Discuter si besoin. Faire échanger sur la pertinence et l'efficacité des slogans.

> Pensez-vous que cela puisse mobiliser les gens ? Le message est-il efficace ? clair ?

CM2

Vérifier que les vignettes barrées sont les bonnes.
Faire lire les histoires réécrites et vérifier collectivement que la mauvaise attitude a été remplacée par une attitude de prudence et que tout se termine bien.

ÉTAPE 4 — SYNTHÉTISER

DURÉE 15 minutes
ORGANISATION collective
MATÉRIEL • le cahier ou autre support d'EMC

Collectivement, faire rassembler les idées de la séance pour synthétiser ce qui a été compris.

Exemple de résumé :

> ***Être responsable dans la rue, c'est engager sa sécurité et celle des autres. C'est être vigilant afin de ne pas mettre en danger sa propre personne ou celle des autres.***

COMMENT ÊTRE RESPONSABLE DANS LA RUE ?

UNIQUEMENT PAR ABONNEMENT

vendredi
4 septembre 2015

n° 5674

LA VIE DE LA RÉDACTION : QUOTILLON ET LE CHEF...

QUOTILLON ! LÈVE-TOI DE CETTE CHAISE ! VA TRAVAILLER, FAINÉANT !

JE SUIS EN REPORTAGE LA SEMAINE PROCHAINE... J'APPRENDS À QUOTILLON À SE CRIER DESSUS TOUT SEUL...

{ IL Y A 145 ANS }

La France redevenait une république. Elle l'avait déjà été 2 fois (1792-1804 et 1848-1852). Une république est un pays dirigé par des chefs élus. Depuis 1870, la France est restée une république.

Lever du Soleil : **7 h 12** | Coucher du Soleil : **20 h 26**

LA MÉTÉO DE **DEMAIN**

PLAY BAC PRESSE FÊTE SES 20 ans 1995-2015

Mon Quotidien

ISSN 1258 - 6447

On en apprend tous les jours !

Version iPad, iPod touch et iPhone disponible dès 20 h la veille pour nos abonnés

Pour les 10-14 ans : 10 minutes de lecture chaque jour - 0,52 euro — www.monquotidien.fr

Rentrée

Sois prudent sur le chemin de l'école

© Corbis

HISTOIRE

Mort le 1er septembre 1715, Louis XIV (14) n'a été enterré que 53 jours plus tard. Explications.

p. 5

90 %

des oiseaux marins dans le monde ont des morceaux de plastique dans l'estomac.

Source : PNAS

Bientôt :

Pour écrire au rédacteur en chef : f.dufour@playbac.fr

Mon Quotidien pour les 10-14 ans : 10 minutes de lecture chaque jour : www.monquotidien.fr

Mon Quotidien, n° 5674 du 4 septembre 2015.

COMMENT ÊTRE RESPONSABLE DANS LA RUE ?

Écris une interdiction, un conseil ou une obligation sous chaque image puis invente un slogan pour inciter à la prudence.

Colorie ton affiche.

		 ....
		 ....
	**UN SLOGAN**	 ....
		 ....

COMMENT ÊTRE RESPONSABLE DANS LA RUE ?

1 Dans chaque histoire, barre les images qui traduisent un manque de prudence.

L'histoire des 3 imprudents

Histoire 1

Histoire 2

Histoire 3

2 Récris l'histoire de ces personnages en en faisant des personnages prudents afin qu'il ne leur arrive rien de mal ni qu'ils mettent en danger les autres.

Histoire 1 :

....

....

....

Histoire 2 :

....

....

....

Histoire 3 :

....

....

....

SÉANCE 2
Comment porter secours ?

L'ESSENTIEL À SAVOIR POUR L'ENSEIGNANT

Dans les livres de morale de la IIIe République, les pages consacrées au courage étaient très souvent l'objet de récit mettant en scène un élève déjà assez grand qui porte secours à un élève plus petit que lui – que celui-ci soit emporté par le courant d'une rivière ou retenu par les flammes dans l'école ou sa maison. Cette dimension morale du courage trouve une inscription très citoyenne aujourd'hui, avec la mise en place, par l'institution scolaire, de toute une série de dispositifs affichant « la volonté de développer chez les élèves des comportements citoyens, des initiatives et des démarches de solidarité, des savoirs et des savoir-faire leur permettant de réagir efficacement, face à des situations d'incidents ou d'accidents de santé, à partir de leurs apprentissages scolaires » (voir la page Eduscol consacrée à la formation au premier secours en milieu scolaire).
Ce que l'on sait moins, ou pas toujours, c'est que ce souci de l'autre, par le fait de porter secours, est prévu par la loi. C'est pourquoi la maîtrise des compétences de l'APS (Attestation pour porter secours) est mentionnée dans le livret personnel de compétences.
Il s'agit d'enseigner plusieurs dimensions. La première est liée au fait de **s'impliquer dans la sécurité collective**, de se sentir responsable collectivement. Il s'agit encore d'**acquérir les bons réflexes** pour pouvoir décrire clairement la situation de danger ressentie ou l'état d'une personne (est-elle consciente, inconsciente, quel est l'état de sa respiration, etc.). En se sentant responsable, on découvre le moyen de pouvoir rassurer les victimes, et aussi de trouver la bonne personne et le bon numéro de téléphone pour joindre qui peut, au plus vite et le plus efficacement, apporter le secours nécessaire.

Par les lois du 9 aout 2004 sur la politique de santé publique et celle du 13 aout 2004 pour moderniser la sécurité civile – les deux étant accompagnées du décret d'application du 11 janvier 2006 relatif à la sensibilisation à la prévention des risques, aux missions des services de secours, à la formation aux premiers secours et à l'enseignement des règles générales de sécurité –, le ministère de l'Éducation nationale est désormais obligé d'introduire dans les enseignements un apprentissage des gestes de premiers secours.

Les compétences sont contenues dans ces quatre termes : prévenir, protéger, alerter, intervenir.

Qui n'a jamais rêvé, un jour, de porter secours ?

Les éléments premiers du Code de la route trouvent leur place au cycle 3 avec la notion de panneaux, l'attention portée aux vélos et aux piétons, à hauteur des élèves eux-mêmes, afin qu'ils puissent à la fois en comprendre le sens et développer une capacité à l'attention devant les dangers potentiels.

Ce qui dans les livres d'éducation morale de la IIIe République s'appelait « le sens du dévouement », « le sens du courage », « l'altruisme », trouve une autre formulation aujourd'hui, plus citoyenne, comme en témoigne cette circulaire de mai 2006 : « développer des comportements civiques et solidaires, le sens de la responsabilité individuelle et collective, à partir de situations concrètes et intelligibles ». Le sens est le même : c'est celui de la solidarité et de l'attention aux autres, aux situations qui nous entourent. C'est aussi la volonté de développer la responsabilité de chacun des élèves déjà grands, et de favoriser une prise de conscience du rôle que chacun peut et doit jouer dans des situations de dangers.

DÉROULEMENT DE LA SÉANCE

Thèmes du programme
• *L'engagement : agir individuellement et collectivement.*

Compétences, capacités, attendus
• *Prendre des initiatives.*
• *S'engager et assumer des responsabilités.*
• *Prendre en charge des aspects de la vie collective.*

ÉTAPE 1 LIRE ET COMPRENDRE LA FABLE

DURÉE 20 minutes
ORGANISATION collective
MATÉRIEL • la fable « La Colombe et la Fourmi » (p. 170) photocopié et/ou affichée

1) PRÉSENTER L'AUTEUR DE LA FABLE.
Jean de La Fontaine est un fabuliste célèbre du XVIIe siècle. En créant des récits avec des animaux comme personnages, il entend porter un regard sur la société et les hommes.

2) FAIRE LIRE LA FABLE INDIVIDUELLEMENT PUIS COLLECTIVEMENT.

3) DEMANDER AUX ENFANTS CE QU'ILS EN ONT COMPRIS. Le langage est complexe et les élèves ne comprendront sans doute pas tout et pourront trouver le texte ardu. L'essentiel à comprendre est l'idée de secours, et la réciprocité de ce secours.

> Que se passe-t-il entre la Colombe et la Fourmi ?
Laisser répondre puis voir que l'une et l'autre se portent secours. La Colombe la première puis la Fourmi en retour.

> Comment se portent-elles secours l'une à l'autre ?
Laisser détailler puis voir que la Colombe sauve la Fourmi de la noyade en lançant un brin d'herbe lui permettant de sortir de l'eau, tandis que la Fourmi pique au talon le Croquant qui était prêt à tirer avec son arbalète sur la Colombe.

> Que pensez-vous de cela ? Du fait de porter secours à quelqu'un ?
Laisser répondre et aller au-delà du « bah, c'est bien ».

> Pourquoi est-ce une bonne action ?
Laisser répondre et voir que ne pas intervenir face à quelqu'un en danger est une forme de lâcheté.

Au contraire, intervenir témoigne d'une forme de solidarité, d'altruisme.
Élargir la question à la vie quotidienne :

> Dans quels genres de situations peut-on être amené à porter secours ?
Laisser énumérer puis voir ensemble que cela peut arriver à la maison (dangers domestiques), dans la rue (accidents, incidents...), dans la cour (chutes, chocs...). Dans tous les cas, demander :

> De quelle manière peut-on porter secours ? Comment s'y prendre ?
Les enfants peuvent faire part de réponses très diverses comme : *on va chercher de l'aide, on ne panique pas, on appelle les pompiers, l'ambulance*... Rassembler ces idées et expliquer que porter secours n'est pas toujours simple et qu'il y a quelques principes de base à connaitre :

- Tout d'abord éviter de se mettre soi-même en danger, avoir conscience des risques.
- Pouvoir alerter les services adaptés. Demander aux élèves de rappeler les numéros à connaitre et les noter au tableau (15 : le Samu, 18 : les pompiers, 112 : numéro européen multisecours). Plus simplement, on peut appeler au secours en criant.
- Pouvoir rassurer la victime, et, plus difficile, apprécier et rendre compte au service concerné de son état : est-elle consciente ? quelle est sa respiration ? Il faut pouvoir dégager ses voies aériennes pour aider à respirer.
- Ne pas bouger une personne accidentée si l'on ne sait pas évaluer le traumatisme et que l'on n'en connaît pas l'origine.

Dans tous les cas, faire preuve de responsabilité, de bon sens (appuyer par exemple sur une plaie qui saigne), et garder son calme tant qu'on peut.
Demander aux enfants comment tout cela leur semble (*impossible à gérer, compliqué, compréhensible*...). Rassurer en disant que dans l'urgence chacun fait comme il peut. Le tout étant de faire, et au mieux.

ÉTAPE 2 PROPOSER DES MESURES DE SECOURS

DURÉE 20 minutes
ORGANISATION individuelle
MATÉRIEL • la fiche activité

1) LIRE LES CONSIGNES INDIVIDUELLEMENT.

CM1

Préciser le sens de « hémorragie » : un saignement vif et continu, ininterrompu.
Préciser que les trois dernières propositions seront écrites à partir de verbes à l'infinitif, comme dans les propositions faites au-dessus.

CM2

Organisation : Soit les élèves ont déjà appris les gestes de secours et ils effectuent le travail sur la fiche activité individuellement. Soit il ne les ont pas encore appris et la fiche activité est effectuée collectivement.
❶ Préciser qu'il faut d'abord, en un mot, identifier la situation (brulure, saignement, étouffement, état d'inconscience) puis décrire les gestes de secours appropriés en une ou deux phrases. Cette description peut se faire à la forme impérative : *dégager les voies aériennes, comprimer la plaie*...

2) TRAVAIL INDIVIDUEL SUR LA FICHE.

ÉTAPE 3 ÉCHANGER ET RÉFLÉCHIR AUX FAÇONS DE SECOURIR

DURÉE 20 minutes
ORGANISATION collective
MATÉRIEL • la fiche activité complétée

CM1

❶ Reprendre chaque proposition et demander pourquoi elle a été cochée ou pas. Montrer ce qu'apporte chaque attitude.

❷ Reprendre les propositions une à une et les valider ou non. L'essentiel est que les enfants distinguent les attitudes qui « aident » des attitudes qui peuvent « aggraver ». Par exemple, demander aux enfants en quoi « m'agiter dans tous les sens » est néfaste. Au contraire, expliquer en quoi les attitudes attendues et recommandées apportent une aide véritable face à la situation.

Alerter les secours et *Appeler des gens alentour si je ne peux pas appeler moi-même les secours*. ➔ Bien voir avec la classe que si l'on n'appelle personne, le sort de la personne blessée ne fera que s'aggraver.

Rester calme. ➔ L'excitation et la panique ne servent à rien et cela entraine des bêtises ou des actes contraires à ce qui serait nécessaire.

Essayer d'évaluer dans quel état se trouve la personne et *Vérifier la respiration.* ➔ Cela permet de renseigner les secours qui pourront mieux évaluer l'urgence de la situation ou la gravité de l'accident.

Mettre du froid sur une brulure, Appuyer sur une hémorragie si je peux et *Dégager tout ce qui pourrait empêcher de respirer.* ➔ Sans être médecin, ce sont les gestes de base qui permettent de soulager le blessé et le faire patienter.

Ne pas me mettre en danger moi-même. ➔ En portant secours, il ne s'agit pas de se mettre en danger soi-même. Rester prudent est la meilleure manière d'aider dans une situation critique et surtout de ne pas alourdir la tâche des sauveteurs.

❸ Faire lire et discuter la pertinence des trois dernières propositions en demandant à chaque fois :

> Est-ce une bonne idée ? Qu'est-ce que cela apporte ?

CM2

❶ Chaque situation est reprise une à une : identification du problème, description des gestes de secours.

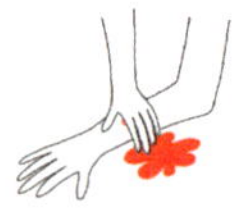

Brulure
Geste approprié : *mettre la brulure sous l'eau froide ou au contact de froid*.

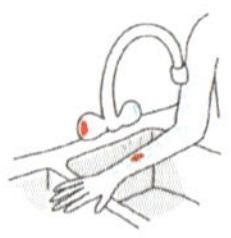

Saignement / hémorragie (plaie)
Laisser les enfants décrire le geste puis préciser qu'en cas de saignement, il faut *arrêter l'hémorragie en comprimant directement l'endroit qui saigne* (à la main si l'on a pas d'autre moyen).
Préciser que s'il y a présence d'un corps étranger dans la plaie, il ne faut pas effectuer de compression et il ne faut surtout pas le retirer !

Étouffement
Laisser les enfants décrire le geste puis expliquer que dans le cas d'une obstruction totale, la victime ne respire plus et est cyanosée (sa peau devient bleue à cause de l'asphyxie). Il faut alors :
1) administrer 5 claques vigoureuses dans le dos de la victime ;
2) si aucun résultat n'est constaté, effectuer la méthode de HEIMLICH (illustrée sur la fiche) ;
3) si cela ne suffit pas, donner à nouveau 5 claques dans le dos et ainsi de suite.

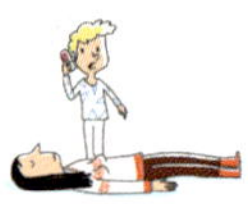

Personne inconsciente
Une personne inconsciente ne répond pas aux questions qu'on lui pose et ne réagit pas aux stimulations. Pour évaluer l'état de conscience d'une victime, on demande : « Comment ça va ? Vous m'entendez ? Ouvrez les yeux, serrez-moi la main ! »

Si la victime ne réagit pas, on vérifie sa respiration.
Si elle respire, on la place en position latérale de sécurité (PLS). L'objectif de la PLS est d'assurer la liberté des voies aériennes (pour favoriser la respiration) et d'éviter le risque d'inhalation (vomissement dans les poumons). En attendant les secours, on surveille la respiration de la victime.
Préciser enfin que tous ces gestes permettent de réagir en attendant les secours. Car il s'agit non seulement d'essayer de secourir avec des gestes adaptés mais surtout d'alerter.
❷ Faire rappeler le numéro d'urgence à appeler (112). Puis laisser les enfants proposer leurs réponses et détailler :
– donner un numéro de téléphone ;
– dire qui on est ;
– fournir une adresse la plus précise possible (indiquer des repères géographiques si on ne sait pas où on est) ;
– indiquer le nombre de victimes et leur état (conscient ou inconscient, l'âge approximatif des victimes, les circonstances, les éventuels risques) ;
La précision du bilan permet d'envoyer le plus rapidement possible les secours les mieux adaptés à la situation (pompiers, ambulanciers, équipe de SAMU).

ÉTAPE 4 SYNTHÉTISER

DURÉE 15 minutes
ORGANISATION collective
MATÉRIEL • le cahier ou autre support d'EMC

Collectivement, faire rassembler les idées de la séance pour synthétiser ce qui a été compris.

Exemple de résumé :

En matière de sécurité, nous devons être responsables envers nous-mêmes, par la prudence et l'attention que nous devons avoir, que ce soit dans la rue ou à la maison.
Il s'agit aussi de se sentir responsable et prudent envers les autres, ne pas hésiter à s'engager en portant secours en cas de danger, en respectant les règles de prudence nécessaires et en appelant de l'aide.

COMMENT PORTER SECOURS ?

La Colombe et la Fourmi

Le long d'un clair ruisseau buvait une Colombe,
Quand sur l'eau se penchant une Fourmi y tombe ;
Et dans cet océan l'on eût vu la Fourmi
S'efforcer, mais en vain, de regagner la rive.
La Colombe aussitôt usa de charité ;
Un brin d'herbe dans l'eau par elle étant jeté,
Ce fut un promontoire où la Fourmi arrive.
Elle se sauve ; et là-dessus
Passe un certain Croquant qui marchait les pieds nus.
Ce Croquant par hasard avait une arbalète.
Dès qu'il voit l'Oiseau de Vénus,
Il le croit en son pot, et déjà lui fait fête.
Tandis qu'à le tuer mon villageois s'apprête,
La Fourmi le pique au talon.
Le Vilain retourne la tête.
La Colombe l'entend, part, et tire de long.
Le soupé du Croquant avec elle s'envole :
Point de Pigeon pour une obole.

Jean de La Fontaine

COMMENT PORTER SECOURS ?

1 Porter secours... pas facile ! Il faut savoir faire preuve de... (entoure les réponses qui conviennent).

courage • bon sens • agitation • calme • sérieux
rigolade • prudence • lâcheté • précipitation

2 Imagine que tu sois en situation de porter secours à quelqu'un. Que dois-tu faire ? Coche les attitudes importantes à avoir parmi ces propositions.

❏ M'agiter dans tous les sens.
❏ Alerter les secours.
❏ Pleurer et hurler.
❏ Rester calme.
❏ Appeler des gens alentour si je ne peux pas appeler moi-même les secours.
❏ Essayer d'évaluer dans quel état se trouve la personne.
❏ Transporter le blessé.
❏ Mettre du froid sur une brulure.
❏ Appuyer sur une hémorragie si je peux.
❏ Vérifier la respiration.
❏ Ne pas bouger et attendre que quelqu'un réagisse.
❏ Ne pas me mettre en danger moi-même.
❏ Dégager tout ce qui pourrait empêcher de respirer.

3 Propose à ton tour trois autres comportements importants à avoir.

....

....

....

COMMENT PORTER SECOURS ?

❶ **Identifie et nomme chaque situation, puis décris les gestes de secours appropriés.**

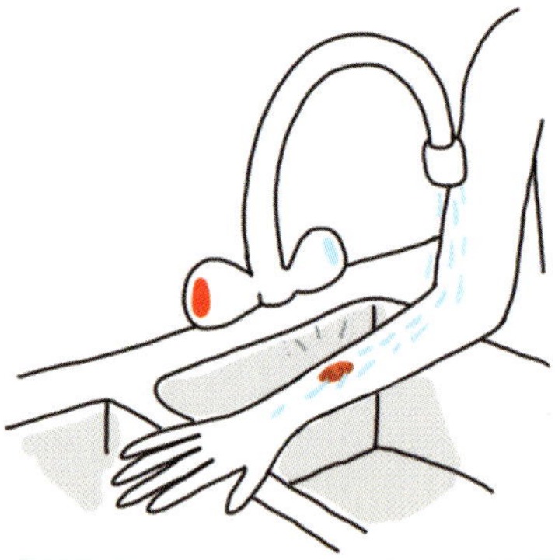

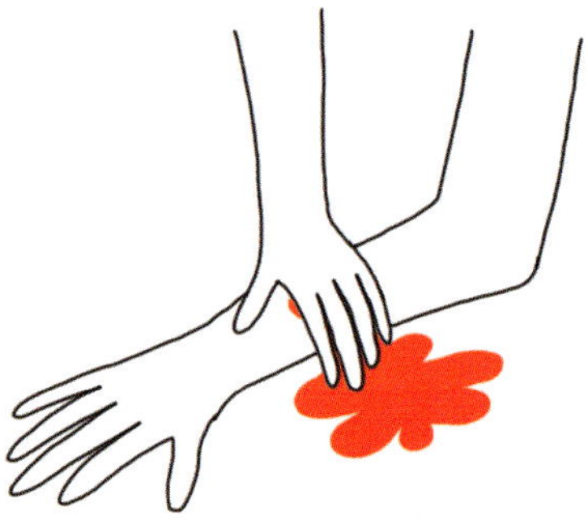

....

....

....

....

....

....

❷ **Quelles informations dois-tu donner quand tu appelles les secours ?**

....

....

....

....

THÈME 3
MOI EN SOCIÉTÉ

SÉANCE 1

Pourquoi les règles ?

L'ESSENTIEL À SAVOIR POUR L'ENSEIGNANT

La règle apparait souvent comme une contrainte, les règlements comme des entraves à la liberté. Par définition, la loi ou la règle m'empêche de faire ce que je veux, au moment où je le veux. En cela, les règles viennent borner ma liberté. Le mot lui-même vient du latin *regula*, qui signifie l'outil de base de l'écolier, dans l'imagerie populaire : la règle qui sert à faire un trait droit. De là à dire que la règle est ce qui permet d'avoir une ligne de conduite droite, ou de « marcher droit », il n'y a qu'un pas.

La règle est fixée par un groupe, une société, un État et permet et/ou oblige chacun à s'y conformer. La règle est faite de droits et de devoirs, mais aussi de principes et de valeurs.

Pourtant, **les règles permettent aussi de garantir nos libertés et nos droits**. Sans droit, la liberté est impossible et une société sans règles serait livrée à l'anarchie et au chaos. Aux États-Unis, dans les années 1950-60, des écoles avaient expérimenté un système d'autorégulation par les élèves. Le résultat témoignait des difficultés à bien vivre ensemble et de l'imposition de la loi du plus fort à chaque moment de l'expérimentation. Au détriment bien sûr de ceux qui parlent moins, s'imposent moins et subissent le plus.

Dès lors, la loi, ce que les Grecs appelaient *nomos*, me permet d'évoluer dans **une société dont je connais les règles, pour mieux être autonome,** pour mieux savoir ce que je peux faire ou ne pas faire, et aussi pour décider d'avoir à changer les règles, et à m'en donner les moyens, si je pense que les règles doivent évoluer.

Dans un espace scolaire où les lois sont pensées avec les élèves, comme le voulait Freinet et d'autres pédagogues, sous le contrôle et avec l'aide des adultes, le taux de transgression à la règle est infiniment plus faible que dans les écoles où la règle sans discussion s'affiche et s'impose.

© DR

Un affichage du règlement intérieur dans une école de la IIIe République.

DÉROULEMENT DE LA SÉANCE

Thèmes du programme

- *Le droit et la règle : des principes pour vivre avec les autres.*
- *La sensibilité : soi et les autres.*

Compétences, capacités, attendus

- *Comprendre les raisons de l'obéissance aux règles.*
- *Se sentir membre d'une collectivité.*

ÉTAPE 1 LIRE ET ÉCHANGER AUTOUR DES PAROLES DE BRAHIM ASLOUM

DURÉE 15-20 minutes
ORGANISATION collective
MATÉRIEL • le texte « Moi, le seul endroit où je boxe… » (p. 170) photocopié et/ou affiché

1) PRÉSENTER BRAHIM ASLOUM : Brahim Asloum est un boxeur et acteur français né en 1979. Il a été champion olympique de boxe à Sydney en 2000 et champion du monde WBA en décembre 2007.

2) FAIRE LIRE LE TEXTE COLLECTIVEMENT PUIS INDIVIDUELLEMENT.

3) ÉCHANGER SUR LE SENS DU TEXTE.

> De quoi parle Brahim Asloum ? Quel message veut-il faire passer ?

• Les enfants peuvent évoquer ***le respect***. Demander alors :

> Que dit-il du respect ?
Il dit que c'est en respectant les autres que l'on est respecté et que l'on devient quelqu'un. Il dit qu'il respecte tout le monde finalement, son entraineur comme son adversaire.

> Pourquoi dit-il « Moi, le seul endroit où je boxe, c'est sur un ring » ?
Laisser les enfants réagir puis faire comprendre le sous-entendu : Brahim Asloum veut sans doute dire qu'il pratique la boxe, et les coups, dans le cadre d'un sport réglementé, mais qu'il ne se permet pas de donner des coups en dehors. C'est un message contre les bagarres, les atteintes physiques.

> Que pensez-vous de cela ?
Au-delà du *c'est bien* que pourraient dire certains élèves, demander en quoi cela est une bonne chose. On sait que les bagarres et les échanges de coups sont fréquents dans les écoles. Or lui, boxeur, se dit contre cela et prône le respect au contraire de son adversaire. Il signifie ainsi que même celui que l'on n'aime pas, celui que l'on considère comme son rival, doit être respecté.

• Les enfants peuvent aussi évoquer ***les règles***. Demander alors :

> Que dit-il des règles ?
Laisser répondre puis demander :

> Que veut-il dire à votre avis lorsqu'il dit que « sans les règles, on devient n'importe quoi » ?
Réfléchir ensemble à l'interprétation de cette phrase puis demander :

> Imaginer un monde sans règles ; que se passerait-il à votre avis ?
Laisser répondre : *cela irait dans tous les sens, ce serait n'importe quoi, on ferait tous ce qu'on veut…* Certains élèves peuvent au contraire être tentés de dire *qu'on serait bien tranquilles* car la règle est vécue comme arbitraire et contraignante.
Montrer comment l'absence de règles engendre une intranquillité collective : on pourrait se battre, s'insulter, se manquer de respect, arriver à n'importe quelle heure, ne pas travailler si l'on n'en a pas envie… Et du coup, comme le dit Brahim Asloum, on n'avancerait pas, on ne construirait rien si ce n'est un monde désorganisé, non sécurisé, « un grand n'importe quoi » !

> Que permettent les règles alors ? À quoi servent-elles ?
Parmi les réponses possibles il peut y avoir : *les règles servent à bien se comporter, savoir se tenir, bien vivre ensemble, ne pas embêter les autres et ne pas se faire embêter, faire en sorte que tout se passe bien, organiser la vie ensemble…*

> Si les règles sont nécessaires, pourquoi alors ne sont-elles pas toujours respectées ? Pourquoi a-t-on souvent l'impression que les règles sont « embêtantes » ?
Laisser les élèves faire des propositions puis ajouter que c'est peut-être aussi parce que souvent les règles sont établies, définies par d'autres et qu'on a l'impression d'avoir juste à les « subir » ; on ne

participe pas à leur conception, on ne prend pas part à leur élaboration et on n'a pas réfléchi à leurs fondements : la règle parait alors arbitraire alors qu'elle ne l'est pas.
Annoncer à la classe qu'elle va elle-même penser et écrire les règles qui lui semblent nécessaires pour bien vivre tous ensemble.

ÉTAPE 2 RÉFLÉCHIR AUX RÈGLES ET AUX SANCTIONS

DURÉE 20 minutes
ORGANISATION en binômes
MATÉRIEL • la fiche activité

1) LIRE LES CONSIGNES COLLECTIVEMENT ET LES EXPLICITER.

CM2

Dans le développement des mouvements pédagogiques et des pédagogies actives depuis les années 1930, le mouvement Freinet a influencé bon nombre de pratiques de classes, jusqu'à nos jours, parfois sans que les enseignants en aient conscience. Parmi ces pratiques, le conseil de classe – qui fait participer élèves et enseignants autour d'un sujet – a été une sorte de modèle pédagogique. Le mouvement Freinet a été considérablement suivi dans les années 1950 et 1960, préparant en cela la pédagogie d'éveil qui se mettra en place à partir de 1969.
Expliquer que l'extrait de texte relate l'expérience d'une classe dans laquelle se pratique le conseil de classe, c'est-à-dire que les élèves se regroupent, se donnent des rôles (un président de conseil, un secrétaire...) et discutent des problèmes de la classe, mais aussi de ce qui fonctionne. À l'issue de ce conseil, des décisions et des sanctions sont prises sous forme de vote. C'est une manière d'être acteur de son système de règles et de sanctions.

2) TRAVAIL INDIVIDUEL SUR LA FICHE.

ÉTAPE 3 COMPRENDRE LA VALEUR DES SANCTIONS

DURÉE 15-20 minutes
ORGANISATION collective
MATÉRIEL • la fiche activité complétée

CM1

Reprendre les questions une à une.
1 et 2 Faire lire les réponses. Le but étant de voir que les règles sont nécessaires, quelles que soient les formulations proposées par les enfants.
3 Faire discuter du choix des élèves. Toutes les propositions, de 1 à 5, sont à discuter et il faut en montrer les limites. Faire échanger les élèves en leur demandant à chaque fois :

> **Pensez-vous qu'avec une telle sanction, l'enfant comprenne et répare sa faute ?**

> **Pensez-vous qu'en copiant des lignes, on apprend à ne plus se battre ?**

> **Pensez-vous qu'en mettant un mot aux parents on responsabilise l'enfant ?**

Même s'il est nécessaire d'informer les parents dans certains cas, même si le directeur peut jouer un rôle parfois, la première des sanctions doit mettre la personne face à elle-même et à ses actes.
L'idée répandue est que la sanction sert à punir. Mais cette vision est très étriquée. *La sanction sert avant tout à réparer et apprendre à assumer ses actes*, avec l'idée qu'elle permet d'évoluer pour mieux faire après.

Dans ce sens, seule la dernière proposition semble être efficace.
4 Laisser les enfants proposer puis expliquer que parfois, certains enfants ont du mal à accepter les règles et à les respecter car ils ont du mal à gérer leurs émotions, leurs difficultés, leurs souffrances aussi, même si on ne les voit pas toujours ; pour certains, les règles sont différentes à l'école et dans leur famille… Et tout cela peut se traduire par de l'agressivité, de la révolte, du mal-être, autant d'éléments qui font très vite sortir des règles. Même si cela n'excuse rien, il est important de le comprendre.
5 Sanctionner bien sûr, mais sans stigmatiser ces enfants ni leur coller une étiquette de « mauvais» ; essayer tant que l'on peut de comprendre d'où vient l'attitude déviante et peut-être les aider à se confier, exprimer leurs émotions autrement que par la violence.

CM2

Lire le texte collectivement puis reprendre les questions une à une.

1 Pas de sanction ; les auteurs du méfait ont simplement reconnu leurs torts.
2 Tom a trois jours pour rapporter l'argent qu'il a pris et l'invendu, sinon il sera exclu des activités.
3 Laisser répondre les élèves. Préciser que les sanctions sont adaptées à la faute, elles sont comme une réparation, et c'est le but d'une sanction : assumer et réparer.
4 Écouter et faire discuter les réponses à la dernière question.

ÉTAPE 4 SYNTHÉTISER

DURÉE 5 minutes
ORGANISATION collective
MATÉRIEL le cahier ou autre support d'EMC

Collectivement, faire rassembler l'ensemble de ce qui a été vu pendant la séance.

Exemple de résumé :

Les règles sont nécessaires à la vie collective.
Elles sont une garantie pour la liberté et le respect de chacun.

POURQUOI LES RÈGLES ?

Moi, le seul endroit où je boxe, c'est sur un ring. Et là comme ailleurs, je respecte... Les règles, mon entraineur, et surtout je respecte mon adversaire. C'est comme à l'école. Sans les règles, je pense qu'on devient n'importe quoi. En fait, pour avancer, il faut respecter les autres. Et là, en retour, on te respectera. Parce que c'est à l'école qu'on commence vraiment à devenir quelqu'un...

Le respect, ça change l'école.

Brahim Asloum

Moi, le seul endroit où je boxe, c'est sur un ring. Et là comme ailleurs, je respecte... Les règles, mon entraineur, et surtout je respecte mon adversaire. C'est comme à l'école. Sans les règles, je pense qu'on devient n'importe quoi. En fait, pour avancer, il faut respecter les autres. Et là, en retour, on te respectera. Parce que c'est à l'école qu'on commence vraiment à devenir quelqu'un...

Le respect, ça change l'école.

Brahim Asloum

Moi, le seul endroit où je boxe, c'est sur un ring. Et là comme ailleurs, je respecte... Les règles, mon entraineur, et surtout je respecte mon adversaire. C'est comme à l'école. Sans les règles, je pense qu'on devient n'importe quoi. En fait, pour avancer, il faut respecter les autres. Et là, en retour, on te respectera. Parce que c'est à l'école qu'on commence vraiment à devenir quelqu'un...

Le respect, ça change l'école.

Brahim Asloum

POURQUOI LES RÈGLES ?

1 Brahim Asloum dit : « Sans les règles, je pense qu'on devient n'importe quoi. » Qu'en penses-tu ?

Sans les règles, je pense ....

....

2 Quelle est, selon toi, la règle la plus importante pour bien vivre tous ensemble ?

....

3 Dans une classe, l'enseignant-e a accroché en début d'année une affiche des règles à respecter. Mais certains élèves ne les respectent pas. Que proposerais-tu ? Entoure les réponses qui te conviennent.

1. Punir sévèrement chaque élève.

2. Faire recopier 10 fois les règles de la classe.

3. Priver l'élève de récréation pendant une semaine.

4. Mettre un mot aux parents.

5. Envoyer l'élève chez le directeur ou la directrice.

6. Une sanction qui répare la faute commise.

4 Pourquoi, selon toi, est-il si difficile pour certains de respecter les règles ?

....

....

5 Quel moyen proposerais-tu pour les y aider ?

....

....

POURQUOI LES RÈGLES ?

Comment se passe une séance du conseil ?

Chaque coopérateur a la parole à son tour, et le maitre est un coopérateur.

Chacun a le droit (et le devoir) de réponse.

Les décisions sont prises après vote.

Le maitre a le droit de veto.

Voyons la séance du 24 mai :

1° Henri (8 ans) est triste et furieux : « On m'a pris ma balle ! »

Léo, Mauel, Julie et Aïcha reconnaissent le fait. La balle est perdue. Elle sera remplacée pour le 27.

2° On se plaint beaucoup de Tom :

– Il a massacré les plantes des copains en plantant des aiguilles dans les tiges sous la terre. Cette expérience scientifique n'a pas plu.

Il a vendu les journaux mais a gardé l'argent.

Il a trois jours pour rapporter les 20 euros et l'invendu. Sinon il sera exclu ; pas de promenade, pas de cinéma, pas de peinture et il perdra son poste de responsable du potager.

1 Quelle sanction a été décidée pour le cas d'Henri ?

....

2 Quelles sanctions ont été prises pour le cas de Tom ?

....

....

3 Que penses-tu de ces sanctions ? Explique pourquoi.

....

....

....

4 Si tu devais faire voter une règle de classe qui te parait très importante, laquelle proposerais-tu ?

....

SÉANCE 2

C'est quoi le rôle du maire ?

L'ESSENTIEL À SAVOIR POUR L'ENSEIGNANT

Ce thème s'inscrit dans la volonté des programmes de réfléchir à la fois sur le droit et la règle, sur les institutions qui entourent l'individu et le citoyen ou futur citoyen, et sur la question de l'engagement. En tant que telle, au cycle 3, la citoyenneté municipale, et avec elle les fonctions du maire, doit être étudiée pour ce qu'elle est.

Il s'agit moins d'une leçon d'instruction civique que de découvrir les différents domaines d'action de la commune.

Le maire dispose de pouvoirs assez larges. Il est élu au suffrage universel indirect par les habitants de la commune.

Représentant de l'État, il est chargé de célébrer les mariages et d'organiser les élections, même celles qui ne concernent pas sa commune (départementales, régionales, nationales : les députés et le président de la République).

Pour sa commune, il est aussi chargé de la création des classes dans **les écoles primaires**, de maintenir la sureté, la sécurité et la salubrité de l'eau de la ville, des lieux publics (les rues, les piscines, les bâtiments publics), mais aussi de veiller à la circulation des automobiles, des transports publics.

Le maire est l'élu le mieux connu et le plus apprécié des Français, car il correspond à un pouvoir local, aux effets immédiatement perceptibles et qui concerne le plus souvent la vie de tous les jours. À l'heure de la défiance à l'égard des fonctions électives, la fonction de maire échappe largement à ce sentiment anti-élu que peut connaitre la vie politique française.

© Michel Compagnon / CIT'images

Un maire célébrant une cérémonie de mariage à la mairie.

DÉROULEMENT DE LA SÉANCE

Thèmes du programme
- *Le droit et la règle.*
- *L'engagement.*

Compétences, capacités, attendus
- *Reconnaitre les traits constitutifs de la République française.*
- *S'engager dans la réalisation d'un projet collectif.*

ÉTAPE 1 OBSERVER ET ÉCHANGER AUTOUR DE L'ALBUM DOCUMENTAIRE

DURÉE 20 minutes
ORGANISATION en binôme puis collective
MATÉRIEL • le document « Quand tu vas à l'école » photocopié et/ou affiché

1) PRÉSENTER LE DOCUMENT.

Préciser que ce document est une des planches d'un album intitulé *Le Maire et toi*, destiné aux enfants, afin qu'ils comprennent bien le rôle des maires.
Expliquer que cette planche concerne une des missions importantes des municipalités : l'organisation et la gestion des écoles maternelles et élémentaires.
Préciser éventuellement que les collèges sont gérés par les départements et les lycées par les régions.
Faire dire aux élèves ce qu'ils savent du rôle d'un maire. Leur demander s'ils connaissent le nom du maire de leur commune.

2) FAIRE LIRE LE DOCUMENT INDIVIDUELLEMENT PUIS COLLECTIVEMENT.

Repérer avec les élèves le fait que le maire est responsable à la fois des rues que les enfants empruntent chaque jour et des locaux de l'école ; mais aussi des moments extrascolaires comme la cantine et les activités du centre de loisirs.
Dire que ce qui concerne les maitres et les contenus scolaires ne relève pas de la mairie, mais du ministère de l'Éducation nationale (c'est-à-dire de l'État).
Souligner que le rôle de la mairie est de fournir des locaux en bon état, en nombre suffisant pour sa population et avec une organisation périscolaire.
Montrer à travers le texte lu et le passage sur les achats en équipement de la mairie que l'école est organisée au nom de l'égalité de tous les élèves.

ÉTAPE 2 COMPRENDRE LE RÔLE DES MAIRIES

DURÉE 20 minutes
ORGANISATION individuelle
MATÉRIEL • la fiche activité

1) LIRE LES CONSIGNES COLLECTIVEMENT.

CM1

❶ Travailler dans un premier temps sur ce qui relève de la commune et donc des pouvoirs du maire puis sur ce qui relève de l'école et de l'Éducation nationale.
Montrer que la mairie a pour obligation de créer le cadre pour que puissent s'installer les apprentissages qui ne dépendent pas d'elle (ce qui évite qu'en fonction du parti politique élu au niveau de la municipalité, on enseigne telle chose plutôt que telle autre et que les contenus d'enseignement diffèrent d'une commune à l'autre). Insister sur ce qui relève du pédagogique par rapport à ce qui relève des bâtiments et de l'encadrement des enfants dans les temps périscolaires.
Si nécessaire, indiquer également que ce n'est pas le maire qui paie les enseignants, mais l'État ; alors que c'est la mairie qui rémunère les personnels de service, les animateurs, etc.
❷ et ❸ Cette question de la sécurité autour de l'école concerne pleinement le maire, afin de prévenir tout accident ou vitesse excessive des automobilistes ou des deux-roues.

Travailler la notion d'engagement : d'une part, sur l'amélioration de la vie à l'école (en distinguant, en fonction des réponses des enfants, ce qui relève de l'école et ce qui relève du maire) ; d'autre part, sur l'amélioration de l'environnement autour de l'école.

CM2

❶ Mettre les enfants en situation de se mettre à la place d'un des conseillers du maire et de celui ou celle qui lui écrit les discours (car il a trop de choses à faire !). Faire rédiger un texte d'engagement pour lutter contre les atteintes à l'environnement que constituent les nuisances urbaines par la pollution automobile.
Au préalable, définir avec les élèves quelle forme peut revêtir un discours : « Chers concitoyens de V***... » et aussi la fin du discours (avec des formules comme « Vive notre ville ! » par exemple).
Au préalable, travailler la manière dont il faut enchainer les arguments : d'abord dire le constat de la pollution, puis proposer des solutions pour la combattre, pour enfin inciter tout le monde à suivre ces recommandations.
❷ Imaginer qu'après ce discours, les personnels de la mairie et les citoyens refusent les propositions du maire parce qu'elles changent leurs conditions de travail. Donner des arguments contre du type : « nous préférons la voiture au vélo », « nous ne voulons pas partager nos voitures », « cela demande trop d'organisation », « nous voulons continuer à nous rendre aux rendez-vous plutôt que de téléphoner aux gens », etc. Demander aux élèves ce que devrait ajouter le maire pour les convaincre tout à fait.

1) TRAVAIL INDIVIDUEL SUR LA FICHE.

ÉTAPE 3 METTRE EN COMMUN, ARGUMENTER

DURÉE 15 minutes
ORGANISATION collective
MATÉRIEL • la fiche activité complétée

REPRENDRE UNE À UNE LES QUESTIONS ET ÉCHANGER AVEC LA CLASSE.

CM1

❶ Faire dire collectivement (en notant au tableau par exemple) toutes les idées pour conseiller le maire afin d'améliorer la vie à l'école ou son organisation. Réfléchir collectivement aux idées exprimées en tentant de dégager la pertinence de telle ou telle.
❷ et ❸ Discuter de la validité des idées énoncées et en retenir deux ou trois communes et valables (et pourquoi pas : adresser un courrier au maire pour l'ensemble des questions abordées).

CM2

❶ et ❷ Faire lire les premiers textes rédigés, les premiers discours, et faire choisir celui qui semble le plus convaincant.

ÉTAPE 4 SYNTHÉTISER

DURÉE 5 minutes
ORGANISATION collective
MATÉRIEL le cahier ou autre support d'EMC

Collectivement, faire rassembler l'ensemble de ce qui a été vu pendant la séance.

Exemple de résumé :

> ***Le maire est élu par la population de la commune.***
> ***Il est responsable du fonctionnement de la ville.***

C'EST QUOI, LE RÔLE DU MAIRE ?

Quand tu vas à l'école

Toutes les écoles maternelles et primaires publiques appartiennent aux communes. C'est la municipalité qui décide de leur emplacement, les fait construire, entretient les bâtiments et les équipe.

Sur le chemin

Le maire doit assurer la sécurité des habitants. Son équipe vérifie que les bâtiments de l'école sont aux normes incendie, que les pompiers peuvent y accéder facilement… Devant certaines écoles, une personne payée par la commune aide les enfants à traverser, et la rue est surélevée pour obliger les automobilistes à ralentir.

Dans la classe

Ta classe est chauffée l'hiver, éclairée quand il fait sombre ; le plombier est venu réparer une fuite d'eau, on va vous installer deux ordinateurs neufs : c'est la mairie qui paye tous ces frais. Comme cela, l'école publique peut être gratuite pour tous. Sinon, seuls les enfants des familles riches pourraient la fréquenter.

Cantine et centre de loisirs

La commune n'est pas obligée de financer la cantine scolaire, mais elle le fait dans la plupart des cas. Les familles payent une partie des dépenses, la mairie une autre. Matin et soir, c'est la même chose : on organise des centres de loisirs et des études pour accueillir les enfants dont les parents travaillent tôt ou reviennent tard.

Extrait de *Le Maire et toi*, de Sylvie Baussier, illustré par Bruno Heitz.
Avec l'autorisation de l'auteur et de l'illustrateur.

C'EST QUOI, LE RÔLE DU MAIRE ?

1 Colorie en bleu les activités qui relèvent de la mairie et en jaune celles qui relèvent du directeur de l'école et des enseigant-e-s.

Chauffer l'école

S'occuper des animateurs et des dames de service

Prévoir les menus de la cantine

Changer les stores

Payer les livres d'école fournis aux élèves

S'occuper des récréations

Choisir les livres utilisés en classe

Prévoir le système des punitions

Savoir ce qu'il faut faire en mathématiques

Prévoir les projets de la classe

2 Si tu devais donner des idées pour améliorer le fonctionnement de l'école, quelles propositions ferais-tu au maire de ta commune ?

1. ....

2. ....

3. ....

4. ....

3 Le maire souhaite protéger les alentours de l'école en limitant la vitesse des voitures dans les rues avoisinantes. Quelles propositions concrètes lui ferais-tu ?

....

....

....

....

....

....

C'EST QUOI, LE RÔLE DU MAIRE ?

En s'installant dans sa nouvelle mairie, le maire de V*** et son équipe ont réservé l'accès du parking aux agents pratiquant le covoiturage. Le maire a demandé aux entreprises de la ville de respecter les critères suivants : aide pour les transports en commun, accueil des cyclistes, développement du covoiturage, organisation du stationnement, etc.

D'après « Les collectivités et l'écoresponsabilité »,
Association des maires de France et associations départementales de maires (septembre 2008)

1 Pour aider ta mairie à réduire la pollution en ville, rédige pour le maire un discours qui reprend toutes les idées présentées ci-dessous, ou seulement une partie d'entre elles, en expliquant leur intérêt pour l'amélioration de la qualité de l'air. Tu peux en ajouter. (Écris sur ton cahier d'EMC ou sur une feuille à part.)

- Sécuriser le stationnement des vélos (arceaux, local...).
- Participer aux abonnements de transports en commun des agents.
- Développer le travail à domicile.
- Privilégier les déplacements à pied, à vélo ou en transports en commun.
- Faciliter le covoiturage.
- Développer les cantines au travail.
- Développer les transports en commun
- Acheter des vélos de service ou scooters électriques.
- Former les agents de la mairie à l'éco-conduite.
- Acheter du matériel d'audio et visioconférence.
- Organiser, chaque fois que c'est possible, les réunions au téléphone.
- Éviter les déplacements en voiture et en avion.
- Diminuer le nombre de déplacements en regroupant les réunions et les visites à l'extérieur.
- Utiliser des vélos pour les livraisons de proximité.

2 Les gens de la mairie et les entreprises de la commune s'opposent à ton discours en disant que cela change leurs habitudes de travail. Que pourrait leur répondre le maire ? (Écris sur ton cahier d'EMC ou sur une feuille à part).

SÉANCE 3

Que puis-je faire pour la planète ?

L'ESSENTIEL À SAVOIR POUR L'ENSEIGNANT

> ***L'environnement**, c'est l'ensemble, à un moment précis, de données physiques, chimiques et biologiques, accompagnées de facteurs sociaux et économiques, susceptibles d'avoir un effet direct ou indirect, immédiat ou à terme, sur les êtres vivants et les activités humaines. C'est donc l'ensemble de ce qui nous entoure et de ce que nous en faisons.*

Le thème de l'environnement ne cesse désormais d'occuper les débats nationaux et internationaux. En vingt ans, une mutation considérable s'est faite de « la protection de la nature » à la prise en compte d'un enjeu majeur pour la planète.

La notion de développement durable s'est développée depuis que la Commission mondiale sur l'environnement et le développement et le rapport Burtland, en 1987, ont défini avec rigueur un certain nombre d'enjeux majeurs. Pour ce rapport considéré comme fondateur, le développement durable, ou soutenable, est un « développement qui répond aux besoins du présent sans compromettre la capacité des générations futures à répondre à leurs propres besoins ». Autrement dit, la question n'est pas la protection de la nature en tant que telle – et donc la cessation de certaines activités humaines.

Le développement durable se veut pragmatique : les hommes occupent l'espace mondial et l'idée de protéger la nature en freinant l'activité humaine est perçue comme utopique et vouée à l'échec. En revanche, il y a une volonté de **concilier développement, économie et esprit de responsabilité**. Les valeurs de partage, de responsabilité, et l'anticipation des risques ou des pénuries ont émergé dans les réponses aux questions du réchauffement climatique, de l'eau, des ressources naturelles (animales ou fossiles) en voie d'épuisement, de sécurité alimentaire, de biodiversité…

Là encore s'affirme une idée de responsabilité à l'égard de notre environnement immédiat, mais aussi plus global. Il est aujourd'hui nécessaire à la fois de former les élèves aux bonnes pratiques permettant de vivre ensemble dans un monde aux ressources limitées, mais aussi de leur transmettre les connaissances, les compétences et la culture qui leur permettront, tout au long de leur vie, de connaitre, de comprendre, de décider et d'agir en fonction des enjeux du développement durable. Les enjeux sont ceux que nous connaissons aujourd'hui. Mais **les élèves qui sont aujourd'hui en classe seront confrontés à des conséquences environnementales encore modifiées**, comme au sujet de la montée des eaux maritimes, le changement climatique, la raréfaction des énergies fossiles comme le pétrole…

DR

Image extraite de la vidéo de l'AFP « Le huitième continent ».

DÉROULEMENT DE LA SÉANCE

Thèmes du programme
• *L'engagement : agir individuellement et collectivement.*

Compétences, capacités, attendus
• *Prendre des initiatives.*
• *S'engager et assumer des responsabilités.*
• *Prendre en charge des aspects de la vie collective.*
• *Pouvoir expliquer ses choix et ses actes.*

ÉTAPE 1 SE SENSIBILISER, S'INFORMER SUR LES PROBLÈMES LIÉS À L'ENVIRONNEMENT

DURÉE 20 minutes
ORGANISATION collective
MATÉRIEL • le texte « L'ado qui voulait laver l'océan » (p. 191) photocopié et/ou affiché

1) FAIRE LIRE L'ARTICLE INDIVIDUELLEMENT.

2) LE LIRE COLLECTIVEMENT.

3) DEMANDER À LA CLASSE DE QUOI PARLE CET ARTICLE : *un jeune garçon, un « ado », a décidé d'agir après avoir constaté la pollution de l'océan.*

4) PROCÉDER À UNE SÉRIE DE QUESTIONS :

> Quel est le problème décrit ici ?
Laisser répondre puis expliquer le problème de la non-destruction des déchets plastiques qui dérivent sur les océans. Faire citer le nombre exact (269 000 tonnes de plastiques).

> Qui pollue l'océan ? Que signifie « notre civilisation du plastique » ?
Laisser répondre et montrer aux élèves que c'est nous qui sommes responsables de cela. Les élèves peuvent rétorquer qu'ils ne se sentent pas concernés car « eux » *ne jettent pas leurs sacs à la mer.* Faire remarquer que bien souvent, à l'heure du gouter, bon nombre de papiers et de déchets sont jetés par terre et non dans les poubelles : l'action commence par des gestes simples qui concernent tout le monde.
Il s'agit d'amener les élèves à se sentir concernés et responsables en tant que collectif. Ce n'est pas en tant que *moi, je* qu'il faut penser ici, mais en tant que *nous*. Face aux problèmes d'environnement, il ne s'agit pas de dire que ce sont les autres qui sont responsables : au contraire, tout le monde doit se remettre en question et s'inclure dans la gestion du problème.
Rappeler à ce sujet ce qui a été vu lors de la séance sur l'intérêt collectif.

> Qu'a fait Boyan Slat face à l'état de pollution de l'océan ?
Faire décrire précisément son invention : *un immense V sous lequel des barrières verticales de 3 mètres de profondeur laisseront passer la faune mais orienteront les déchets vers une colonne centrale, alimentée en énergie solaire, laquelle collectera les immondices.*
Évoquer également le fait qu'il a fondé une association. Expliquer ce qu'est une association : regroupement de personnes organisées autour d'un même but, une même cause. Dire que des associations mondiales luttent pour l'environnement : Greenpeace, le WWF...

> Que pensez-vous de son action ?

Au-delà du *c'est bien ce qu'il a fait*, demander :

> Qu'est-ce qui est bien précisément ici ?
Laisser répondre puis mettre les termes exacts sur cette action : Boyan Slat s'est engagé. Il ne s'est pas contenté de constater et de déplorer la pollution, il a réagi, il a agi. Boyan Slat a donc été actif, responsable et intelligent puisqu'au départ son idée a séduit.
Préciser aux enfants que l'idée de départ n'a finalement pas fonctionné : il s'est avéré impossible d'ancrer une telle structure à 4 000 mètres de fond et d'imaginer qu'elle puisse résister aux tempêtes, et impossible de recycler les plastiques collectés avec cette méthode – méthode qui ne règle pas le problème des plastiques essentiellement accumulés sur les côtes…
Quoi qu'il en soit, dire aux élèves qu'à défaut d'avoir réussi, Boyan Slat a au moins le mérite d'avoir essayé et d'avoir mobilisé des gens autour de la question de l'environnement. Demander alors :

> Est-ce que vous pourriez, vous, vous mobiliser pour l'environnement ? Faut-il attendre d'être majeur pour réagir ?
Laisser répondre puis montrer que Boyan Slat n'avait que 17 ans quand il s'est mobilisé. Il n'y a donc pas d'âge pour essayer, réagir.

> Quels problèmes d'environnement connaissez-vous ?
Laisser énumérer : *la pollution, le réchauffement climatique, la déforestation…*

ÉTAPE 2 — S'ENGAGER, PROPOSER DES IDÉES POUR L'ENVIRONNEMENT

DURÉE 20 minutes
ORGANISATION individuelle (CM), en binômes (CM/6e)
MATÉRIEL • la fiche activité

1) LIRE ET COMPRENDRE LES CONSIGNES COLLECTIVEMENT.

CM1
Expliquer que les associations ont la plupart du temps un logo, c'est-à-dire un petit dessin qui représente l'association en image. C'est donc une image qui porte les idées du groupe.

6e
Au besoin, lire le texte sur le Trash Vortex collectivement avant de répartir les enfants par binômes.

2) TRAVAIL SUR LA FICHE.

ÉTAPE 3 — METTRE EN COMMUN, ÉCHANGER

DURÉE 20 minutes
ORGANISATION collective
MATÉRIEL • la fiche activité complétée

CM1
Les volontaires présentent leur association en présentant la cause défendue, les mesures prises, le nom de l'association. Faire interagir la classe en faisant discuter des mesures proposées, notamment :

> Est-ce réalisable ? réaliste ? Que peut-on faire d'autre ?
Vérifier également que le logo correspond bien à la cause choisie.

CM2

❶ Lire collectivement le premier texte et interroger les élèves sur les réponses qu'ils proposent : *arrêter d'acheter et de jeter des sacs plastiques, rouler avec une voiture « non polluante », prendre le vélo plutôt que la voiture, ne pas laisser couler l'eau inutilement, éteindre les lumières quand on quitte une pièce…*
Face à ce flot général de réponses, parfois vagues et non comprises, préciser que la question environnementale est si vaste qu'on ne peut pas se permettre de rester sur des idées générales. Le mieux est d'étudier un cas précis, le comprendre, s'informer, y réfléchir. C'est ce qui justifie les questions suivantes.
❷ et ❸ Lire collectivement le second texte et laisser des élèves proposer des moyens pour réduire les emballages. Faire échanger la classe sur la pertinence du choix.
L'idéal est de ne plus utiliser d'emballage, ou en tout cas le moins possible. Préciser que de nombreux emballages sont totalement inutiles (autour des fruits par exemple), que l'emballage est souvent disproportionné par rapport au produit qu'il contient, parfois encore c'est un emballage contenant lui-même un autre emballage ! Insister sur cette surconsommation à perte, cet envahissement par des déchets inutiles et le gaspillage que cela représente lorsqu'on utilise des ressources non renouvelables.

6e

❶ Lire le texte sur le Trash Vortex si cela n'a pas été fait précédemment.
Écouter les projets proposés par chaque binôme. Faire discuter la classe sur le choix du projet.

> Que pensez-vous de ce projet ? Pourrait-il aider ? Vous semble-t-il réalisable ? Quelles sont ses limites ?
L'essentiel ici n'est pas tant de voir si le projet est concrètement possible, mais d'inciter les élèves à réfléchir et à échanger autour de la question de la protection de l'environnement et d'essayer d'être actifs, engagés autour d'une cause.

ÉTAPE 4 SYNTHÉTISER

DURÉE 10 minutes
ORGANISATION collective
MATÉRIEL • le cahier ou autre support EMC

Collectivement, faire rassembler l'ensemble de ce qui a été vu pendant la séance.

Par exemple :

Être citoyen, c'est se sentir concerné par les questions d'environnement et pouvoir s'engager en adoptant une attitude responsable.

QUE PUIS-JE FAIRE POUR LA PLANÈTE ?

L'ado qui voulait laver l'océan

(...) Évidemment, les médias ont foncé tête baissée et nous avons tous suivi. L'histoire était belle (...). C'était en 2012, on annonçait que Boyan Slat, jeune Néerlandais d'à peine 17 ans, avait trouvé un moyen génial de nettoyer les océans pollués par notre civilisation du plastique. Boyan Slat, le Mozart de la dépollution, arrivait à point ! (...) 269 000 tonnes de plastiques constituées de 5 000 milliards de morceaux et de particules flottent à la surface de l'océan. Sans compter ce qui coule, ce qui reste entre deux eaux. Et l'ère du plastique ne ferait que commencer. (...)

Plongeant en Grèce pendant ses vacances, l'étudiant (...) s'étonne de compter davantage de sacs plastique que de poissons dans la grande bleue. Colère, désespoir. Là où n'importe quel gamin aurait juste repris le cours de son existence (...), Boyan, lui, se relève les manches. (...) Son idée, simple, moderne, peu onéreuse, allait tout changer !

(...) Comment le prodige allait-il s'y prendre ? En utilisant la force des courants ! Des cylindres flottants fixés au fond des mers et disposés sur une centaine de kilomètres formeront, vus du ciel, un immense V sous lequel des barrières verticales de 3 mètres de profondeur laisseront passer la faune mais orienteront les déchets vers une colonne centrale, alimentée en énergie solaire, laquelle collectera les immondices.

(...) Depuis trois ans, le jeune homme a fait du chemin. Il a fondé son association, *The Ocean Cleanup* ; il s'est mis en contact avec une centaine de bénévoles, avant de (...) récolter 2 millions de dollars.

Extrait de l'article de Nicolas Delesalle
paru dans le *Télérama* n° 3421-3422, du 8 au 21 aout 2015, p. 32-33.

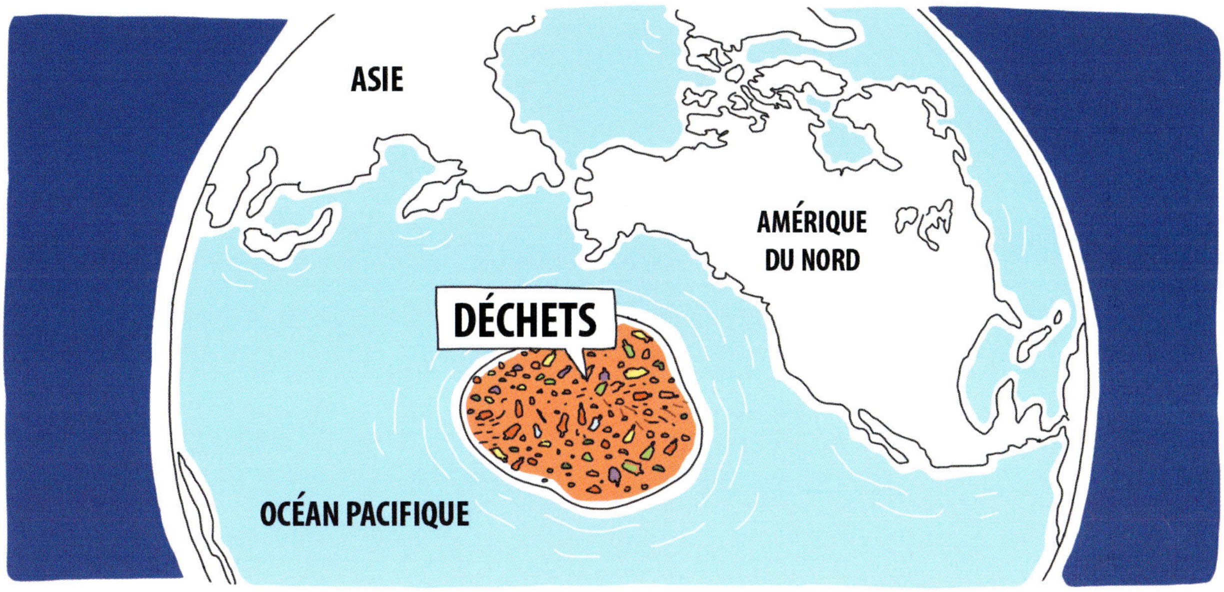

QUE PUIS-JE FAIRE POUR LA PLANÈTE ?

Imagine que tu fondes toi aussi une association pour protéger l'environnement…

1 Pour quel problème de l'environnement t'engagerais-tu ?

....

2 Quelles mesures proposerais-tu pour lutter contre ce problème ?

....

....

....

3 Comment s'appellerait ton association ?

....

4 Imagine puis dessine le logo de ton association.

QUE PUIS-JE FAIRE POUR LA PLANÈTE ?

1 Cristina Barreau, de la Surfrider Foundation, a réagi au projet de Boyan Slat en disant que plutôt que dépenser des milliards de dollars dans cette structure, mieux valait essayer de faire réfléchir les gens à leur manière d'agir, de consommer... Essayer de changer les comportements et penser à d'autres types d'emballages.

Quels comportements faut-il changer pour protéger l'environnement ?

....

....

....

....

2 La production d'emballages contribue au gaspillage des ressources non renouvelables (pétrole, bois). Le verre, le carton, le métal se recyclent bien : préférer ces emballages.

La surproduction et la surconsommation d'emballages (100 milliards d'emballages jetés chaque année par les Français) posent des problèmes de traitement des déchets.

Les incinérateurs continuent de rejeter des substances chimiques nocives pour la santé malgré les réglementations.

Quels problèmes posent les emballages aujourd'hui ?

....

....

....

....

3 **Quels moyens pourriez-vous imaginer pour réduire les emballages ?**

....

....

....

QUE PUIS-JE FAIRE POUR LA PLANÈTE ?

Le **Trash Vortex** est une immense zone de déchets située au nord du Pacifique.

Cette zone d'ordures, aussi connue sous le nom de « soupe plastique », « huitième continent » ou encore « océan de plastique », est grande comme environ cinq fois la France.

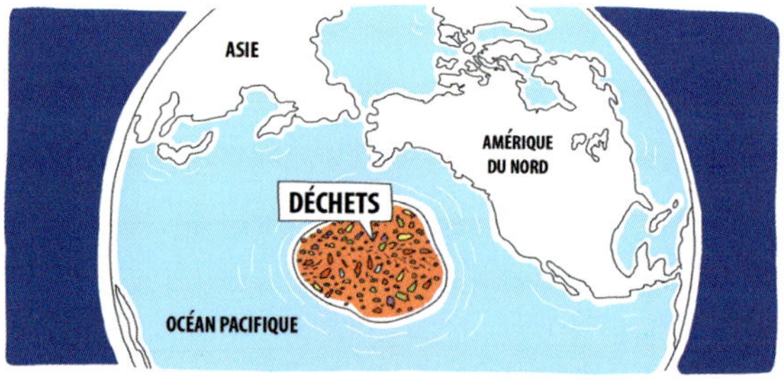

Comme les déchets se situent sous la surface de l'eau, ils ne sont pas détectables sur les photos prises des satellites.

Le nettoyage de cet océan de déchets semble impossible tant la surface est étendue...

Les scientifiques pensent que le nettoyage du Trash Vortex est impossible. Relevez le défi en proposant un projet original (décrivez le système mis en place et faites un schéma).

....

....

....

....

....

....

....

SÉANCE 1

L'Europe, ça sert à quoi exactement ?

L'ESSENTIEL À SAVOIR POUR L'ENSEIGNANT

LA CRÉATION DE L'EUROPE

L'idée de rassembler tous les pays d'Europe au sein d'une organisation qui empêcherait la majorité des conflits et permettrait une régulation des tensions à l'échelle du continent n'est pas une idée neuve. Elle s'inscrit dans l'après- Grande Guerre, après la « boucherie » qu'a constituée la Première Guerre mondiale. Saisis par l'horreur de ce conflit mondial, inédit par sa violence et les armes utilisées, les sociétés démocratiques des pays vainqueurs décident de fonder la Société des Nations (SDN) en 1919. Même s'il s'agit d'une organisation internationale qui préfigure l'ONU (créée en 1945), son centre est éminemment européen (son siège est à Bruxelles). Pourtant, face à la montée du nazisme et aux velléités belliqueuses d'Hitler, la SDN est incapable d'empêcher qu'une nouvelle guerre éclate en Europe.

Après les ravages et les désastres humains de la Seconde Guerre mondiale, les États européens, convaincus qu'il ne faut à aucun prix que la guerre reprenne sur le sol européen, s'engagent dans la construction d'une Union européenne. Le 9 mai 1950, le ministre français des Affaires étrangères Robert Schuman prononce à Paris un discours historique pour proposer une nouvelle forme de coopération politique et économique entre les pays européens du Nord et de l'Ouest. La déclaration Schuman pose les bases de la coopération européenne à venir et de la construction d'une Europe unie. Son ambition était de créer une institution européenne qui rassemblerait et gérerait la production de charbon et d'acier. Un traité établissant un tel organisme est signé moins d'un an plus tard : la France et l'Allemagne, ennemis d'hier, décident la construction d'une alliance économique par le charbon et l'acier (la CECA). La proposition de Robert Schuman est considérée comme l'acte de naissance de ce qui est aujourd'hui l'Union européenne.

L'idéal qui guide les promoteurs de l'Europe (Schuman, Monet, Adenauer, etc.) s'appuie sur les droits de l'homme, la démocratie et la paix.

En 1957, la CEE, Communauté économique européenne, est créée – dans un premier temps entre l'Italie, l'Allemagne, les Pays-Bas, la Belgique, le Luxembourg et la France. En 1973, la CEE est ouverte à trois autres partenaires : le Royaume-Uni, le Danemark et l'Irlande.

Depuis le traité de Maastricht le 7 février 1992, l'Europe unie s'appelle désormais l'Union européenne. L'euro, monnaie unique, est créé le 1er janvier 1999 et remplace les monnaies depuis le 1er janvier 2002. Depuis le 1er juillet 2013, l'Europe compte 28 pays.

FAIRE COMPRENDRE AUX ÉLÈVES À QUOI SERT L'EUROPE

Lorsqu'ils seront adultes, nos élèves vivront dans un monde où ils seront à la fois citoyens français et européens. En EMC, cette prise de conscience s'enracine dans l'idée que l'engagement de chacun se fera dans le cadre européen, sachant que beaucoup de choses se décident à Bruxelles.

DÉROULEMENT DE LA SÉANCE

Thèmes du programme
- *Le jugement.*
- *La sensibilité.*

Compétences, capacités, attendus
- *Les valeurs de l'Union européenne*

ÉTAPE 1 OBSERVER L'AFFICHE ET ÉCHANGER AUTOUR DE SA SIGNIFICATION

DURÉE 20 minutes
ORGANISATION collective
MATÉRIEL • image du « Navire Europe », affichée et/ou photocopiée

1) **PRÉSENTER LE DOCUMENT :** cette affiche a été réalisée juste après la Seconde Guerre mondiale, dans le cadre d'un concours lancé par l'Organisation pour la coopération économique en Europe (OCEE) ; ce concours avait pour objectif de gagner le soutien des populations civiles à l'idée d'une Europe unie, alors que la paix venait juste de s'installer. Raconter qu'un jury sélectionna 25 affiches parmi les quelque 10 000 propositions. Représentant le « Navire Europe » (« All our colours to the mast » : « Toutes les couleurs pour le mât »), l'affiche de l'artiste néerlandais Reyn Dirksen fut déclarée gagnante.

2) **FAIRE DÉCRIRE L'AFFICHE EN INSISTANT SUR LES SYMBOLES :** la coque du bateau est formée avec les lettres du mot « Europe » et ses voiles sont faites des drapeaux de tous les pays européens ; le bateau vogue sur une mer démontée, sous un ciel sombre.

Faire relever l'ensemble des éléments et arriver à l'idée que la mer agitée représente le contexte de l'époque – la vie à venir, l'économie à redresser, etc. Pour lutter contre ces éléments difficiles, faire relever les éléments qui montrent l'union et la force : le bateau affronte sans plier les eaux tumultueuses grâce à une coque puissante et aux nombreux drapeaux-voiles, rassemblés dans un même objectif.
Noter avec la classe que cette affiche symbolise l'union des pays pour avancer et affronter tous les périls. Réunis, les pays européens pourront ainsi faire face aux difficultés – c'est le sens de l'affiche.
C'est une autre manière d'aborder l'idée du collectif et de l'union qui fait la force (voir la séance « C'est quoi le collectif ? »).
Noter aussi avec les élèves que les drapeaux de tous les pays de l'actuelle Union européenne ne sont pas représentés : il y aurait plus de drapeaux-voiles si l'affiche était faite aujourd'hui.

3) **DEMANDER AUX ENFANTS CE QU'ILS PENSENT DE CETTE AFFICHE,** ce qu'ils ressentent en l'observant. Noter au tableau les mots et les sentiments qui émergent au fur et à mesure de l'observation de l'affiche.

> Que représente ce bateau ?

ÉTAPE 2 REPÉRER LES VALEURS EUROPÉENNES

DURÉE 25 minutes
ORGANISATION individuelle
MATÉRIEL • CM1 et CM2 : fiche activité
• 6e : L'hymne européen de Beethoven et le cahier d'EMC

1) LIRE LES CONSIGNES COLLECTIVEMENT.

CM1

On propose aux élèves des mots qui appartiennent à deux champs lexicaux différents : celui de la division et celui de l'union. Les élèves doivent repérer ceux qui vont dans les voiles et ceux qui vont dans la mer que le bateau affronte. Les mots qui vont dans la mer (les mots négatifs) peuvent être coupés ou déchirés pour un effet plus marquant encore. L'idée est de montrer sur quelles problématiques l'Europe s'est construite, après la Seconde Guerre mondiale, dans un contexte où les États voulaient panser les plaies des destructions et des massacres. L'idée de paix et d'union entre peuples européens est alors au cœur des discours.
Remarque : préciser aux élèves qu'ils peuvent écrire des mots supplémentaires s'ils ont d'autres idées.

CM2

1 Les élèves doivent réaliser le bateau Europe avec tous les drapeaux actuels. Au-delà de l'Enseignement moral et civique, cette séance permet aussi de repérer les pays européens, voire leur localisation sur une carte.
2 Lire individuellement puis collectivement la phrase de Schuman et faire émerger qu'elle illustre l'idéologie de la paix, juste après le second conflit mondial. En regardant le bateau et en s'imprégnant de la phrase de Schuman, les élèves doivent pouvoir développer l'idée d'union et la volonté qu'ont les peuples européens de dépasser leurs divergences pour voguer par les flots... Poser des questions comme : « Que faut-il faire pour qu'il y ait la paix ? Pourquoi faut-il s'unir ? »

6e

1 Faire écouter l'hymne européen de Beethoven. Dire qu'il s'agit d'une composition d'un artiste romantique, Beethoven, sur un texte de Schiller, poète allemand qui chante la fraternité. Ce compositeur – qui aimait la Révolution française et ses valeurs – et ce texte, *l'Ode à la joie*, d'un poète passionné par la fraternité ont été choisis par les promoteurs de l'Europe.
2 Demander aux élèves d'imaginer et d'écrire des paroles en français en respectant le rythme et le phrasé musical. Préciser qu'ils sont libres de s'inspirer du bateau de l'affiche précédemment étudiée et de ce qu'ils peuvent savoir de la volonté des Européens, après la Seconde Guerre mondiale, de s'unir plutôt que de se combattre.

Interprétation de l'Orchestre d'Harmonie des Jeunes de l'Union européenne, sous la direction d'André Reichling, enregistrée en 1994 au Teatro da Trinidade de Lisbonne - Arrangement musical : Herbert von Karajan.

ÉTAPE 3 METTRE EN COMMUN, ARGUMENTER

DURÉE 20 minutes
ORGANISATION collective
MATÉRIEL • CM1 et CM2 : la fiche activité complétée
• 6e : le cahier d'EMC

CM1

Afficher tous les bateaux et commenter avec la classe. Faire lire les mots choisis par les élèves. L'essentiel est de montrer comment le bateau fend les conflits grâce aux valeurs inscrites dans les voiles.

CM2

1. Afficher tous les bateaux et commenter avec les élèves.
2. Après avoir relu le texte de Schuman, faire lire les textes des uns et des autres et arriver à dégager les principaux éléments contenus dans l'ensemble des productions d'écrits. Faire ressortir l'idée que pour que la paix soit possible, les pays européens, confrontés aux mêmes intempéries, doivent s'unir.

6e

Confronter tous les textes produits par les élèves. Les lire et repérer ceux qui n'ont pas respecté le rythme de la musique et ceux qui l'ont respecté. Vérifier avec l'hymne en fond sonore dans la classe, et faire chanter les élèves qui se sentent d'essayer sur la musique de Beethoven.

ÉTAPE 4 SYNTHÉTISER

DURÉE 10 minutes
ORGANISATION collective
MATÉRIEL • le cahier ou autre suport EMC

Collectivement, faire rassembler l'ensemble de ce qui a été vu pendant la séance.

Par exemple :

> ***L'Europe s'est construite pour que la guerre disparaisse du continent et pour que les pays puissent affronter les difficultés ensemble.***

L'EUROPE, ÇA SERT À QUOI EXACTEMENT ?

Le « Navire Europe », affiche de l'artiste néerlandais Reyn Dirksen (1947)

L'EUROPE, ÇA SERT À QUOI EXACTEMENT ?

Voici le bateau des valeurs européennes.
Parmi les mots donnés en bas de page, choisis-en un pour chaque voile (découpe et colle).
Jette ceux que tu ne retiens pas à la mer.

rassemblés	union	force	paix	guerre
conflits	fraternité	désaccord	opposition	solidarité

L'EUROPE, ÇA SERT À QUOI EXACTEMENT ?

1 **Prends tous les drapeaux-voiles des 28 pays qui constituent l'actuelle Union européenne et colle-les sur les mâts du bateau « Europe unie ».**

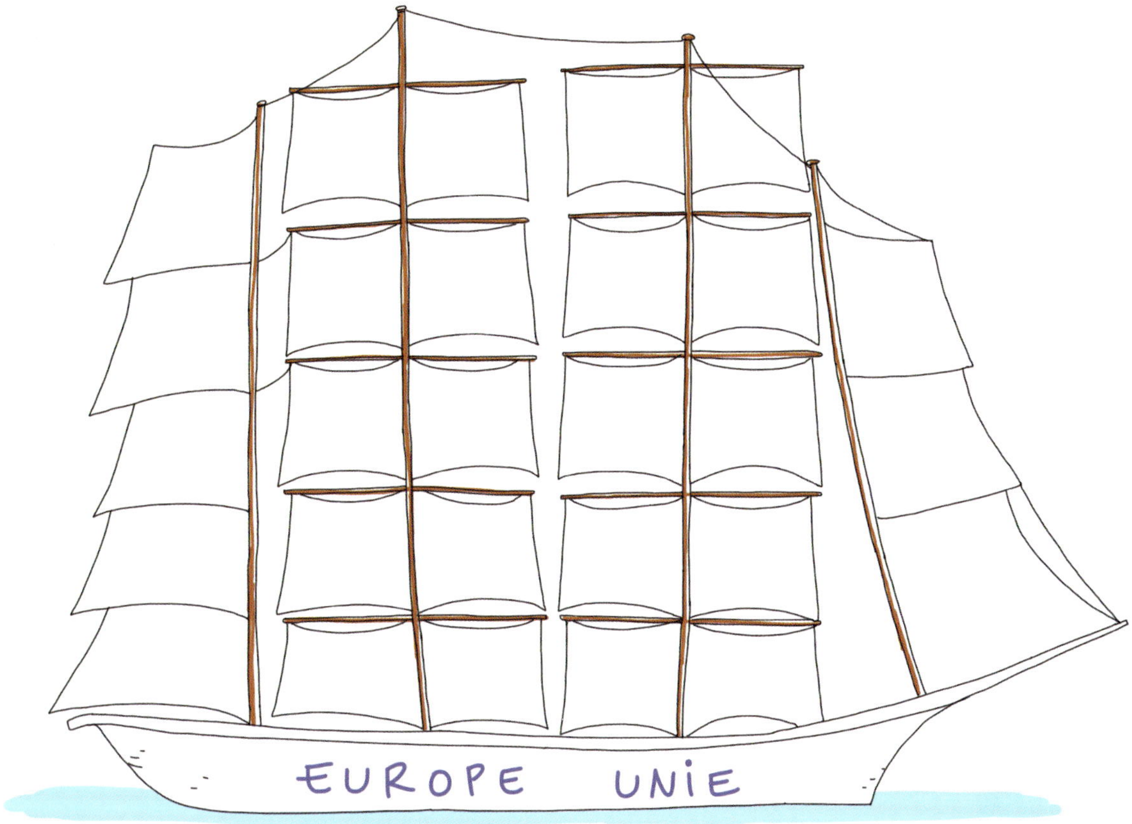

2 **Le 9 mai 1950, le ministre français Schuman a prononcé cette phrase : « Pour que la paix puisse vraiment courir sa chance, il faut, d'abord, qu'il y ait une Europe. » En regardant le bateau et en t'inspirant de cette phrase, rédige deux autres phrases pour poursuivre l'idée de Schuman sur l'Europe de la paix.**

Pour que la paix..

....

....

....

SÉANCE 2
Pourquoi voter ?

L'ESSENTIEL À SAVOIR POUR L'ENSEIGNANT

Comme cela est indiqué sur la carte d'électeur, **le vote est un droit et un devoir du citoyen**. Il est l'objet d'un apprentissage dès l'école et dans l'école, en faisant comprendre, et si possible expérimenter, ce que représente l'acte de voter, de participer à la vie collective, de délibérer collectivement, de participer aux prises de décision d'un groupe. Les élèves découvrent ainsi au cycle 3 ce que les adultes font et en quoi l'acte de voter est noble et utile.

En 1910, dans son ouvrage *Notre jeunesse*, Charles Péguy écrit :

> *« nous tournant vers la jeunesse (...) nous ne pouvons que leur dire : (...) Des hommes sont morts pour la liberté (...) des hommes ont souffert, des hommes sont morts, tout un peuple a vécu pour que le dernier des imbéciles aujourd'hui ait le droit d'accomplir cette formalité. »*

Péguy exprime ainsi que, même si nous sommes bien conscients des jeux électoraux, des accords et des désaccords – parfois de façade –, le droit de vote est un droit républicain qui garantit le même pouvoir décisionnaire à tout homme et toute femme (quels que soient sa condition, sa richesse, son rang dans la société, ses origines, sa religion). Ce que les Anglo-Saxons résument d'une formule : « **One man, one vote !** »

Jusqu'en 1848, c'est le suffrage censitaire qui domine, c'est-à-dire que seuls les mieux dotés en fortune personnelle peuvent voter. La révolution de 1848 (février et juin) apporte un espoir démocratique remarquable ; des arbres de la fraternité sont à nouveau plantés, en souvenir des journées révolutionnaires de 1789-1792. Le suffrage universel est instauré en même temps que la IIe République, en 1848... mais il n'est, dans un premier temps, que masculin. Et cet épisode historique n'aura qu'une courte durée : dès 1852, sous le second Empire de Napoléon III, le vote disparait. Le combat démocratique perdure pourtant (ce dont parle Péguy) et, en 1871, à la chute de l'empire, la IIIe République réinstalle progressivement le suffrage universel masculin.

À partir de la fin du XIXe siècle, progressivement aussi, les femmes réclament le droit de vote. Le « mouvement des suffragettes », principalement fort en Angleterre, va obtenir dans différents pays le droit de suffrage réellement universel. **En France, il faudra attendre la fin de la Seconde Guerre mondiale pour faire accéder les femmes françaises à la citoyenneté totale**.

Pour l'ensemble des démocraties, pour les républicains comme pour les régimes monarchiques actuels (Espagne, Suède, Grande-Bretagne...), le vote est bien sûr d'abord un droit. Mais il est aussi un devoir moral de civisme, un devoir de participation à la vie publique. En l'accomplissant, on participe de cette grande conquête sociale et démocratique.

__Les conseils d'enfants__ sont l'occasion d'expérimenter « pour de vrai » les règles d'un exercice démocratique. Les élèves y découvrent que l'on peut avoir un avis, en débattre, argumenter... et éventuellement perdre face à la majorité des voix ! Comme les adultes qui expérimentent à chaque élection – locale, départementale, régionale, nationale et européenne – la défaite du candidat pour lequel on a voté. Mais cet exercice n'est pas que le lieu de la déception démocratique. C'est aussi le moment d'exprimer un point de vue, d'ajouter aux débats d'idées des éléments non encore exprimés.

DÉROULEMENT DE LA SÉANCE

Thèmes du programme
- *L'engagement.*
- *Le jugement.*
- *Le droit et la règle.*

Compétences, capacités, attendus
- *Savoir participer et prendre sa place dans un groupe.*
- *Pouvoir expliquer ses choix et ses actes.*
- *Prendre part à une discussion, un débat.*
- *Comprendre les notions de droits et devoirs.*
- *Reconnaitre les principes de la république.*

ÉTAPE 1 — ÉCHANGER AUTOUR D'UNE AFFICHE DE CAMPAGNE

DURÉE 20 minutes
ORGANISATION collective
MATÉRIEL • un extrait du *Journal d'un dégonflé* photocopié et/ou affiché

1) FAIRE LIRE L'EXTRAIT DU JOURNAL INDIVIDUELLEMENT.

2) LE LIRE COLLECTIVEMENT.

3) PRÉSENTER LE DOCUMENT : Greg (l'auteur du journal) veut se présenter aux élections des délégués de son collège. Pour l'occasion, son père ressort une affiche de campagne qu'il avait réalisée à l'époque où lui-même était collégien.

4) ÉCHANGER SUR LE CONTENU DE L'AFFICHE.

> Quel est le but d'une affiche de campagne ? Laisser répondre puis préciser que le but est de donner la meilleure image de soi, de choisir les termes les plus convaincants afin d'attirer des électeurs.

> Comment le père de Greg s'est-il représenté sur son affiche ? *Il a mis sa photo mais il a surtout choisi trois mots accrocheurs : intégrité, honnêteté, savoir-faire.* Expliciter avec les élèves le sens de ces trois mots :

intégrité : le fait de n'avoir rien à se reprocher.
honnêteté : le fait d'être digne de confiance, fiable.
savoir-faire : désigne la qualité d'être efficace.

> À quel poste le père de Greg voulait-il être élu ? *Secrétaire.*

> À quels autres postes peut-on se présenter pour les élections ? *Délégué de classe, maire, président, député...*

J'ai dit à papa que je me présentais et, du coup, il est super excité. En fait, lui aussi s'est présenté quand il était au collège, et il a gagné.

Papa a fouillé dans ses vieux cartons qui traînent à la cave, et il a retrouvé une de ses affiches de campagne.

J'ai trouvé l'idée de l'affiche plutôt bonne et j'ai demandé à papa de m'emmener acheter des fournitures. J'ai pris un tableau et des feutres, et j'ai passé la soirée à préparer mon matériel de campagne. Alors espérons que ces affiches seront efficaces.

> Qui vote aux élections ? Laisser répondre. Préciser qu'en France, tout citoyen français âgé d'au moins 18 ans s'étant inscrit sur les listes électorales peut voter. C'est ce qu'on appelle le vote démocratique.

ÉTAPE 2 MESURER LES ENJEUX DU VOTE

DURÉE 20 minutes
ORGANISATION individuelle
MATÉRIEL • la fiche activité

1) LIRE ET COMPRENDRE LES CONSIGNES COLLECTIVEMENT.

CM1

Expliquer ce qu'est une campagne électorale : période durant laquelle les candidats à une élection présentent leur programme. Préciser aux élèves qu'ils ont intérêt à s'inspirer du document de départ, la fiche étant sur le même modèle. Faire détailler les différentes parties :
• 3 lignes en haut pour écrire une présentation de soi en quelques mots ;
• une case pour mettre une photo (ou dessiner un autoportrait). Les enfants pourront coller ultérieurement une photo d'identité ou une photocopie de photo ;
• une grande ligne où écrire leur slogan. Préciser aux élèves qu'un slogan est une phrase d'accroche. Faire donner des exemples à l'oral (*Votez ! Tous avec moi ! Pour une autre école !...*) ;
• une ligne pour écrire son prénom et son nom ;
• une dernière ligne pour indiquer à quelle élection, à quel poste on se présente (délégué de classe, président, maire...).

CM2

Expliquer précisément la question 3 :

> **Vous devez écrire trois idées, causes, sujets, problèmes, qui vous paraissent particulièrement importants, qui vous tiennent à cœur et qui vous décideraient à voter pour un candidat. Que proposerait-il qui soit vraiment important pour vous ?**

Faire donner des exemples. On peut imaginer : *arrêter la vente d'armes, combattre le harcèlement à l'école, garantir l'égalité pour tous*... Même si les propositions des élèves peuvent paraitre irréalistes ou utopiques, l'essentiel est qu'ils réfléchissent à des idées qui pourraient les faire se mobiliser.

6e

Présenter la carte d'électeur : document à présenter lorsqu'on va voter (accompagné de sa pièce d'identité). Demander qui possède une carte d'électeur. Laisser répondre puis préciser qu'il s'agit de tout citoyen français majeur inscrit sur les listes électorales.

2) TRAVAIL INDIVIDUEL SUR LA FICHE.

ÉTAPE 3 ÉCHANGER, DÉBATTRE

DURÉE 20 minutes
ORGANISATION collective
MATÉRIEL • la fiche activité complétée

CM1

Afficher tous les travaux. Laisser un temps d'observation, relever les termes choisis pour se présenter, ainsi que les slogans. Puis laisser les enfants commenter les affiches. Demander quelles affiches leur paraissent plus « accrocheuses » et pourquoi.

CM2

❶ Lire chaque proposition et voir selon quels critères elle semble juste ou pas. L'essentiel étant de mettre en avant l'importance de l'engagement et la responsabilité que l'on exprime à travers le vote. Demander à chaque fois :

> Pourquoi cette proposition est-elle juste / n'est-elle pas juste ?
Les élèves doivent pouvoir argumenter leurs propos.
Par exemple : *mettre un papier au hasard dans une boîte*. Expliquer qu'on ne vote pas « au hasard », que l'on a réfléchi avant de se décider. Rectifier aussi le fait qu'il ne s'agit pas d'un « papier » mais d'un bulletin de vote. De même qu'il ne s'agit pas d'une « boîte » mais d'une urne.
Autre exemple : *faire son devoir*. Laisser débattre. Puis expliquer que si juridiquement, voter n'est pas une obligation, d'un point de vue civique et moral, c'est un devoir. Faire expliquer à la classe pourquoi. Expliquer que la liberté de vote n'existe que si l'on s'en sert. Dire aussi qu'en tant que citoyen, nous avons tous une part de la souveraineté et du pouvoir. Il est de notre responsabilité de faire vivre la démocratie ; rappeler que dans d'autres pays du monde, certains peuples n'ont pas le droit de s'exprimer.
2 Laisser les enfants proposer leurs réponses et faire réagir la classe afin de voir quels sont les critères de jugement. L'objectif ici est d'éliminer toutes les tendances qu'il pourrait y avoir à choisir en fonction de l'apparence (physique, tenue), de préjugés (un enfant qui dirait par exemple « *je choisirais celui qu'on voit le plus à la télé parce que c'est lui le meilleur* »), de discriminations (un enfant qui dirait par exemple « *je regarde si c'est un homme ou une femme* »), de beaux discours (« *moi, je choisirais celui qui parle bien* »)... Dans tous les cas, demander aux enfants si leurs critères peuvent réellement permettre de juger de la capacité de la personne à être un bon président.
Mettre en avant *la crédibilité* en expliquant que quelqu'un qui proposerait la lune, même si cela est très attirant, n'est pas crédible – personne ne peut donner la lune aux gens ! *Éveiller donc le discernement, l'esprit critique* des enfants.
Deuxième critère : *le sérieux du candidat*. Il est crédible, son programme est intéressant. Se demander alors s'il est intègre, honnête par exemple, en s'assurant qu'il n'a jamais été mêlé à de mauvaises affaires (détournement d'argent public, corruption, exil fiscal...).
3 Écouter et faire discuter des propositions. Voir si elles concernent bien des questions d'intérêt général et non des soucis personnels. Le faire remarquer au besoin.
4 Laisser réagir. Préciser que le droit de vote n'a pas été « donné » d'emblée. Il a fallu lutter pour l'obtenir. Dans certains pays, le droit de vote n'est pas universel. Il serait dommage de ne pas exercer ce droit.

6e

1 et 2 Sur la carte d'électeur, on voit :
• un portrait de Marianne, femme symbole de la République française ;
• « Liberté, égalité, fraternité ». Faire rappeler ce à quoi ça correspond : la devise de la France ;
• « République française » : la France est une république, c'est-à-dire un mode de gouvernement sans roi, et dont les dirigeants sont élus et révocables ;
• « ministère de l'Intérieur ». Demander pourquoi est inscrit ce ministère : c'est celui qui s'occupe de l'organisation de la vie collective et notamment des élections.
3 Laisser les élèves expliquer puis préciser que le droit de vote est effectivement un droit datant de 1848 pour les hommes et 1945 pour les femmes. Le vote est aussi un devoir civique, moral. Juridiquement, en France, on ne peut pas obliger les gens à voter. À chacun de mesurer l'importance de la possibilité de voter.

> Pourquoi considère-t-on le vote comme un devoir moral ? *Parce qu'avec le vote, on détient une partie du pouvoir : celle de décider qui va nous gouverner. Si l'on n'utilise pas ce pouvoir qui nous est donné, on laisse les autres choisir à notre place qui va nous gouverner. En cela, on doit se sentir impliqués.*

ÉTAPE 4 SYNTHÉTISER

DURÉE 10 minutes
ORGANISATION collective
MATÉRIEL • le cahier ou autre support d'EMC

Collectivement, faire rassembler l'ensemble de ce qui a été vu pendant la séance. **Par exemple :**

Voter est le moyen de donner son opinion. C'est un droit et aussi un devoir.

POURQUOI VOTER ?

J'ai dit à papa que je me présentais et, du coup, il est super excité. En fait, lui aussi s'est présenté quand il était au collège, et il a gagné.

Papa a fouillé dans ses vieux cartons qui traînent à la cave, et il a retrouvé une de ses affiches de campagne.

J'ai trouvé l'idée de l'affiche plutôt bonne et j'ai demandé à papa de m'emmener acheter des fournitures. J'ai pris un tableau et des feutres, et j'ai passé la soirée à préparer mon matériel de campagne. Alors espérons que ces affiches seront efficaces.

Extrait de *Journal d'un dégonflé*, tome 1,
Jeff Kinney, traduit par Nathalie Zimmermann

POURQUOI VOTER ?

Crée ta propre affiche de campagne électorale.

....

....

....

....

....

....

POURQUOI VOTER ?

1 Entoure ce qui te parait juste.

Voter, c'est...

donner sa voix • être citoyen • perdre son temps •

mettre un papier au hasard dans une boîte • faire un choix •

être responsable • décider • s'engager • faire comme tout le monde •

faire son devoir • exercer ses droits • ne pas exister •

s'exprimer • tenter sa chance

2 Imagine que tu puisses voter pour élire un président. Tu as le choix entre trois personnes. Comment ferais-tu pour choisir ? Comment pourrais-tu juger des candidats ? Que regarderais-tu ? Explique.

....

....

....

....

3 Quelles propositions devrait faire le candidat pour lequel tu voterais ? Proposes-en trois.

....

....

....

4 Les femmes ont obtenu le droit de vote bien après les hommes. Que penses-tu de cela ?

....

....

....

POURQUOI VOTER ?

1 Observe cette carte d'électeur :

2 Décris tout ce que tu y vois.

....

....

....

3 « Voter est un droit, c'est aussi un devoir civique. »
Surligne cette phrase sur la carte d'électeur.
Pourquoi y a-t-il écrit ça ? Qu'est-ce que cela signifie ?

....

....

....

4 À ton avis, quel est le problème si tu ne votes pas ?

....

....

....

SÉANCE 3

C'est quoi un gouvernement ?

L'ESSENTIEL À SAVOIR POUR L'ENSEIGNANT

En république, comme dans beaucoup de pays démocratiques, les élections au suffrage universel permettent à tous les citoyens de voter librement. En France, les citoyens (adultes de plus de 18 ans) élisent des maires, des conseillers départementaux, des conseillers régionaux, des députés et le président de la République à l'occasion d'élections différentes.

Après son élection, **le président nomme un Premier ministre chargé de mettre en œuvre la politique pour laquelle le président a été élu**. C'est ce qu'on appelle un régime présidentiel. Le Premier ministre propose une liste de ministres au président (souvent ils choisissent ensemble, mais le texte de la Constitution dit « propose »), que celui-ci accepte ou non. Une fois acceptés, l'ensemble des ministres forment ce que l'on appelle un gouvernement.

© Florence Lebert / Picturetank

La salle du Conseil des ministres, au palais de l'Élysée, où le président reçoit les ministres chaque mercredi matin.

Dans certains pays, les électeurs n'élisent pas un président, mais un Premier ministre (au Royaume-Uni, où la reine est le chef d'État) ou un chancelier (en Allemagne, où le président fédéral est le chef de la République mais n'a pas de pouvoir).

Dans la Constitution de la Ve République française, le président détient les pouvoirs principaux : celui de faire la guerre, de faire la paix, mais aussi de former un gouvernement.

Chaque mercredi matin (ou, en cas de situation exceptionnelle, un autre jour), le gouvernement se réunit pour définir les mesures à prendre et les décisions à débattre.

Ce régime présidentiel est soumis à l'approbation des députés, élus aux élections législatives. Réunis à l'Assemblée nationale, les députés votent les lois proposées par le gouvernement et peuvent en proposer d'autres. Une fois votée à la majorité, la loi est envoyée à la deuxième chambre, le Sénat, dont les membres (les sénateurs) ne sont pas élus au suffrage universel mais par l'ensemble de tous les élus de France : les maires, les adjoints, les conseillers départementaux, régionaux, etc. Une fois la loi votée au Sénat, elle s'applique à tous. Elle est l'expression de la souveraineté populaire car les députés, comme le président, sont élus par l'ensemble des citoyens.

Le président... *car depuis les débuts de la République française – depuis la Ire, sous la Révolution française, la IIe (1848-1852), la IIIe (1881-1940), la IVe (1945-1958) et la Ve que nous connaissons encore (depuis 1958) – jamais une femme n'a été élue présidente de la République. Seule Ségolène Royal, en 2007, a participé au second tour de l'élection présidentielle, ce qui a changé l'image que l'on peut avoir de la fonction : désormais, envisager une femme présidente relève du possible.*

DÉROULEMENT DE LA SÉANCE

Thèmes du programme
- *Le droit et la règle.*
- *L'engagement.*

Compétences, capacités, attendus
- *Reconnaitre les principes et les valeurs de la république.*
- *La participation démocratique.*
- *Le vote.*

ÉTAPE 1 COMPRENDRE COMMENT FONCTIONNE UN CONSEIL DES MINISTRES

DURÉE 20 minutes
ORGANISATION collective
MATÉRIEL •le document « Messieurs les ministres » photocopié et/ou affiché

1) PRÉSENTER LE DOCUMENT : il s'agit d'un dessin, imaginé par l'auteur de l'album pour les enfants, qui décrit une scène de Conseil des ministres.

Messieurs les ministres

Lucien est très content. Le nouveau président de la République est élu : c'est une présidente !
Elle nomme un Premier ministre qui va choisir à son tour des ministres : tous constituent le gouvernement.
Le Premier ministre présente des projets de lois
Norbert est atterré : le nouveau gouvernement propose que les enfants aillent à l'école six jours par semaine, y compris le mercredi et le samedi !
Heureusement, tout n'est pas joué, le projet de loi doit encore être voté par les députés et les sénateurs.

Si tu étais ministre, quelle loi proposerais-tu ?

Tourne la page et va à l'Assemblée nationale pour savoir si la loi sur l'école va être votée.

2) LIRE INDIVIDUELLEMENT PUIS COLLECTIVEMENT LE DOCUMENT.

3) LE FAIRE DÉCRIRE ET LAISSER LES ENFANTS RACONTER RAPIDEMENT CE QU'ILS ONT COMPRIS.
Faire rappeler comment s'appelle un gouvernement dont le président est élu par l'ensemble des citoyens : *un gouvernement démocratique.*

4) EXPLIQUER LE FONCTIONNEMENT D'UN GOUVERNEMENT.
Expliquer ce qu'est le Premier ministre (la personne chargée de mettre en œuvre la politique pour laquelle le président à été élu) et par qui il est choisi (par le président).
Expliquer ce qu'est un ministre et préciser par qui il est choisi (par le Premier ministre), en prenant en exemple le ministre de l'Éducation nationale (qui s'occupe de tout ce qui relève de l'enseignement primaire et secondaire) ou de l'Agriculture (en charge de tout ce qui concerne les activités agricoles, la production de la terre et de la mer).
Dire que chaque ministre a un domaine de la vie sociale sous sa responsabilité. Il peut proposer des lois au président pendant le Conseil des ministres. Si le président accepte cette proposition, la loi est envoyée devant les députés qui vont la voter (ou non).

> Qui, à votre connaissance, est le président de la République française aujourd'hui ? Est-ce un homme ou une femme ?
C'est l'occasion de dire que jamais une femme n'a été élue présidente en France. Mais que c'est une femme qui dirige l'Allemagne depuis 2005.

5) REVENIR AU DOCUMENT ET L'EXPLIQUER.

Préciser que sur cette image, on se situe après l'élection présidentielle et que c'est une femme qui a été élue présidente de la République.
Faire remarquer que les ministres sont réunis autour d'une table, et autour de la présidente. Chacun écoute et prend des notes. Ce n'est pas la présidente qui parle mais le Premier ministre. Celui-ci dit quels sont les projets de loi.
Faire remarquer aux élèves que deux enfants se trouvent dans la salle alors que personne n'a le droit, en vrai, d'assister aux débats du Conseil des ministres. Car si les Français n'assistent pas aux débats, ils savent après le Conseil quels sont les projets de loi prévus. Ici, le projet est de demander aux écoles de recevoir les enfants tous les jours de la semaine, samedi compris ! Une réforme des rythmes scolaires nouvelle formule...
Expliquer également que si la loi est proposée, elle n'est pas pour autant votée. Les deux assemblées (Assemblée nationale et Sénat) sont chargées d'améliorer la loi, de la changer ou de la refuser. Comme la France est une démocratie, pendant que les parlementaires discutent des projets de loi, les journaux, les associations et les syndicats peuvent participer aux débats dans la presse, à la télé, ou en manifestant, pour dire s'ils sont d'accord ou non.

ÉTAPE 2 RÉPARTIR LES MINISTÈRES

DURÉE 25 minutes
ORGANISATION individuelle
MATÉRIEL • la fiche activité

1) LIRE LES CONSIGNES COLLECTIVEMENT.

En CM1, l'idée est de faire participer les élèves à la constitution d'un gouvernement, dans la culture de l'engagement, afin qu'ils comprennent comment on choisit un ministre et pour quels objectifs. Expliquer qu'ils sont libres de choisir qui ils veulent, mais que l'on ne choisit pas ses ministres « par amitié ». On les choisit pour leurs compétences spécifiques et leur personnalité.

2) TRAVAIL INDIVIDUEL SUR LA FICHE.

ÉTAPE 3 METTRE EN COMMUN, ARGUMENTER

DURÉE 20 minutes
ORGANISATION collective
MATÉRIEL • la fiche activité completée

CM1

Les enfants doivent pouvoir argumenter et expliquer pourquoi ils ont choisi telle ou telle personne à la tête du ministère. La question posée est alors :

> **Penses-tu que cette personne serait compétente pour s'occuper de ce ministère ?**
Faire justifier en mettant en avant ses qualités.

CM2

1 Faire lire les propositions et en discuter collectivement.
L'intérêt est de travailler avec les élèves sur la pertinence et la faisabilité des lois proposées. Il ne s'agit pas de proposer des idées farfelues, mais au contraire de mettre les enfants dans un processus d'engagement et de responsabilité. Il faut qu'ils puissent mesurer l'écart entre une idée généreuse et sa mise en œuvre concrète.

2 Les réponses peuvent être plus libres (*ministère des Personnes âgées, ministère des Enfants, ministère des Loisirs, ministère contre le Racisme*...) à condition de pouvoir expliquer à la classe quels seraient leurs rôles concrètement : quel champ d'action, des idées d'intervention...

6e

Vérifier collectivement que toutes les informations sont bien placées. Ce qui donnera l'occasion d'expliquer plus en détail le fonctionnement du gouvernement, des institutions et des relations que chaque partie entretient avec les autres. La correction sera aussi l'occasion de préciser le rôle de chaque fonction.

ÉTAPE 4 SYNTHÉTISER

DURÉE 15 minutes
ORGANISATION collective
MATÉRIEL • le cahier ou autre support d'EMC

Collectivement, faire rassembler l'ensemble de ce qui a été vu pendant la séance.

Par exemple :

Le gouvernement est une organisation de personnes qui dirige le pays.
En France, il est composé d'un président et de ministres dirigés par un Premier ministre.
Le gouvernement prend les décisions importantes pour le pays.

C'EST QUOI UN GOUVERNEMENT ?

Messieurs les ministres

Lucien est très content. Le nouveau président de la République est élu : c'est une présidente !
Elle nomme un Premier ministre qui va choisir à son tour des ministres : tous constituent le gouvernement.
Le Premier ministre présente des projets de lois
Norbert est atterré : le nouveau gouvernement propose que les enfants aillent à l'école six jours par semaine, y compris le mercredi et le samedi !
Heureusement, tout n'est pas joué, le projet de loi doit encore être voté par les députés et les sénateurs.

Si tu étais ministre, quelle loi proposerais-tu ?

Tourne la page et va à l'Assemblée nationale pour savoir si la loi sur l'école va être votée.

Extrait de *Le Civisme à petit pas*, de Sylvie Girardet, illustré par Claude Lapointe
Avec l'autorisation de l'auteur et de l'illustrateur

Messieurs les ministres

Lucien est très content. Le nouveau président de la République est élu : c'est une présidente !
Elle nomme un Premier ministre qui va choisir à son tour des ministres : tous constituent le gouvernement.
Le Premier ministre présente des projets de lois
Norbert est atterré : le nouveau gouvernement propose que les enfants aillent à l'école six jours par semaine, y compris le mercredi et le samedi !
Heureusement, tout n'est pas joué, le projet de loi doit encore être voté par les députés et les sénateurs.

Si tu étais ministre, quelle loi proposerais-tu ?

Tourne la page et va à l'Assemblée nationale pour savoir si la loi sur l'école va être votée.

Extrait de Le Civisme à petit pas, de Sylvie Girardet, illustré par Claude Lapointe
Avec l'autorisation de l'auteur et de l'illustrateur

C'EST QUOI UN GOUVERNEMENT ?

1 Imagine que tu sois président-e. Qui choisirais-tu comme ministres pour former ton gouvernement ?
Écris son prénom et son nom et explique pourquoi tu choisirais cette personne.

Premier ministre

Nom et prénom : ....

Je choisis cette personne parce que ....

....

Ministre de l'Éducation (école, programmes...)

Nom et prénom : ....

Je choisis cette personne parce que ....

....

Ministre de la Justice (sanctions, récompenses, règlement des conflits...)

Nom et prénom : ....

Je choisis cette personne parce que ....

....

Ministre des Sports

Nom et prénom : ....

Je choisis cette personne parce que ....

....

Ministre de la Culture (cinéma, arts, théâtre...)

Nom et prénom : ....

Je choisis cette personne parce que ....

....

2 Imagine que tu puisses créer un nouveau ministère. Lequel créerais-tu ?

....

....

C'EST QUOI UN GOUVERNEMENT ?

1 Imagine que tu deviennes président-e de la République.
Quelles décisions prendrais-tu dès ton arrivée au pouvoir ?
Quelles lois voudrais-tu faire voter par les députés ?

....
....
....
....
....
....
....
....
....
....

2 Si tu devais inventer des ministères, lesquels inventerais-tu et pourquoi ?

....
....
....
....
....
....
....
....

C'EST QUOI UN GOUVERNEMENT ?

Complète le schéma en lisant le texte.

La Ve République repose sur l'idée que le pouvoir vient de la volonté du peuple, c'est-à-dire du vote de l'ensemble des citoyens. Ce sont eux qui votent pour élire le président de la République, les députés (qui composent l'Assemblée nationale), les conseillers généraux (élus au conseil départemental), les conseillers régionaux (élus au conseil régional), les conseillers municipaux (élus dans les mairies).

Tous ces conseillers élisent les sénateurs qui siègent au Sénat.

Une fois élu, le président nomme un Premier ministre. Celui-ci propose alors au président les ministres qui feront partie du gouvernement. Ces ministres sont ensuite nommés par le président.

Le gouvernement présente au Parlement (la réunion des deux chambres) ses projets de loi pour que les élus du peuple et les sénateurs les adoptent ou non.

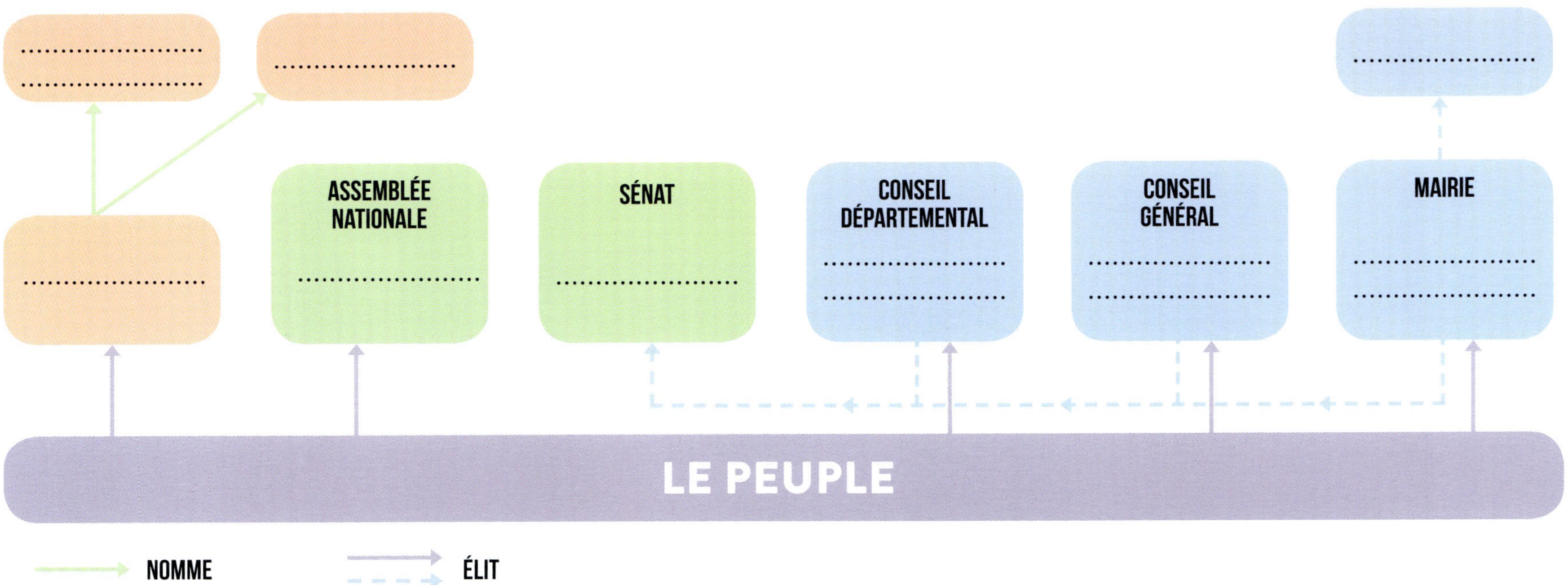

SÉANCE 1

Quels sont les principes de la République française

L'ESSENTIEL À SAVOIR POUR L'ENSEIGNANT

La république est, par définition première, la *res publica*, c'est-à-dire **la chose publique, celle qui intéresse tout le peuple**. La république est un régime politique où le pouvoir n'est pas détenu par une seule personne. Le chef de l'État n'y est pas désigné héréditairement, comme dans une monarchie, mais est élu par le peuple au suffrage direct.

> *Dans une république, le gouvernement est élu par le peuple qui exerce sa souveraineté par son vote.*

« La France éclairant le monde » : allégorie de la IIe République. Peinture de Janet Lange, 1848. Paris, musée Carnavalet.

En France, la république a été expérimentée pendant la Révolution, lorsqu'on se passe du roi (1792), puis sous la IIe République, en 1848. Ses principales caractéristiques s'expriment dans la devise de l'époque : liberté de tous, liberté de conscience, d'opinion, de croyance et liberté d'expression (notamment le vote) ; l'égalité de tous devant la loi, riche ou pauvre. « La république est un combat de chaque jour », écrit Régis Debray. C'est-à-dire que **la liberté est sans cesse à faire respecter ; l'égalité sans cesse à gagner**.

L'idéal républicain français fait de la participation des citoyens un objet fort de mobilisation et de discours politique. Sans leur participation (par le vote, le débat public, la presse, etc.), la République meurt, et avec elle la démocratie.

L'héritage révolutionnaire de la République française fait qu'elle se veut **fraternelle, démocratique et sociale**. Qu'il s'agisse de la IIe, de la IIIe (avec Jaurès, Ferry, Buisson), de la IVe (après la Libération) ou de la Ve, la République promet la fraternité et l'égalité entre les citoyens – y compris l'égalité sociale : les principes républicains doivent permettre l'élévation sociale de chacun.

Ne disposant que de la légitimité du peuple, la

➲ République et démocratie ne sont pas des synonymes

Une république n'est pas forcément démocratique : quand le vote est limité à un petit groupe de personnes par exemple. Ainsi, la première République française était une république censitaire, où seuls les plus riches pouvaient voter. Au XIXe siècle en France, les deux termes vont s'apparenter, alors même que la démocratie peut être une monarchie. Beaucoup d'exemples contemporains en Europe montrent que des régimes monarchiques sont de belles démocraties. La différence réside dans le fait que dans la république, c'est une personne élue et révocable – ce que garantit la Constitution – qui exerce les plus hautes responsabilités.

république est fragile si le peuple ne va plus voter. Si les citoyens se désinvestissent de la chose publique, la démocratie elle-même est en danger. C'est pourquoi il est important de bien montrer aux élèves sur quelles valeurs et quels principes s'appuie la République française – tous sont présentés dans le préambule et l'article 1 de la Constitution de la Ve République, adoptée en 1958.

Comme l'indiquent les programmes d'EMC, l'école a pour obligation de transmettre des savoirs disciplinaires, mais aussi de faire partager les valeurs de la république, quels que soient les convictions, les croyances ou les choix de vie personnels, car la **république permet et garantit précisément la liberté de conscience**. L'école doit donc être à la fois exigeante et bienveillante.

DÉROULEMENT DE LA SÉANCE

Thèmes du programme	Compétences, capacités, attendus
• *Le jugement.* • *Le droit et la règle.*	• *Reconnaitre les principes et les valeurs de la république.* • *Reconnaitre les traits constitutifs de la République française.* • *Distinguer son intérêt personnel de l'intérêt collectif.*

ÉTAPE 1 ÉCHANGER AUTOUR DU SENS DE L'ARTICLE 1 DE LA CONSTITUTION DE 1958

DURÉE 20 minutes
ORGANISATION collective
MATÉRIEL • l'article 1 de la Constitution photocopié et/ou affiché

1) PRÉCISER CE QU'EST UNE CONSTITUTION : *un texte qui fixe l'organisation d'un pays.*

Expliquer qu'avoir une Constitution était une demande des révolutionnaires avant 1789, car sans Constitution, le roi pouvait modifier les règles d'organisation de la vie politique selon son bon vouloir, arbitrairement.

Dire que la Constitution de la République française contient de nombreux articles.

Faire réfléchir les élèves sur l'importance de ce que dit le premier article. Insister sur le fait que c'est dans cet article que l'essentiel, ou presque, est dit : on pourrait dire qu'il « annonce la couleur ».

2) LECTURE INDIVIDUELLE PUIS COLLECTIVE DU TEXTE.

> **Article 1 de la Constitution française**
> La France est une république indivisible, laïque, démocratique et sociale. Elle assure l'égalité devant la loi de tous les citoyens sans distinction d'origine, de race ou de religion. Elle respecte toutes les croyances. (...) La loi favorise l'égal accès des femmes et des hommes aux mandats électoraux et fonctions électives, ainsi qu'aux responsabilités professionnelles et sociales.

Relever collectivement les mots difficiles :

• *indivisible* : il n'y a qu'un peuple, représenté par le Parlement qui fait les lois ; tous les citoyens sont égaux devant la loi ; tout le monde a les même droits.

• *laïque* : neutralité de l'État en matière religieuse (l'État ne s'occupe pas des affaires des églises) ; liberté de croyances et de conscience, liberté religieuse.

• *démocratique* : c'est le peuple qui détient le pouvoir, par son vote libre.

• *un mandat* : un pouvoir attribué à un élu pendant un temps défini – mandat de maire, de député, de président de la République.
Faire relever le fait que les femmes, à égalité avec les hommes, peuvent accéder au pouvoir local, régional ou national.
Mettre en évidence les valeurs qui sont exprimées dès cet article premier : égalité, liberté, démocratie. Montrer que quelle que soit son origine, sa couleur de peau, sa religion, tous les citoyens sont traités de la même façon. Tous ont le droit de vote, tous peuvent participer à la vie publique. Dire que c'est un droit égal pour tous les citoyens.

ÉTAPE 2 DÉFINIR LES VALEURS DE LA RÉPUBLIQUE

DURÉE 25 minutes
ORGANISATION collective et individuelle
MATÉRIEL • la fiche activité

1) LECTURE COLLECTIVE DES CONSIGNES.

CM1

Faire regarder l'image de la statue de la place de la République de Paris et la décrire ensemble.
En lien avec le programme d'Histoire sur la Révolution française, rappeler qu'il s'agit de Marianne, personnage inventé pendant la Révolution française et symbolisant la liberté.
Faire repérer « la branche » : expliquer que c'est un rameau d'olivier, symbole de paix.
Nommer le bonnet que Marianne porte sur la tête : un bonnet phrygien. Expliquer que les esclaves devenus libres dans la Rome antique portaient un tel bonnet (il est donc symbole de liberté).

CM2

1. Faire souligner dans le texte les mots importants qui montrent les valeurs de la république. Réunir collectivement les quatre valeurs : *égalité, démocratie, liberté, égalité homme/femme*. Demander aux élèves de les inscrire dans la colonne de gauche de l'exercice 2.
2. Leur demander de trouver oralement des contraires à ces quatre mots. Faire inscrire ces antonymes dans les cases correspondantes de la colonne de droite.
3. Faire réfléchir à la phrase « Vive la République ! ». Rappeler qu'à chaque fois que le président parle à la télévision, c'est avec cette phrase qu'il termine son discours : « Vive la République, vive la France ! »
4. Faire collectivement jaillir quelques phrases ou slogans qui pourraient être sur les pancartes du dessin, en réfléchissant à la nécessité de défendre la République : pour l'égalité, la liberté, la fraternité, la même loi pour tous, la justice, etc.

2) TRAVAIL INDIVIDUEL SUR LA FICHE.

ÉTAPE 3 METTRE EN COMMUN, ARGUMENTER

DURÉE 15 minutes
ORGANISATION collective
MATÉRIEL • la fiche activité complétée

CM1

❶ Afficher l'ensemble des dessins et comparer ce qui est écrit avec les mots qui sont repris. Les élèves vont certainement réutiliser la devise de la République – liberté, égalité, fraternité. Ils peuvent aussi en ajouter d'autres : solidarité, justice, union, etc.
❷ Le rameau d'olivier est un symbole fort de la République, mais surtout de la paix. Vivre ensemble dans une société apaisée, c'est accepter de déposer les armes pour les remplacer par le vote. Cela ne signifie pas qu'il n'y a plus de tensions ni de conflits, mais que ceux-ci se règlent pacifiquement, dans le dialogue et le débat.
❸ La référence au bonnet phrygien doit pouvoir se faire en lien avec le programme d'Histoire sur la Révolution française. Marianne, symbole de la France, est comme une ancienne esclave devenue libre, grâce à la république.

CM2

❶ et ❷ Insister collectivement sur la notion d'antonyme et faire un retour sur les mots contraires retenus. Veiller à ce qu'il s'agisse bien d'antonymes ou d'expressions contraires.
Exemple de corrigé :

égalité	≠	inégalité
démocratie	≠	dictature
liberté	≠	oppression, interdiction
égalité homme/femme	≠	inégalités hommes/femmes, discrimination, injustice…

❸ Faire comprendre pourquoi le président, comme les révolutionnaires, dit « Vive la République ! » : au temps des rois, il était d'usage, à chaque cérémonie publique, de prononcer la phrase « Vive le roi ! ». En s'installant, la république a repris cette idée mais en prononçant « Vive la République ! » pour bien montrer que désormais le pouvoir n'était plus celui d'un seul mais celui de tous.
Au-delà de cette « anecdote », l'objectif est de faire comprendre aux élèves la chance que leur offre ce régime en leur donnant la liberté d'expression, de croyance, de conscience, d'égalité… sans que le pouvoir appartienne à un roi ou à une reine (monarchie constitutionnelle). Comprendre « Vive la République ! », c'est permettre aux élèves de réaliser que dans certains pays, toutes ces libertés n'existent pas. L'enseignant peut demander à la classe d'imaginer un instant ce que serait la vie sans toutes ces valeurs accordées.
❹ Faire découvrir quelles sont les idées opposées à l'idéal républicain : les inégalités de droit, l'absence de liberté, l'oppression, l'oppression de la femme… Ce qui ne veut pas dire que la France ne compte plus d'inégalités, loin de là. Mais il faut faire comprendre que l'idéal républicain est l'objectif à atteindre ; et qu'il y a une différence entre les États qui n'ont pas ces principes et les États démocratiques qui les affirment et garantissent des droits.
Les inscriptions sur les pancartes doivent dire le combat pour ces valeurs toujours à défendre, plus que jamais à défendre.

ÉTAPE 4 — SYNTHÉTISER

DURÉE 15 minutes
ORGANISATION collective
MATÉRIEL • le cahier d'EMC

Oralement, faire rassembler l'ensemble de ce qui a été vu pendant la séance.

Par exemple :

> ***Les principes de la République française sont la liberté, l'égalité, la fraternité. Ce sont à la fois des principes juridiques et un idéal à atteindre et à défendre.***

QUELS SONT LES PRINCIPES DE LA RÉPUBLIQUE FRANÇAISE ?

Article 1 de la Constitution française

La France est une république indivisible, laïque, démocratique et sociale. Elle assure l'égalité devant la loi de tous les citoyens sans distinction d'origine, de race ou de religion. Elle respecte toutes les croyances. (...) La loi favorise l'égal accès des femmes et des hommes aux mandats électoraux et fonctions électives, ainsi qu'aux responsabilités professionnelles et sociales.

Article 1 de la Constitution française

La France est une république indivisible, laïque, démocratique et sociale. Elle assure l'égalité devant la loi de tous les citoyens sans distinction d'origine, de race ou de religion. Elle respecte toutes les croyances. (...) La loi favorise l'égal accès des femmes et des hommes aux mandats électoraux et fonctions électives, ainsi qu'aux responsabilités professionnelles et sociales.

Article 1 de la Constitution française

La France est une république indivisible, laïque, démocratique et sociale. Elle assure l'égalité devant la loi de tous les citoyens sans distinction d'origine, de race ou de religion. Elle respecte toutes les croyances. (...) La loi favorise l'égal accès des femmes et des hommes aux mandats électoraux et fonctions électives, ainsi qu'aux responsabilités professionnelles et sociales.

Article 1 de la Constitution française

La France est une république indivisible, laïque, démocratique et sociale. Elle assure l'égalité devant la loi de tous les citoyens sans distinction d'origine, de race ou de religion. Elle respecte toutes les croyances. (...) La loi favorise l'égal accès des femmes et des hommes aux mandats électoraux et fonctions électives, ainsi qu'aux responsabilités professionnelles et sociales.

QUELS SONT LES PRINCIPES DE LA RÉPUBLIQUE FRANÇAISE ?

1 Voici la statue qui est place de la République, à Paris. Écris sur son piédestal les trois principes de la République française, comme si tu avais taillé de belles lettres dans la pierre. Puis, colorie-la.

2 Que porte cette statue dans la main droite ? Qu'est-ce que le sculpteur a voulu dire avec ce symbole ?

....

....

3 Que porte-t-elle sur la tête ? Explique pourquoi.

....

....

QUELS SONT LES PRINCIPES DE LA RÉPUBLIQUE FRANÇAISE ?

1 Souligne dans le texte de l'article 1 les mots importants qui disent les valeurs de la république, puis écris-les dans la colonne de gauche de l'exercice 2.

Article 1 de la Constitution française

La France est une république indivisible, laïque, démocratique et sociale. Elle assure l'égalité devant la loi de tous les citoyens sans distinction d'origine, de race ou de religion. Elle respecte toutes les croyances. (...) La loi favorise l'égal accès des femmes et des hommes aux mandats électoraux et fonctions électives, ainsi qu'aux responsabilités professionnelles et sociales.

2 Quel est l'inverse de l'égalité ? de la liberté ? de l'égalité homme/femme ? de la démocratie ? Inscris les mots contraires dans les cases de la colonne de droite.

	≠	
	≠	
	≠	
	≠	

3 Pourquoi dit-on « Vive la République ! » ?

....

....

4 Des gens manifestent place de la République, autour de la statue, pour défendre la république. Imagine ce qu'ils ont écrit sur leurs pancartes.
(Notes te idées sur ton cahier d'EMC ou sur une feuille à part).

SÉANCE 2

Une devise, à quoi ca sert ?

L'ESSENTIEL À SAVOIR POUR L'ENSEIGNANT

La République française est fondée sur de grands principes qui s'incarnent dans sa devise : *Liberté, Égalité, Fraternité.*

> *Liberté, égalité, fraternité sont à la fois au fondement de notre société, mais aussi des valeurs universelles que l'on retrouve dans toutes les grandes Déclarations des droits de l'homme (ONU, Déclaration africaine, Déclaration européenne...).*

Au cycle 2, les élèves ont appris à reconnaitre les symboles de la République (le drapeau français, Marianne, l'hymne et la devise). Au cycle 3, il convient de « faire vivre » les valeurs de la république, sans esprit de catéchisme.

Ces valeurs s'enracinent dans la Révolution française, événement fondateur de notre modernité politique. « Liberté, égalité, fraternité » est une formule qui s'installe en effet très vite dans les débats révolutionnaires. Devise officielle sous la IIe République (1848-1852), elle n'est cependant inscrite sur tous les bâtiments officiels qu'en 1880. La République, c'est en effet aussi un paysage de communes rurales ou urbaines, dont les monuments et les bâtiments (mairie, école, tribunal...) portent et revendiquent ces principes fondamentaux de la Révolution et de la république.

« **Liberté** » : il s'agit de la liberté du peuple, mais aussi des libertés fondamentales : libertés de conscience, de s'exprimer, de croire.

« **Égalité** » : l'égalité juridique des citoyens est reconnue, quelle que soit sa fortune ou sa condition sociale. Cela se traduit par un citoyen = un vote.

« **Fraternité** » : c'est le socle sur lequel repose l'ensemble des valeurs de la République française, l'idéal à atteindre. Sous la IIIe République (1870-1940), il n'était pas rare de lire dans les manuels scolaires de morale cet aphorisme du philosophe Alfred Fouillé : « **La liberté et l'égalité sont nos droits. La fraternité notre devoir.** »

La promesse républicaine ne vaut que si, tous les jours, on sent que chacun croit en ces valeurs fondamentales, bien souvent niées par la réalité sociale.

L'histoire de ces principes montre qu'il s'agit d'idées sans cesse en combat, à défendre, dans la sauvegarde d'un héritage dont l'idéal est de savoir vivre ensemble. Si les élèves doivent pouvoir identifier les symboles de la République, ce n'est pas avec l'idée de les endoctriner, mais pour montrer ce que ces principes nous disent encore aujourd'hui, dans la vie de tous les jours ; **pour que ces valeurs ne soient pas lettre morte, réduites à un simple catéchisme républicain** ; et pour qu'au contraire les élèves comprennent que ces valeurs doivent s'éprouver, se vivre, mais aussi se défendre, chaque jour. Cela passe par le regard que l'on porte sur les autres, mais aussi sur soi, sur ses actions, sur sa responsabilité d'être humain, sur la façon dont on se comporte, dont on respecte les autres et dont on doit faire valoir le respect que chacun se doit.

« Liberté, j'écris ton nom »... en classe !

DÉROULEMENT DE LA SÉANCE

Thèmes du programme
- *Le jugement.*
- *L'engagement.*
- *Le droit et la règle.*

Compétences, capacités, attendus
- *Reconnaitre les principes et les valeurs de la république.*

ÉTAPE 1 ÉCHANGER AUTOUR DE LA SIGNIFICATION DU TEXTE

DURÉE 20 minutes
ORGANISATION individuelle puis collective
MATÉRIEL • le texte « Sans papiers » (p. 229) photocopié et/ou affiché

1) PRÉSENTER LE TEXTE.
Préciser avant la lecture que ce texte est issu d'un album de jeunesse qui repose sur des histoires vraies, et vécues encore aujourd'hui. Dire que ce texte est celui d'une petite fille qui se souvient de l'exil de sa famille. Expliquer le mot « exil », qui signifie quitter son pays, ou le fuir, dans l'espoir d'un avenir meilleur dans un autre pays.

2) LECTURE INDIVIDUELLE PUIS COLLECTIVE DU TEXTE.
Expliquer « terre d'asile » : la France est souvent considérée comme une terre d'asile, c'est-à-dire un pays pouvant accueillir les réfugiés.

3) EXPLICITER LE RÔLE DE LA FILLETTE quant à l'intégration de sa famille en France.
Faire relever les deux dimensions du texte : à la fois la question personnelle de cette petite fille qui raconte et se souvient de ses années d'exil ; et la raison qu'elle donne à la venue de sa famille en France : « c'est le pays des droits de l'Homme. »
Noter avec les élèves la relation particulière qui unit la fillette à son père, le fait qu'elle lui apprenne à lire le français. Faire expliquer pourquoi, expliciter le rôle de l'école dans l'intégration rapide de la narratrice et l'aide concrète qu'elle apporte à ses parents.
Faire émerger le fait que l'école permet l'intégration des enfants dans la société française ; les enfants deviennent alors eux-mêmes un facteur clé de l'intégration de la famille en France.

4) EXPLICITER LES RAISONS DE L'EXIL FAMILIAL.
Faire émerger les raisons qui ont pu provoquer le départ de cette famille : le père et sa fille ont fui leur pays en raison de difficultés économiques, de la guerre, d'un régime politique dictatorial, des endroits où il est dangereux d'avoir une pensée libre.
Insister sur les raisons qu'elle donne au choix de la France comme pays d'immigration pour sa famille. Faire dire aux élèves ce que représente la France pour elle et sa famille (*la paix, du travail, une éducation…*).
Faire comprendre ce que signifient les trois mots de notre devise pour des familles qui connaissent la dictature, la guerre et la misère.
Expliquer en quelques mots la devise : *« **Liberté** » : la liberté du peuple, mais aussi les libertés fondamentales de conscience, de s'exprimer, de croire. « **Égalité** » : l'égalité juridique des citoyens, quelle que soit leur fortune ou condition sociale. « **Fraternité** » : le socle humaniste sur lequel repose l'ensemble des valeurs de la République française.*

Expliquer rapidement d'où vient la devise française (*de l'idéal républicain élaboré pendant la Révolution de 1789*).

> **À votre avis, les autres pays ont-ils une devise ?** *Oui, la plupart des pays en ont une. Les CM2 vont les découvrir plus en détail en étape 2.*

ÉTAPE 2 COMPRENDRE CE QU'EST UNE DEVISE

DURÉE 25 minutes
ORGANISATION individuel
MATÉRIEL • la fiche activité

1) LIRE LES CONSIGNES COLLECTIVEMENT.

CM1

1 En partant de la devise « Liberté, Égalité, Fraternité », mettre les élèves au travail en leur demandant d'imaginer un pays et d'inventer la devise qui le représente.
2 En dessinant le drapeau qui correspond, les élèves utilisent une façon imagée pour décrire la même réalité que ce qu'ils ont envisagé à l'écrit avec la devise.
3 En revanche, la troisième question est plus délicate : il s'agit de faire mettre les élèves à la place de la petite fille, de façon à ce qu'ils tentent d'imaginer ce à quoi elle pensait, ce qu'elle pouvait imaginer lorsqu'elle pensait au pays appelé France et à sa devise « Liberté, Égalité, Fraternité ». Quel drapeau aurait-elle pu imaginer ? À quel pays pouvait-elle (elle ou son père) rêver ? Qu'est-ce que cela peut être pour elle « les droits de l'homme » ?

CM2

1 Faire remarquer qu'il s'agit de pays de tous les continents.
Faire remarquer que chaque pays a sa propre devise, même si certains peuvent avoir des devises proches.
Faire recopier la devise qui plait le plus, individuellement, en veillant toutefois à ce que les élèves ne choisissent pas la devise qui correspondrait à un pays qu'ils peuvent connaitre par ailleurs, familialement.
2 à 3 Deux mots doivent être particulièrement observés : la liberté et Dieu. La liberté peut faire allusion aux libertés fondamentales (c'est le cas de la France), mais aussi à la liberté du pays par rapport aux autres (c'est le cas de la Grèce).
Il s'agit ici de montrer la variété des thèmes qui renvoient à chaque histoire nationale. Le travail, la paix, l'indépendance, la liberté, Dieu, la vérité, le peuple, autant de sujets abordés. Une fois cette recension faite avec les élèves collectivement, puis sur leur feuille d'activité, la dernière question vient rassembler l'idée principale : la devise est une sorte de message adressé aux autres nations pour dire ce qui semble le plus important.

6e

Commencer la réflexion collectivement afin de ne pas laisser les enfants seuls face aux questions.
1 La première a pour objectif de se mettre à la place des personnes concernées, pour échapper au regard de l'extérieur. Elle doit être présentée comme une obligation à se mettre dans une situation où l'exil n'a pas pu se faire (imaginer les raisons : le danger du voyage, l'incertitude de l'arrivée, le cout du trajet...). Faire réfléchir les élèves sur une situation très concrète où, malgré les espoirs de départ, la famille reste dans un pays en guerre, en dictature ou dans des conditions économiques graves.
2 L'objectif est de faire énoncer les valeurs républicaines de la France.

2) TRAVAIL INDIVIDUEL SUR LA FICHE.

ÉTAPE 3 METTRE EN COMMUN, ARGUMENTER

DURÉE 20 minutes
ORGANISATION collective
MATÉRIEL • la fiche activité complétée

CM1

1 et 2 Laisser les élèves proposer la devise de leur pays imaginaire et les drapeaux qui correspondent. Décrire collectivement les productions d'élèves.
3 Rappeler ce que sont des pays qui respectent les droits de l'homme : des pays qui, comme la France, respectent les droits élémentaires et fondamentaux de chaque être humain – la liberté, l'égalité, le respect des opinions de chacun, etc.

CM2

1 et 2 Faire remarquer que le mot *égalité* est bien une spécificité française. Très peu de pays dans le monde ont inclus ce mot dans leur devise.
3 Observer que beaucoup de pays ont des devises à connotation religieuse. Pourtant, dans tous les pays, la religion est importante. Dire alors que dans certains pays la religion est laissée à la liberté de chacun, alors que dans d'autres pays il y a une religion d'État.

6e

1 La discussion peut s'ouvrir sur les possibilités concrètes qui s'offrent aux gens qui souffrent dans une dictature ou dans un pays en guerre : résister ? se battre pour la démocratie ? tenter de régler les problèmes ? ou bien se taire, tenter de supporter cette vie difficile sans se plaindre, de permettre à sa famille de vivre ?
2 Les élèves doivent réfléchir au-delà de la simple répétition des trois mots : qu'ils déclinent l'école gratuite pour tous, offerte à toute personne résidant sur le territoire (française ou non française), la sécurité, le respect des libertés fondamentales de tous... bref, que les trois mots deviennent concrets.

ÉTAPE 4 SYNTHÉTISER

DURÉE 10 minutes
ORGANISATION collective
MATÉRIEL • le cahier ou autre support d'EMC

Collectivement, faire rassembler l'ensemble de ce qui a été vu pendant la séance.

Par exemple :

> ***La devise permet de dire ce à quoi un pays croit, ce qu'il veut mettre en avant.***

UNE DEVISE, À QUOI ÇA SERT ?

Cela fera bientôt quatre ans que l'on habite en France.

Pendant que je suis à l'école, papa fait des petits boulots. On se retrouve le soir et on se raconte notre journée. Au fil des classes, je lui ai appris le français. Avec leçons et devoirs. (...)

Papa m'a dit qu'il existait dans le monde des terres d'asile. Que ce voyage allait être long et difficile. Mais qu'il me savait assez forte pour l'accompagner. (...)

Papa a choisi la France. Parce que c'est le pays des droits de l'homme. Que leur devise est : Liberté, Égalité, Fraternité.

Extrait de *Sans papiers*,
de Rascal, Cendrine Genin et Jean-François Martin

Cela fera bientôt quatre ans que l'on habite en France.

Pendant que je suis à l'école, papa fait des petits boulots. On se retrouve le soir et on se raconte notre journée. Au fil des classes, je lui ai appris le français. Avec leçons et devoirs. (...)

Papa m'a dit qu'il existait dans le monde des terres d'asile. Que ce voyage allait être long et difficile. Mais qu'il me savait assez forte pour l'accompagner. (...)

Papa a choisi la France. Parce que c'est le pays des droits de l'homme. Que leur devise est : Liberté, Égalité, Fraternité.

Extrait de *Sans papiers*,
de Rascal, Cendrine Genin et Jean-François Martin
© Âne bâté Édition, 2016

UNE DEVISE, À QUOI ÇA SERT ?

1 Invente la devise d'un pays imaginaire, un pays de tes rêves, et explique ce qu'elle représente.

....

....

2 Dessine le drapeau de ce pays et trouve des symboles pour représenter ses valeurs.

3 Dessine le drapeau de la France que ferait la petite fille avant de partir, quand elle imagine qu'elle arrive dans le pays de la liberté, de l'égalité et de la fraternité.

UNE DEVISE, À QUOI ÇA SERT ?

1 Lis ces devises :

Devise de la Grèce : *La liberté ou la mort.*
Devise de l'Arabie Saoudite : *Il n'y a de Dieu qu'Allah et Mohammed est son prophète.*
Devise des États-Unis : *En Dieu nous avons foi.*
Devise de la Bolivie : *L'union est la force.*
Devise de l'Australie : *Avance belle et juste Australie.*
Devise de la Moldavie : *Notre langue est un trésor.*
Devise de l'Afrique du Sud : *L'unité dans la diversité.*
Devise de l'Algérie : *La Révolution par le peuple et pour le peuple.*
Devise de l'Italie : *Une République démocratique, fondée sur le travail.*
Devise du Danemark : *L'aide de Dieu, l'amour du peuple, la force du Danemark.*
Devise de l'Inde : *Seule la vérité triomphe.*
Devise du Nicaragua : *Pour le bien du monde.*
Devise du Sénégal : *Un peuple, un but, une foi.*
Devise de la Chine : *Compter sur ses propres forces.*
Devise du Canada : *D'un océan à l'autre.*

Recopie celle que tu préfères et dis pourquoi.

....

....

2 Quelle est la devise la plus proche de celle de la France ? pourquoi ?

....

....

3 Quels sont les pays dont la devise évoque un dieu ?

....

4 Quels sont les pays dont la devise évoque la liberté ?

....

5 Après avoir lu l'ensemble des devises, peux-tu dire, selon toi, pourquoi les pays les choisissent ? À quoi servent-elles ?

....

....

UNE DEVISE, À QUOI ÇA SERT ?

1 Imagine que le père de cette petite fille n'ait pas pu partir de son pays. Quelles autres solutions aurait-il dû trouver pour vivre mieux dans son pays ?

....

....

....

....

....

....

....

....

....

2 Décris ce que la petite fille va pouvoir trouver en France et qu'elle n'aurait pas pu trouver dans son pays.

....

....

....

....

....

....

....

....

....

SÉANCE 3
La laïcité, pour quoi faire ?

L'ESSENTIEL À SAVOIR POUR L'ENSEIGNANT

La République française est fondée sur les valeurs de liberté, d'égalité et de fraternité. Cet héritage révolutionnaire, issu lui-même des Lumières, a permis aux citoyens se s'affranchir de l'absolutisme royal et de la domination de l'Église catholique et, plus largement, de la religion. La laïcité, qui va s'installer et s'institutionnaliser en France à la fin du XIXe siècle, est issue du même mouvement. **Ce principe juridique est fortement adossé aux valeurs de la république**, au point que parfois on ajoute à la devise ce quatrième élément.

C'est par l'école que s'ouvre la laïcisation de la société française, au début de la IIIe République, avec les grandes lois de Jules Ferry (1881-1882 : gratuité et laïcité des programmes ; loi Goblet de 1886 : laïcité des personnels).

> *L'école a donc, dès l'origine, été un enjeu décisif de la séparation entre la sphère religieuse et la sphère publique.*

Mais, du fait des nombreux débats sur le chemin à emprunter et des oppositions, la séparation des Églises et de l'État proprement dite n'a été acquise par la loi qu'en 1905. La conception qui a été retenue n'est pas antireligieuse ; elle est neutre. Elle repose sur trois principes : la liberté de conscience, la séparation des pouvoirs politique et religieux – et donc des organisations religieuses et de l'État –, et l'égalité de tous les citoyens quelles que soient leurs croyances et leurs convictions.

La république assure la liberté de conscience. **La laïcité garantit le libre exercice des cultes et la liberté de religion, mais aussi la liberté vis-à-vis de la religion** : personne ne peut être contraint au respect de dogmes ou de pres-

➲ La laïcité expliquée aux enfants par Vikidia

*La **laïcité** est le principe de séparation entre la religion et l'État. Elle permet à une personne de choisir ou non une religion et de la pratiquer librement. La laïcité empêche l'État de privilégier une religion par rapport à une autre (pas de religion officielle, comme cela est le cas dans certains pays). L'État n'a pas à intervenir dans l'organisation des différentes religions ni dans la discussion des idées religieuses. Les religions n'ont pas à dicter leurs idées pour les décisions prises par les institutions de l'État (en particulier dans le vote des lois), même si elles peuvent faire connaitre leur point de vue.*

Illustration de Jean Effel utilisée dans les écoles dans les années 1950-70.

➔ Sitographie

• Autour de la Charte de la laïcité, des outils existent :

http://eduscol.education.fr/cid73652/charte-de-la-laicite-a-l-ecole.html#lien1

http://eduscol.education.fr/cid96047/outils-pedagogiques-pour-le-9-decembre-2015-110e-anniversaire-de-la-loi-de-1905.html

• Sur toute une série de questions soulevées par les élèves, le réseau Canopé a édité un dossier et une série de vidéos destinées à clarifier les enjeux des valeurs républicaines en général et de la laïcité en particulier*.*

https://www.reseau-canope.fr/les-valeurs-de-la-republique.html

https://www.reseau-canope.fr/les-valeurs-de-la-republique/eduquer-a-la-laicite.html

criptions religieuses. La laïcité donne le droit de suivre une religion, mais aussi d'en changer, ou encore bien sûr de ne pas en avoir.

La laïcité à l'école, ce sont ces principes fondamentaux : la **liberté de conscience** des élèves, la séparation de l'école publique et des groupes religieux, et l'**égalité de tous** devant l'école et les savoirs, **quelles que soient les croyances ou les convictions des élèves**. Pour les enseignants, le strict principe de neutralité s'applique. Contrairement à ce que l'on croit parfois, **la laïcité n'interdit pas de parler de religion en classe**. Simplement, les enseignants doivent veiller à rester neutres.

La laïcité n'est donc pas opposée aux libertés : au contraire, c'est elle qui les permet.

DÉROULEMENT DE LA SÉANCE

Thèmes du programme
- *Le droit et la règle.*
- *Le jugement.*

Compétences, capacités, attendus
- *Reconnaitre les principes et les valeurs de la république.*
- *Distinguer son intérêt personnel de l'intérêt collectif.*
- *Comprendre que la laïcité accorde à chacun un droit égal à exercer librement son jugement et exige le respect de ce droit chez autrui.*

ÉTAPE 1 — OBSERVER ET ÉCHANGER AUTOUR DE « LA CHARTE DE LA LAÏCITÉ À L'ÉCOLE EXPLIQUÉE AUX ENFANTS »

DURÉE 20 minutes
ORGANISATION en binômes puis en collectif
MATÉRIEL • « La charte de la laïcité expliquée aux enfants » affichée et/ou photocopiée

1) ÉCHANGER SUR LA CHARTE DE LA LAÏCITÉ « OFFICIELLE ».

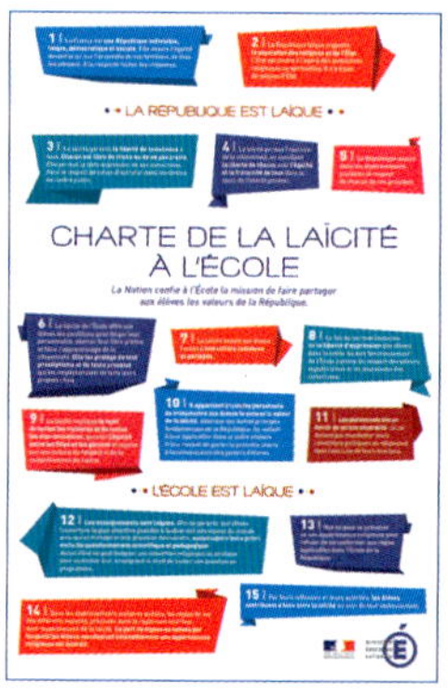

Avant de faire découvrir le document, préciser qu'il est une version adaptée et simplifiée de la Charte de la laïcité officielle – qui doit être affichée dans chaque école et chaque collège. Demander aux élèves s'ils ont vu la charte accrochée dans l'établissement et où elle se trouve. Les faire réfléchir sur le sens que cela a d'afficher un texte en évidence dans un établissement scolaire.

Expliquer le sens du mot « charte » : un accord moral qui rappelle la loi et permet de la comprendre.

2) LECTURE EN BINÔME PUIS COLLECTIVE DU DOCUMENT.

Afficher et/ou distribuer une « Charte de la laïcité expliquée aux enfants » à chaque binôme.

Après une lecture individuelle, faire lire à haute voix et collectivement les articles de la charte et en discuter : faire choisir par chaque binôme un article qui lui plait le plus, et un article qui lui pose le plus de difficulté ou de problème. Chaque article cité et lu est expliqué collectivement, pour s'assurer que tout le monde le comprend.

Insister plus précisément sur **les articles 1, 3, 4 et 9**. Montrer comment ces quatre articles traitent tous du **respect** – des personnes, des opinions, des croyances religieuses individuelles. Expliciter que la loi et les règles de l'école publique et laïque permettent à tous les enfants, quelle que soit leur religion ou leur athéisme, d'être accueillis et instruits par l'école de la république, sans distinction aucune.

ÉTAPE 2 COMPRENDRE LES VALEURS DE LA LAÏCITÉ

DURÉE 20 minutes
ORGANISATION individuelle
MATÉRIEL • la fiche activité (CM1 et CM2)
• le cahier d'EMC (6e)

1) LIRE LES CONSIGNES COLLECTIVEMENT.

CM1

1 Faire découper les étiquettes. Laisser réfléchir les élèves de façon individuelle puis faire trouver collectivement l'emplacement des mots « tolérance » et « je dois croire en Dieu » par exemple.
2 Déterminer à l'oral et collectivement les premiers mots possibles : liberté, égalité, tolérance, respect, fraternité...

CM2

1 Si nécessaire, préparer au travail individuel sur la fiche activité en lisant une dernière fois chaque article avec toute la classe. Lever les difficultés éventuelles déjà repérées lors de la phase collective initiale. Faire reformuler par les élèves les articles déjà travaillés à l'oral afin qu'ils trouvent et écrivent, avec leurs mots, l'idée principale, sans qu'ils récrivent le texte contenu dans la Charte.
2 Déterminer à l'oral et collectivement les premiers mots possibles : liberté, égalité, tolérance, respect, fraternité...

6e

Noter au tableau la consigne : **Imagine ce que serait une école sans laïcité**.
Développer à l'oral les premières idées qui émergent de la part des élèves : *Une école sans laïcité serait une école...*
Veiller à toujours les inciter à envisager la Charte de la laïcité dans une lecture inverse : comme la laïcité, c'est la liberté de croire ou de ne pas croire, une école non laïque serait une école qui ne protège pas cette liberté et qui pourrait obliger de croire ou empêcher des élèves de ne pas croire, ou encore imposer à des élèves telle ou telle croyance. Ce qui vaut pour la croyance vaut aussi pour les opinions politiques, morales et spirituelles.

ÉTAPE 3 METTRE EN COMMUN, ARGUMENTER

DURÉE 15 minutes
ORGANISATION collective
MATÉRIEL • la fiche activité complétée

CM1

1 Réponses attendues :
Ce sont des valeurs laïques : *tolérance ; respect des croyances ; égalité ; liberté ; je peux ne pas croire en Dieu ; je peux tenter de convaincre un copain de croire comme moi.*
Ce ne sont pas des valeurs laïques : *à l'école il ne faut pas parler de religion ; je peux menacer un copain de croire comme moi ; je dois croire en Dieu ; il y a des religions meilleures que les autres ; l'école est contre la religion ; le professeur peut dire qu'il croit en Dieu.*
Vérifier collectivement que les étiquettes de la colonne de gauche correspondent bien à l'esprit de la Charte de la laïcité. Réfléchir collectivement aux erreurs éventuelles et expliquer pourquoi il s'agit d'erreurs. Veiller à bien faire comprendre la différence majeure qui existe entre tenter de convaincre quelqu'un pacifiquement, et obliger quelqu'un à croire comme soi-même.
2 Faire expliquer le choix des mots. Par exemple : *la laïcité, c'est la liberté de croire ou de ne pas croire, c'est l'égalité des droits de toute personne, sans aucune discrimination en fonction de son choix de religion ; c'est la tolérance à l'égard des religions, des croyances et des non-croyances des uns et des autres ; c'est aussi le respect face aux opinions religieuses ou athées des personnes ; c'est enfin la fraternité, car en vivant dans le respect de tous, on vit tous ensemble dans la fraternité et la tolérance*. Des élèves peuvent aussi ajouter *amitié, droit*...

CM2

1 Trouver collectivement une formulation qui correspond à l'article de la Charte. Profiter de ce moment pour continuer à expliquer ce qui pourrait paraitre difficile ou pas clair. Par exemple, l'article 12 sur le refus de suivre un enseignement en vertu de ses opinions religieuses. Il faut pouvoir expliquer qu'on ne peut pas refuser par exemple de suivre les cours de natation, de visiter une église ou d'étudier les sciences sous prétexte que « ma religion l'interdit ». L'élève a le droit de croire à ce qu'il veut, mais cela ne doit pas être un frein aux apprentissages.
2 Idem CM1 ci-dessus.

6e

Faire une lecture collective des écrits des élèves : les afficher au tableau et comparer éventuellement les différentes productions.

ÉTAPE 4 SYNTHÉTISER

DURÉE 15 minutes
ORGANISATION collective
MATÉRIEL • le cahier ou autre support d'EMC

Collectivement, faire rassembler l'ensemble de ce qui a été vu pendant la séance.

Par exemple :

La laïcité permet la liberté de croire, de pratiquer sa religion, ou de ne pas croire.
C'est le respect des convictions de chacun.
C'est un principe qui permet l'égalité de tous et le respect de chacun.
C'est la base de la fraternité.

LA LAÏCITÉ, POUR QUOI FAIRE ?

La France est une république laïque

1 La France **considère tous ses habitants de la même façon,** où qu'ils vivent sur son territoire. Elle respecte ce à quoi ils croient, leurs idées et leurs religions.

2 La France **n'impose pas** de religion et n'en interdit aucune.

3 En France, les habitants peuvent **exprimer librement leurs idées,** mais toujours dans le respect de celles des autres et de la Loi.

4 Ce **respect** permet à toutes celles et ceux qui habitent en France de **vivre en paix les uns avec les autres.**

5 La République française veille à **l'application de ses principes** dans toutes les écoles.

La charte de la laïcité à l'école *expliquée aux enfants*

L'école est laïque

6 L'école te permet **de grandir et de te construire,** en te protégeant des pressions. À l'école, tu apprends à **penser librement et par toi-même.**

7 À l'école, tu étudies les mêmes matières que tous les élèves de France. **Partager les mêmes connaissances** est important pour se comprendre et vivre dans le même pays.

8 À l'école, tu as le droit de **dire ce que tu penses,** à condition de **respecter les autres.** Les insultes et les mots racistes sont interdits.

9 À l'école, **personne n'a le droit de t'insulter et de te faire violence.** Personne ne peut être exclu à cause de sa religion, de son sexe ou de la couleur de sa peau.

10 Les adultes qui travaillent dans l'école sont là pour **faire respecter les principes de la république.** Ils les respectent eux-mêmes, te les enseignent et en parlent à tes parents.

11 À l'école, les adultes **n'ont pas le droit d'exprimer leurs opinions religieuses ou politiques** aux élèves.

12 Aucun élève **ne peut refuser de suivre un enseignement** ou une consigne sous prétexte que sa religion ou ses idées politiques le lui interdisent.

13 Aucun élève ne peut refuser de **respecter les règles de l'école** au nom de sa religion.

14 Aucun élève n'a le droit, pour se faire remarquer, **de porter des signes mettant en avant sa religion.**

15 **Tu as tout compris ? Alors à toi de respecter et de faire vivre cette charte dans ton école !**

LA LAÏCITÉ, POUR QUOI FAIRE ?

1 Découpe les douze étiquettes en bas de page, puis colle-les dans la colonne qui convient.

CE SONT DES VALEURS LAÏQUES	CE NE SONT PAS DES VALEURS LAÏQUES

2 Trouve 5 mots pour résumer les valeurs de la laïcité.

Tolérance	Respect des croyances	À l'école, il ne faut pas parler de religion.
Je peux menacer un copain de croire comme moi.	Égalité	Je peux tenter de convaincre un copain de croire comme moi.
Liberté	Je peux ne pas croire en Dieu	Je dois croire en Dieu
Il y a des religions mieux que les autres	L'école est contre la religion	Le professeur peut dire qu'il croit en Dieu

LA LAÏCITÉ, POUR QUOI FAIRE ?

1 Lis chaque article de la Charte l'un après l'autre, puis écris avec tes mots ce qu'il veut dire.

Art. 1 ....

Art. 2 ....

Art. 3 ....

Art. 4 ....

Art. 5 ....

Art. 6 ....

Art. 7 ....

Art. 8 ....

Art. 9 ....

Art. 10 ....

Art. 11 ....

Art. 12 ....

Art. 13 ....

Art. 14 ....

2 Trouve 5 mots pour résumer les valeurs de la laïcité.

Installer le CD-ROM

Sur PC : Insérer le disque dans votre lecteur : l'installation se lance automatiquement. Si ce n'est pas le cas, aller dans le « Poste de travail » (menu « Démarrer »), cliquer sur le fichier « Enseignement_Moral_et_Civique_CM_6e_PC.exe » et suivre les étapes d'installation jusqu'à la fin. Une icone s'affiche alors sur le « Bureau » : double cliquer dessus pour lancer le CD.
Sur Mac : Insérer le disque dans votre lecteur et double cliquer sur l'icône pour l'ouvrir. Double cliquer sur « Enseignement_Moral_et_Civique_CM_6e_MAC.dmg » puis glisser l'application dans le dossier « Applications ». Aller dans le dossier « Applications » et double cliquer sur Enseignement_Moral_et_Civique_CM_6e_Retz.
L'insertion du CD n'est plus nécessaire une fois l'application installée sur l'ordinateur (PC et Mac).

- Cliquer sur le logo pour accéder au site des éditions Retz
- Cliquer sur le thème souhaité ou sur la recherche par type de documents pour accéder aux ressources

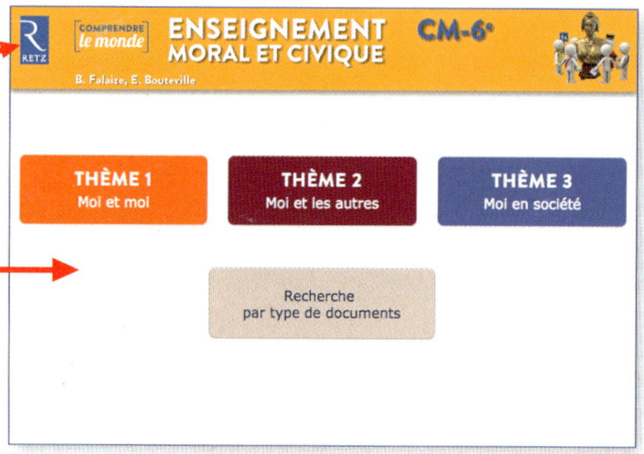

- Cliquer sur le bandeau supérieur pour retourner à l'écran d'accueil
- Le nom du thème sélectionné s'affiche en couleur
- Cliquer sur ces boutons pour accéder directement aux autres thèmes, ou à la recherche par type de documents, sans repasser par l'écran d'accueil
- L'ensemble des ressources associées au thème s'affiche dans la partie droite de l'écran

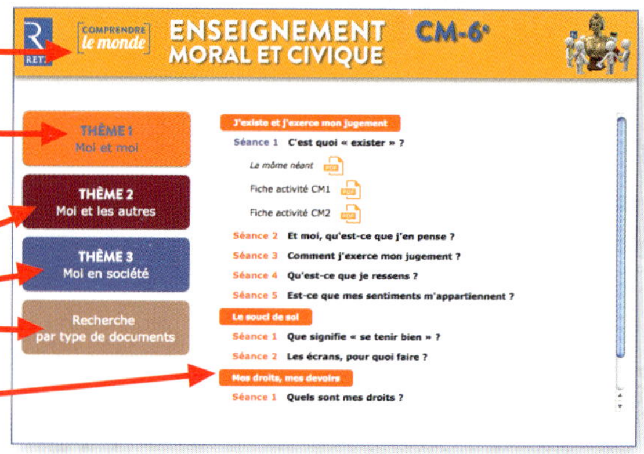

Dans la même collection

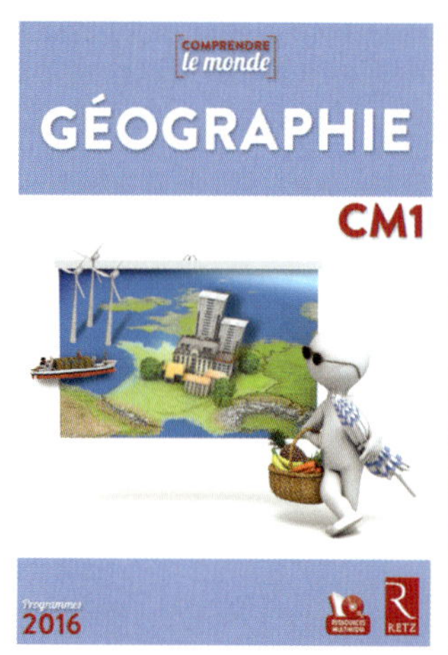